职业教育·城市轨道交通类专业教材

Guidao Gongcheng Zhitu yu Shitu

轨道工程制图与识图

刘 柳 孙 琳 主 编
申 骞 张 飞 副主编
翟志国[中铁隧道集团有限公司] 主 审

人民交通出版社股份有限公司
China Communications Press Co.,Ltd.

内 容 提 要

本书是综合多所职业院校和一线轨道交通类企业岗位技能需求编写而成。全书坚持以职业院校学生认知规律为导向,以项目教学为目标,由浅入深,图文并茂。主要内容包括制图基本知识、投影基础、基本体的投影、组合体的投影、剖面图和断面图、轨道交通线路工程图、桥涵工程图识读、隧道工程图识读、轨道交通车站结构图识读、AutoCAD 绘图 10 个项目情境,并配有实际工程图纸。

本书适用于职业院校城市轨道交通工程技术、高速铁道工程技术、铁道工程技术、隧道及地下工程技术以及相关专业教学,亦可作为相关领域工程技术人员培训用书、现场管理人员参考用书。

* 本书配有多媒体教学课件,任课教师可加入职教轨道教学研讨 QQ 群(群号:129327355)索取。

图书在版编目(CIP)数据

轨道工程制图与识图 / 刘柳,孙琳主编. —北京 : 人民
交通出版社股份有限公司, 2018.8
　　ISBN 978-7-114-14714-2

　　Ⅰ.①轨… 　Ⅱ.①刘… ②孙… 　Ⅲ.①轨道(铁路)—铁路工程
—工程制图—识图 　Ⅳ.①U216.3

中国版本图书馆 CIP 数据核字(2018)第 259924 号

职业教育·城市轨道交通类专业教材

书　　名:轨道工程制图与识图
著 作 者:刘　柳　孙　琳
责任编辑:司昌静
责任校对:刘　芹
责任印制:刘高彤
出版发行:人民交通出版社股份有限公司
地　　址:(100011)北京市朝阳区安定门外外馆斜街 3 号
网　　址:http://www.ccpress.com.cn
销售电话:(010)59757973
总 经 销:人民交通出版社股份有限公司发行部
经　　销:各地新华书店
印　　刷:北京市密东印刷有限公司
开　　本:787×1092　1/16
印　　张:11
字　　数:260 千
版　　次:2018 年 8 月　第 1 版
印　　次:2024 年 2 月　第 8 次印刷
书　　号:ISBN 978-7-114-14714-2
定　　价:38.00 元

前言
FOREWORD

　　本书注重结合轨道交通类职业教育特色,紧密联系轨道交通、高速铁路等相关行业、企业岗位技能需要,依据城市轨道工程技术专业的人才培养方案和岗位能力需求编写而成。在编写过程中根据现行有关规范和标准,以坚持基本理论和基础知识实用、够用为原则;注重将课堂传授知识为主的传统教育与直接获取实际经验和能力的项目现场教学相结合,突出学生职业能力培养;最大限度地实现学生岗位技能与企业用人需求的无缝对接。

　　编者深入轨道交通、高速铁路等一线现场展开实际调研,引入实际工程项目,强化学生识图、读图能力,最终形成以下结构体系:

项目序号	项目名称	主要内容
一	制图基本知识	制图标准和几何作图
二	投影基础	投影基本理论,点、线、面投影原理
三	基本体的投影	平面立体、曲面立体基本投影规律
四	组合体的投影	常见工程体的组合形式及投影
五	剖面图和断面图	剖面图、断面图的形成及识读
六	轨道交通线路工程图	轨道交通线路的平面、纵断面、横断面图识读
七	桥涵工程图识读	钢筋混凝土结构图、桥梁、涵洞图识读
八	隧道工程图识读	隧道基本内容认知、隧道工程图识读
九	轨道交通车站结构图识读	轨道交通车站概述、车站站场平面图识读
十	AutoCAD 绘图	AutoCAD 绘图环境设置、图形绘制、尺寸标注等

　　本书由河北交通职业技术学院刘柳、孙琳任主编并统稿,河北交通职业技术学院申骞、四川锐顺建设工程有限公司张飞任副主编;中铁隧道集团有限公司翟志国高级工程师任主审。具体编写人员分工如下:项目一由河北交通职业技术学院孙琳、张邻生编写;项目二由河北交通职业技术学院吕鹏磊、郝士华编写;项目三由河北交通职业技术学院吴琼、曹文龙、赵英华编写;项目四由河北交通职业技术学院李晓蒙、李永华、李静编写;项目五、项目六由河北交通职业技术学院刘柳、杨彦军、李荣娴,四川锐顺建设工程有限公司张飞编写;项目七、项目八由河北交通职业技术学院申骞、梁艳、王道远编写;项目九由河北交通职业技术学院刘柳、赵玉肖、布亚芳编写;项目十由河北交通职业技术学院孙琳、李现者编写。

在编写本书过程中作者得到了河北交通职业技术学院苏建林教授的大力帮助和支持，并提出了许多宝贵意见和建议；中铁十二局集团有限公司杨洋、中铁二十局集团有限公司宗长江、北京铁科轨道建设有限公司赵强为本书提供了大量的素材和有关设计资料；石家庄铁道大学硕士研究生于腾在书稿文字整理过程中做了大量的工作。在此一并对以上人员致以诚挚的感谢！

由于作者水平和经验有限，书中不妥之处恳请专家和广大读者批评指正。

作　者
2018 年 5 月

目 录
CONTENTS

绪　　论

　　人们在生产实践中,需要对生产意图和设计思想表达确切。早期,对于简单事物用语言或文字便可叙述清楚。后期,随着生产力水平的提高,仅仅依靠语言和文字的描述,已无法满足技术需求。因此,设计者借助图样这种特殊语言,准确地将物体的形状、大小及其技术要求表达出来。施工者根据图样进行加工,产品就可以正确地制造出来了。图样不仅用来表达设计者的设计意图,而且也是用于指导实践、研究问题、交流经验的主要技术文件。

　　图样在工程上起着类似于文字语言表达的作用,在世界各国基本相同,没有民族、地域的限制,所以人们常把它称为"工程技术语言"。因此,绘制和阅读图样便成为一名工程技术人员必须具备的基本功。制图与识图就是一门研究如何绘制和阅读图样的课程。本课程包含工程制图所需的基础知识、基本理论及识图基本技能等。其教学目的就是通过学习相关理论与方法,结合轨道工程实际,掌握绘制和阅读轨道交通图样的技能。它是一门既有系统理论又有较强实践性的专业基础课。

　　当研究空间物体在平面上如何用图形来表达时,因空间物体的形状、大小和相互位置等各不相同,不便以个别物体来逐一研究。因此,采用几何学中将空间物体综合概括成抽象的点、线、面等几何元素,并通过研究这些几何元素在平面上的图形表示、作图情况来解决空间物体的几何问题,即画法几何。

　　通过画法几何理论,将轨道工程结构在平面上用图形表达出来,进而形成工程视图(图0-1)。应用国家标准规定的表达方法绘制工程视图,使其明确、清晰表达物体的形状、大

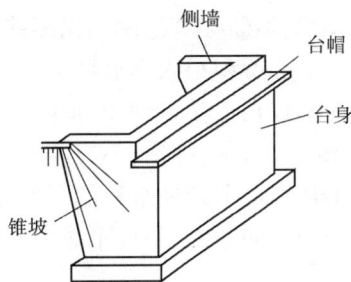

图 0-1　重力式 U 形桥台

小和位置;根据工程视图中所表达的物体形状的线条,读取工程视图,推测物体的空间形状(图0-2),即工程制图与识图的主要工作。

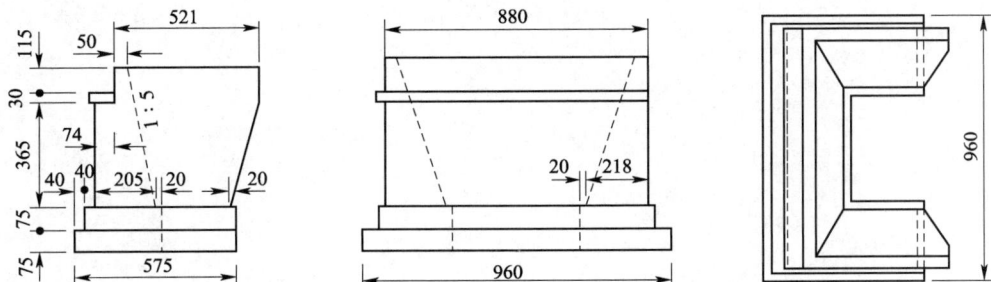

图 0-2　重力式 U 形桥台构造图(尺寸单位:mm)

本课程包括以下几部分内容。

①制图基础知识:包括制图的基础知识、基本规定和标准,要求学生在实际工作中严格遵守国家及行业标准。

②画法几何:以投影理论为基础,学习用正投影法展示工程几何体,并用以解决几何问题。

③专业制图与识图:运用正投影原理、国家及行业主管部门颁布的相关标准,学习如何绘制和阅读工程图样。

本课程是一门具有系统性的理论学科。在学习过程中,必须将空间想象与图形的平面投影分析紧密结合,在学习中注重空间想象能力和空间思维能力,相辅相成,二者缺一不可。空间想象能力是指在解题过程中,能对解题方法、作图步骤和作图结果等有比较清晰的空间想象;空间思维能力,即应学会运用综合、分析、归纳等方法分析问题和解决问题。通过制图基础知识和画法几何部分的学习,掌握绘图和读图的基本理论和方法,逐步培养空间想象能力和发展空间构思能力,训练逻辑分析和推理能力,为绘制和识读轨道工程图样奠定良好基础。

本课程的特点是实践性强,要掌握它,必须通过大量的实践。因此,无论是画法几何还是专业制图与识图部分的内容,都要通过相当数量的练习才能掌握。在学习过程中,多动脑的同时还需要多动手,更要注重多观察和多了解实际工程项目,并结合所学理论进行分析、理解,不断提高绘图和识图能力。

本课程是入学后所学的基础课之一,也是第一门体现工科特点的入门课程。它的重要性不仅在于学习制图、识图方面的基础知识,更重要的是培养空间想象力和构思能力。在作图时要清晰、准确,不应潦草,每条线、每个字都应一丝不苟、认真对待,力求养成认真负责的工作态度和严谨细致的工作作风。强化基本功训练,力求作图准确、迅速、美观,以期养成知难而进的意志、坚韧不拔的性格和积极进取的精神,为日后工作打下良好的基础。

模块一　制图基本知识

学习指南

本项目主要介绍传统制图工具及使用方法,以及《铁路工程制图标准》的有关规定和常用的几何作图。

通过本项目内容的学习,以强化学生对相关规定和标准的认知与使用,明确绘图的基本步骤和方法,能够使用正确的绘图工具和仪器,准确抄绘含有字体、线型和尺寸标注的平面图形。

单元一　常见绘图工具及绘图基本要求

图样是现代工业生产中最基本的文件,为了正确绘制和识读工程图样,必须熟悉和掌握有关标准和规定,现行相关《技术制图》国家标准和《铁路工程制图标准》(TB/T 10058—2015)是轨道工程制图的重要标准,是绘制和识读轨道工程图样的依据。

绘制图样有两种方法,即手工绘图和计算机绘图。计算机绘图的方法将在项目十介绍,本任务介绍手工绘图的相关知识和内容。

一、常见绘图工具及其使用

常用的绘图工具有图板、丁字尺、三角板、铅笔、比例尺、圆规、分规、曲线板、墨线笔、绘图墨水笔等。

1. 图板

图板是画图时的垫板,用来铺放和固定图纸,通常用胶合板制成,如图 1-1 所示。图板板面应质地松软、光滑平整无裂缝,图板两端要平整,左侧为导边,必须平直。图板的大小有 0 号、1 号、2 号等各种不同规格,可根据所画图幅的大小而选定,如 0 号图板适合画 A0 图纸。

图板不能受潮或曝晒,以防板面翘曲或开裂变形。为保持板面平滑,固定图纸宜用透明胶纸,不宜使用图钉。不画图时,应将图板竖立保管,并随时保护工作边。

图 1-1　图板

2. 丁字尺

丁字尺由互相垂直的尺头和尺身构成,是用来绘制水平线的,通常由有机玻璃制成,如图 1-2 所示。

使用前应先检查尺头和尺身连接是否牢固,再检查尺身的工作边和尺头内侧是否平直光滑。尺身上边沿为工作边,常带有刻度,要求平直光滑,切勿用小刀贴靠工作边裁纸。

画线时应用左手握住尺头,使它始终紧贴图板左侧导边,上下移动,直至工作边对准要

图1-2　丁字尺

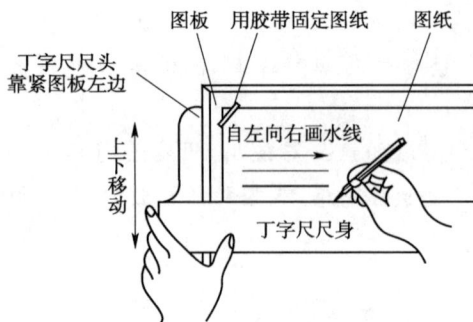

图1-3　图板丁字尺的用法

画线的位置,再从左向右画出水平线。面一组水平线时,要由上至下逐条画出。画线时要始终保证尺头紧贴图板左侧导边并防止在画线时尺身翘起摆动,如图1-3所示。

切勿用丁字尺头贴靠图板的右边或下边和上边画水平线或铅垂线,也不得用丁字尺下边沿画线。选择丁字尺要与图板相适应,一般两者等长为好。使用完毕后应将其悬挂,防止尺身变形。

3. 三角板

三角板通常与丁字尺配合使用,主要用于绘制竖直线、相互垂直的直线、相互平行的斜线和特殊角度的斜线。三角板一般由有机玻璃制成。每副三角板有两块,即45°和30°各一块,如图1-4所示。三角板应板平、边直、角度准确。

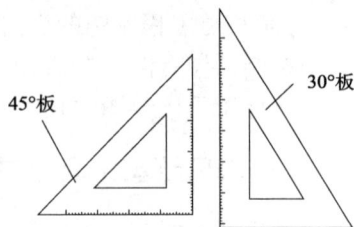

画垂直线时应先将丁字尺推至要画的线的下方,将三角板放在线的右边,并使它的一个直角边靠贴在丁字尺的工作边上,然后移动三角板,直至另一直角边靠贴要画的竖直线位置。再用左手轻轻按住丁字尺和三角板,右手持铅笔,自下而上画出竖直线,如图1-5所示。三角板和丁字尺配合还可绘出与水平线成15°及其整倍数(30°、45°、60°、75°)的斜直线,如图1-6所示。

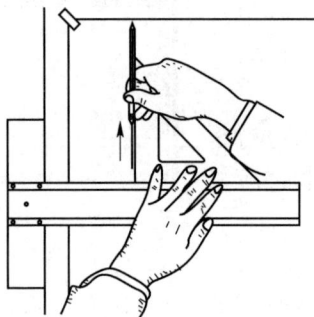

图1-4　三角板

图1-5　三角板绘竖直线

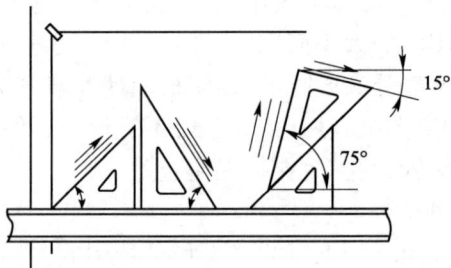

图1-6　三角板绘斜直线

4. 铅笔

绘图使用的铅笔,笔芯的硬度不同,用字母H和B表示。H表示硬而淡,B表示软而浓,

HB 表示软硬适中。H 前面的数字越大笔芯就越硬,B 前面的数字越大笔芯就越软。画底稿时常用 H～2H 铅笔,描粗时常用 HB～2B 铅笔。

削铅笔时应保留有标号的一端,以便识别。画底稿线、细线和写字时,铅笔头部可以削成圆锥形;加深粗实线时铅笔头部可以削成楔形,如图 1-7 所示。画图时,从侧面看笔身要铅直,从正面看笔身倾斜约 60°。

5. 比例尺

比例尺是用来缩小(或放大)实际尺寸的,尺面上有不同的比例刻度。常用的比例尺会做成三棱柱状,所以又称为三棱尺,如图 1-8 所示。

a)楔形铅笔　　　　b)圆锥形铅笔

图 1-7　铅笔(尺寸单位:mm)

图 1-8　比例尺

比例尺的三个棱面上有六种不同的比例刻度,其比例有百分比例尺和千分比例尺两种。百分比例尺表示1∶100、1∶200、1∶300、1∶400、1∶500 和 1∶600 六种比例,千分比例尺表示1∶1000、1∶1250、1∶1500、1∶2000、1∶2500 和 1∶5000 六种比例。比例尺上刻度所注单位为 m(米)。也有的比例尺做成直尺形状,叫作比例直尺,它只有一行刻度和三行数字,表示三种不同的比例。

比例尺上标注的尺寸是指物体实际的大小,它与图形的比例无关,绘图时不必通过计算,可直接按比例尺上所刻的数值,截取或读出该段线段的长度。

6. 圆规

圆规主要用来画圆或圆弧。成套的圆规有三种插脚(钢针插脚、铅笔插脚和墨水笔插脚)及一支延伸杆,换上不同的插脚,可做不同的用途。

使用圆规时,调整钢针和铅芯使两脚并拢时针尖略长于铅芯。圆规使用的铅芯宜磨成楔形,并使斜面向外。画圆时,先把圆规两脚分开,使铅芯与针尖的距离等于所画圆或圆弧的半径,再用左手食指帮助针尖扎准圆心,顺时针转动圆规。转动时圆规可向前进方向稍微倾斜,整个圆或圆弧应一次画完,如图 1-9a)所示。画较大的圆弧时,应使圆规两脚与纸面垂直。画更大的圆弧时要接上延长杆,如图 1-9b)所示。圆规上的铅芯型号应比画同类直线所有的铅芯软一号,以保证图线深浅一致。

7. 分规

分规是用来等分线段以及量取尺寸的仪器。可以用分规在比例尺上量取画图尺寸,可以在直线上截取任一等长线段,也可以等分已知线段或圆弧。分规跟圆规相似,但两脚都是钢针,使用方法如图 1-10 所示。

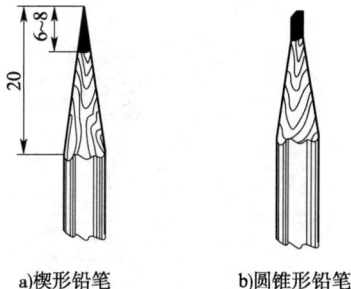

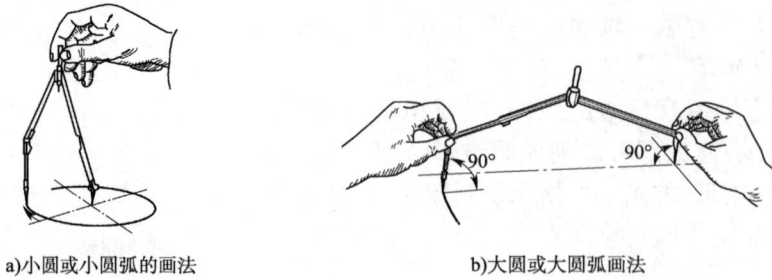

a)小圆或小圆弧的画法　　　　　b)大圆或大圆弧画法

图 1-9　圆规用法

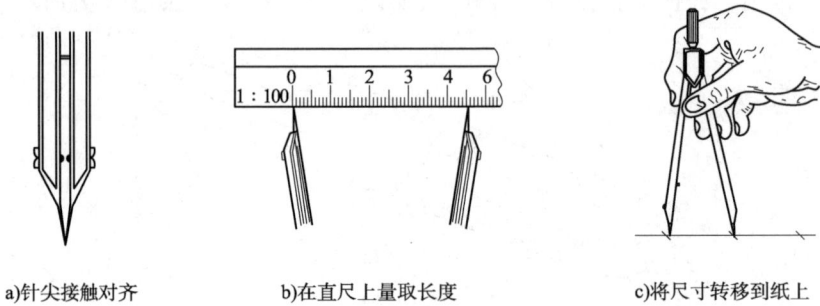

a)针尖接触对齐　　　　b)在直尺上量取长度　　　　c)将尺寸转移到纸上

图 1-10　分规的使用

8. 曲线板

曲线板是用来绘制非圆曲线的工具,形式多样,曲率大小各有不同,曲线板一般采用木料、胶木或塑料制成。曲线板应平滑,板内外边沿应光滑,曲率变化自然,如图 1-11 所示。

图 1-11　曲线板

在使用曲线板之前,必须先定出曲线上的若干控制点。用铅笔徒手顺着各点轻轻地勾画出曲线,所画曲线的曲率变化应顺畅、圆滑。然后凑取板上与所拟绘曲线某一段相符的曲线,分几次画成。每次至少应有三点与曲线板曲率相吻合,并应留出一小段,作为下次连接其相邻部分之用,以保持线段的顺滑。

9. 墨线笔

墨线笔又称鸭嘴笔,是描绘上墨的工具。墨线笔笔尖上有螺母,可用其来调节两叶片间的距离的,从而控制墨线的宽度。加墨时,应在图纸范围外进行,用小钢笔或吸管将墨水注入两叶片之间。叶片外侧不允许沾上墨水,每次的加墨量以 4～6mm 高度为宜,如图 1-12 所示。上墨描图后,应将墨线笔内残存的墨水拭去。

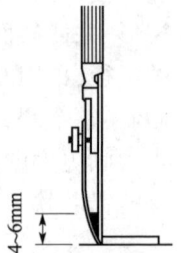

4～6mm

图 1-12　墨线笔

画线时螺母应向外,笔杆向画线前进方向倾斜 30°,笔尖与尺子应保持一定的距离,两叶片要同时接触直面,侧面看墨线笔与纸面垂直,如图 1-13 所示。上墨描图的次序一般是:先曲线后直线,先上方后下方,先左侧后右侧,先实线后虚线,先细线后粗线,先图形后图框。

a)正确的使用方法　　　　　　　　b)错误的使用方法

图 1-13　墨线笔的使用

10. 绘图墨水笔

绘图墨水笔也是用来画墨线的工具。绘图墨水笔的笔尖是一支针管,如图 1-14 所示。它可以像普通钢笔一样吸墨水,绘图时不用频频加墨。笔尖的口径有多种规格,适用于绘制不同粗细的线型,每支笔只可画一种线宽。绘图墨水笔使用时要注意保持笔尖清洁,用后要洗净才能存放盒内。

除了上述工具外,绘图时还要准备有削铅笔的小刀,磨铅芯的砂纸,橡皮以及固定图纸的胶带纸。另外为了保护有用的图线还可以使用擦图片,如图 1-15 所示。

图 1-14　墨水笔及使用

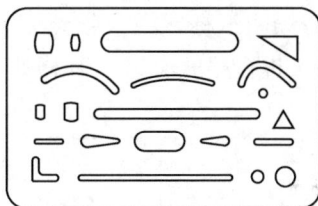

图 1-15　擦图片

二、绘图基本要求

为了提高制图质量和识图效率,便于技术交流,就要做到工程图标准基本统一,对图幅大小、图线、尺寸标注、比例、字体等都必须有统一的规定。本节主要介绍《铁路工程制图标准》(TB/T 10058—2015)的有关规定。

1. 图幅

为合理使用图纸和便于装订管理,图幅大小均应按国家标准规定执行,见表 1-1,表中尺寸单位为毫米(mm),尺寸代号含义见图 1-16,在选用图幅时,应以一种规格为主,尽量避免大小幅面掺杂使用。

工程图纸幅面、图框尺寸(单位:mm)　　　　　　　表 1-1

尺 寸 代 号	幅 面 代 号				
	A0	A1	A2	A3	A4
$b \times l$	841×1189	594×841	420×594	297×420	210×297
a	25	25	25	25	25
c	10	10	10	5	5

注:图幅宽度 b 不应增减,长度 l 不足时应按 $l/8$ 的倍数延长。

  绘图时应优先采用上表中规定的尺寸,必要时可延长边长,加长量应符合《铁路工程制图标准》(TB/T 10058—2015)的规定。单张图、成册图宜采用横式图纸幅面,成卷图宜采用立式图纸幅面,如图 1-16 所示。每张图样均需有粗实线的图框和标题栏。需要装订的图样,左边应留装订边。

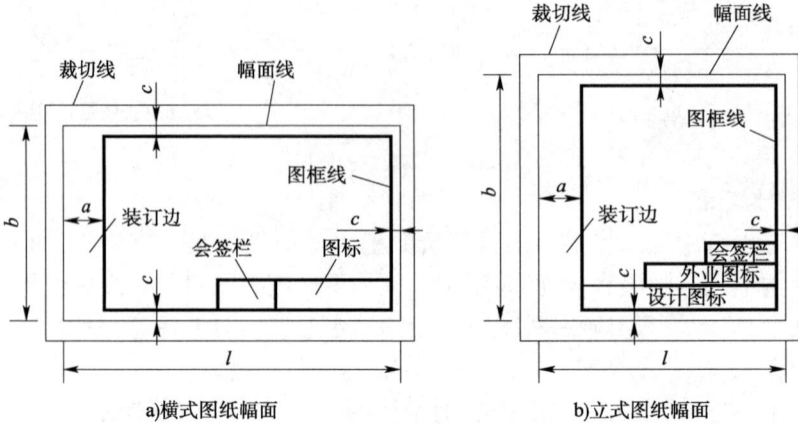

a)横式图纸幅面   b)立式图纸幅面

图 1-16　图纸幅面

  图框内应绘图纸标题栏,《铁路工程制图标准》(TB/T 10058—2015)规定工程图纸的图标应按图 1-17 进行格式分区。其格式有 6 种,如图 1-18 所示。

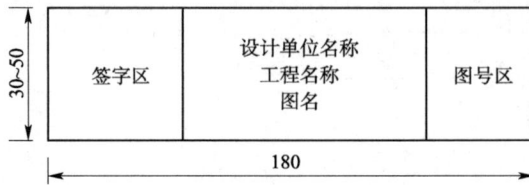

图 1-17　图标分区(尺寸单位:mm)

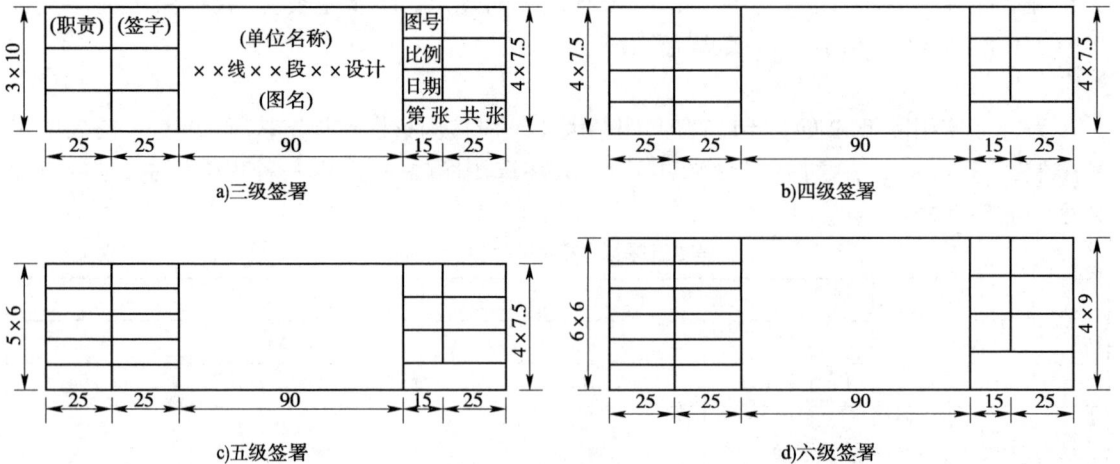

a)三级签署   b)四级签署

c)五级签署   d)六级签署

图　1-18

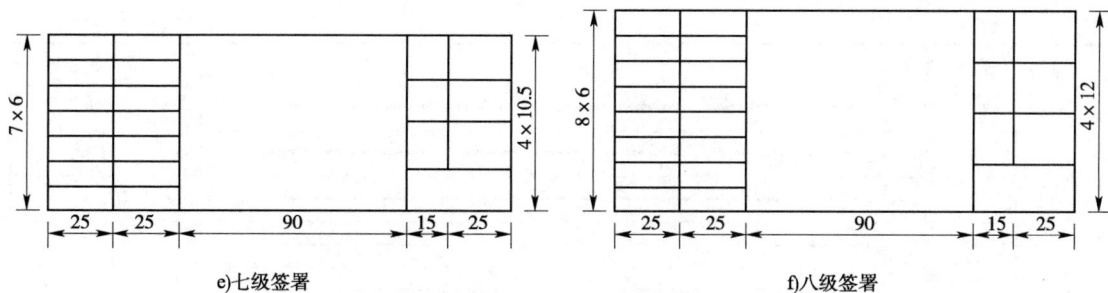

e)七级签署　　　　　　　　　　　f)八级签署

图1-18　图标格式(尺寸单位:mm)

需要会签时,应按照图1-16布置,格式如图1-19所示。采用横式图幅时,会签栏应与图标等高,栏内应填写会签人员的专业、姓名以及签署日期。一个会签栏不够时,可以在左侧并列增加一个。

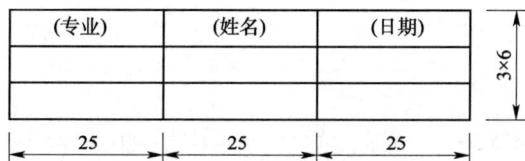

图1-19　会签栏(尺寸单位:mm)

2.图线

工程图由不同线型、不同粗细的线条所构成。《铁路工程制图标准》(TB/T 10058—2015)规定了工程图样中各种图线的名称、线型及其画法。

图线的宽度应根据图的复杂程度及比例大小,先确定基本线宽 b,再按表1-2选用适当的线宽组。图线的宽度 b 应从 2.0mm、1.4mm、1.0mm、0.7mm、0.5mm、0.35mm 中选取。

线 宽 组 合(单位:mm)　　　　　　　　　　　　表1-2

线 宽 比	线 宽 组					
b	2.0	1.4	1.0	0.7	0.5	0.35
$0.5b$	1.0	0.7	0.5	0.35	0.25	0.18
$0.35b$	0.7	0.5	0.35	0.25	0.18	0.13

常用的线型及线宽应符合表1-3的规定。

常用线型及线宽　　　　　　　　　　　　表1-3

名　　称		线 型	线宽比
实线	加粗		$1.4b$
	粗		b
	中		$0.5b$
	细		$0.35b$

名　称		线　型	线宽比
虚线	加粗		1.4b
	粗		b
	中		0.5b
	细		0.35b
点画线	粗		b
	中		0.5b
	细		0.35b
双点画线	粗		b
	中		0.5b
	细		0.35b
折断线			0.35b
波浪线			0.35b

图框线、标题栏的宽度将随图纸幅面的大小而不同,如表1-4所示。

图框线、图标线和表格线的宽度(单位:mm)　　　　表1-4

幅面代号	图框线	图标、表外框	图标线、表格线、会签栏线
A0、A1	1.4	0.7	0.35
A2、A3、A4	1.0	0.7	0.35

相交图线的绘制应符合下列规定:

①当虚线与虚线或虚线与实线相交时,相交处不应留空隙,如图1-20a)所示。

②当实线的延长线为虚线时,相交处应留空隙,如图1-20b)所示。

③当点画线与点画线或其他图线相交时,交点应设在线段处,相交处不应留空隙,如图1-20c)所示。

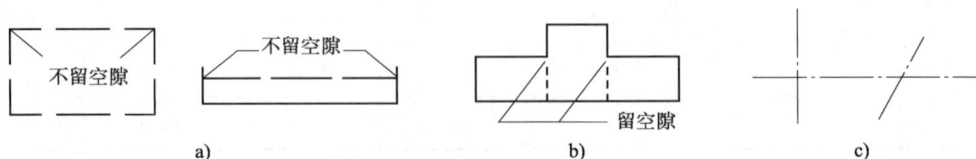

图1-20　图线相交的画法

3. 字体

工程图中的文字、数字或符号也是必不可少的组成部分,数字表明物体的尺寸,文字说明施工的技术要求。如果字体潦草、各成一套,可能导致辨认困难或被误认,容易造成工程事故,带来损失。因此,工程图样上的文字内容必须采用规定的字体和大小书写,应做到笔画清晰、字体端正、排列整齐,标点符号清楚正确。

(1)汉字

汉字应采用中华人民共和国国务院正式公布推行的《汉字简化方案》中规定的简化字,

从左到右,横向书写。除签名外,均应采用制图字体即长仿宋体,易于书写,规范美观。

字体的大小用字号表示,字号又以字的高度确定。长仿宋体的字高和字宽之比为3:2,在不影响识读的情况下,减少了标注用字所占的面积。汉字高度不得小于3.5mm;文字的字高应按3.5mm、5mm、7mm、10mm、14mm、20mm选取,见表1-5。当采用更大的字体时,其字高应按$\sqrt{2}$的比例递增。汉字书写实例如图1-21所示。

长仿宋字体的宽高比(单位:mm)　　　　　　　表1-5

字高(字号)	20	14	10	7	5	3.5
字宽	14	10	7	5	3.5	2.5

字体工整 笔画清楚 间距均匀 排列整齐
a)10号汉字

横平竖直 注意起落 结构均匀 填满方格
b)7号汉字

铁路工程制图标准
c)5号汉字

图1-21　汉字书写示例

图册封面、大标题等的字体宜采用仿宋体。标准设计图纸应采用仿宋字体书写,封面不得采用空心字体。封面、扉页、图标的字体高度应符合《技术制图　字体》(GB/T 14691—1993)的有关规定;设计说明及每张图纸说明的字高不应小于5mm;图中加注汉字的字高不应小于4mm。

书写上仿宋字体的要领是:横平竖直,注意起落,结构均匀,填满方格。要写好长仿宋体,初学者应先按字的大小打好格子,然后书写。

(2)数字与字母

图中的阿拉伯数字、外文字母、汉语拼音字母的字体可采用直体或斜体,同一图册中应统一。直体字笔画的横与竖成90°;斜体字字头向右倾斜,与水平线成75°,如图1-22所示。斜体字的高度与宽度应与相应的直体字相等。具体书写规则可查阅《技术制图 字体》(GB/T 14691—1993)。拉丁字母、阿拉伯数字或罗马数字的字高,不得小于2.5mm。

ABCDEFGHIJKLMNOP

abcdefghijklmnop

1234567890

图1-22　字母和数字示例

数字和字母分A型(窄字体)和B型(一般字体)。窄字体的笔画宽度为字高的1/14,一般字体的笔画宽度为字高的1/10。

(3)其他

文字说明不宜用符号代替名称,当图纸中有需要说明的事项时,宜在每张图的右下角加以叙述,该部分文字应采用"注"字表明,字样"注"应写在叙述事项的左上角,每条注的结尾应标以句号"。"。

表示数量时应采用阿拉伯数字书写。计量单位应符合现行国家标准《量和单位》（GB 3100～3102—1993）的规定。封面日期宜用汉字书写；其他日期应采用阿拉伯数字。

4.比例

比例是图样中图形与其实物相应要素的线性尺寸之比。原值比例是比值为 1 的比例，即 1:1。放大比例是比值大于 1 的比例，如 2:1 等。缩小比例是比值小于 1 的比例，如 1:2等。

比例应根据图面大小及图样复杂程度确定，图面布置应合理、清楚、匀称、美观。需要按比例绘制图样时，应由表 1-6 规定的系列中选取适当的比例。

绘图所用比例　　　　　　　　　　　　　　　表 1-6

常用比例	1:1	1:2	1:5	1:10	1:20	1:50
	1:100	1:200	1:500	1:1000		
	1:2000	1:5000	1:10000	1:20000		
	1:50000	1:100000	1:200000			
可用比例	1:3	1:15	1:25	1:30	1:40	1:60
	1:150	1:250	1:300	1:600		
	1:1500	1:2500	1:3000	1:4000		
	1:6000	1:15000	1:30000			

绘制同一结构物的各个视图尺寸应尽量采用相同的比例，并在标题栏中比例项内填写。一般情况下，一个图样应选用一种比例，根据专业需要，同一图样也可以选用两种比例。当某个视图需要采用不同比例时，必须另行标注。

比例应采用阿拉伯数字表示。一张图纸只有一个图样时，比例应标注在图标中；一张图纸有两个及以上的图样时，比例应标注在图名的右侧或下方。当竖直方向与水平方向的比例不同时，竖直方向比例可用 V 表示，水平方向比例可用 H 表示；比例的字高可为图名字高的 1 或 0.7 倍。

当采用一定比例画图时，视图上标注的尺寸数字是结构物的实际大小数值，而与所采用的比例无关。

5.尺寸标注

工程图上除画出构造物的形状外，还必须准确、清晰和完整地标注出构造物的实际尺寸，这样才能作为施工的依据。

（1）尺寸四要素

标注的尺寸由尺寸界线、尺寸线、尺寸起止符号、尺寸数字四部分组成，如图 1-23 所示。

（2）尺寸标注的一般规定

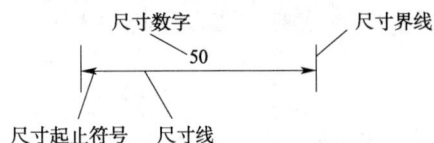

① 尺寸界线、尺寸线应用细实线绘制，尺寸起止符号可采用单箭头表示，尺寸数字宜标注在尺寸线上方中部。当标注位置不足时，尺寸数字可采用反向箭头标注，中部相邻的尺寸数字可错开标注，也可引出标注。

图 1-23　尺寸的组成

②尺寸线应与被注长度平行,且不宜超出尺寸界线;除站场配轨图外,图线均不得用作尺寸线。图线不得穿过尺寸数字,不能避免时应将尺寸数字处的图线断开。

③互相平行的尺寸线,应从被标注的图样轮廓线由近向远整齐排列,分尺寸线离轮廓线近,总尺寸线离轮廓线较远,相邻平行尺寸线间距宜为 5~10mm。

④尺寸宜标注在图样轮廓线以外,不宜与图线、文字及符号相交。

⑤图样的垂直或水平轮廓线可作尺寸界线;中心线也可作尺寸界线,如图 1-24 所示。

⑥尺寸数字及文字书写方向应符合如图 1-25 所示的要求,

图 1-24 图线、中心线作尺寸界线标注

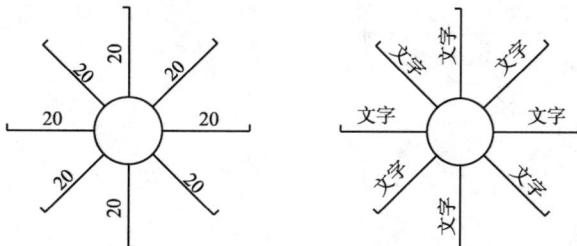

图 1-25 尺寸数字、文字的标注

⑦图样上的尺寸单位可按需要选用毫米(mm)、厘米(cm)、米(m)。

⑧尺寸的简化标注。

连续排列的等长尺寸,可用"个数×等长尺寸 = 总长"的形式,如图 1-26a)所示,也可采用"间距数×间距尺寸"的形式表示,如图 1-26b)所示。两个相似图形可仅绘一个,未示出图形的尺寸数字可用括号表示。数个相似图形的尺寸数值各不相同时,可用字母表示,如图 1-26b)所示,其尺寸数值应在图中适当位置列表示出。

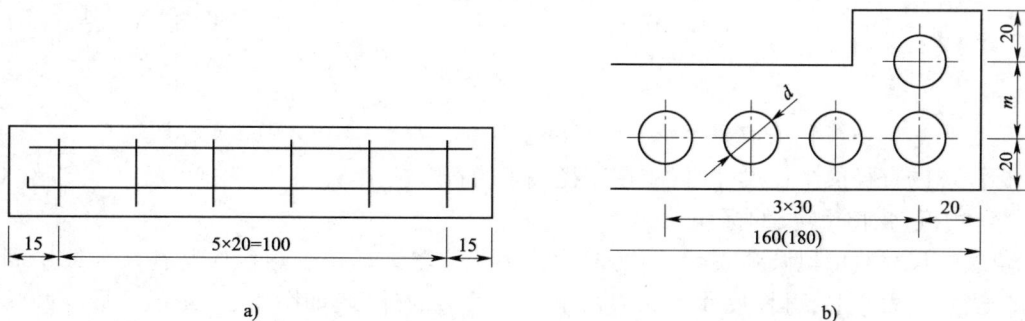

a)

b)

图 1-26 等长尺寸简化标注的方法

构件内有若干构件要素尺寸相同时,可仅标注其中一个要素的尺寸;两个构件如仅个别尺寸数字不同,可在同一图样中将其中一个构件的不同尺寸数字标注在括号内,该构件的名称也应注写在相应的括号内,如图 1-27 所示。

图 1-27 相似构件尺寸标注方法

（3）半径、直径、球的尺寸标注

半径的尺寸标注线，一端应从圆心开始，另一段应画箭头指至圆弧，半径数字前应加注符号"*R*"，如图 1-28 所示。较小圆弧半径在没有足够的位置画箭头或注写数字时，可按图 1-29所示标注；当圆弧的半径过大或在图纸范围内无法标出其圆心位置时，可按图 1-30a）所示标注，不需要标出其圆心位置时，可按图 1-30b）所示标注。

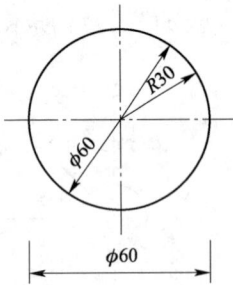

图 1-28　半径、直径的标注方法　　　　图 1-29　小圆弧半径的标注方法

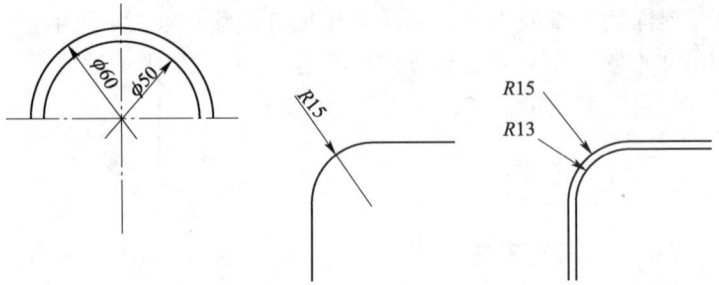

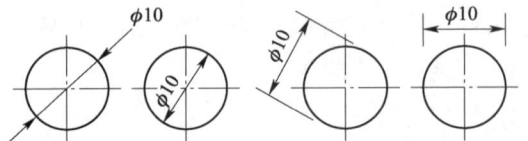

标注圆的直径尺寸时，在尺寸数字前面加注符号"*φ*"，在圆内标注的直径尺寸线应通过圆心，两端画箭头指至圆弧，如图 1-28 所示。较小圆的直径尺寸可标注在圆外，如图 1-31所示。

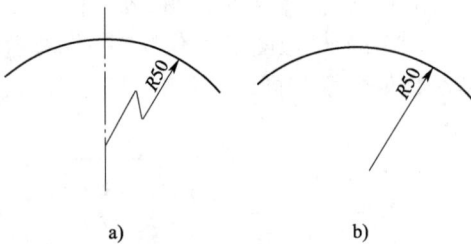

图 1-30　大圆弧半径的标注方法　　　　图 1-31　小圆直径的标注方法

标注球的直径或半径尺寸时，应在直径或半径符号前加 *S*，如"*Sφ*""*SR*"。

（4）角度、弦长、弧长的标注

角度的尺寸线应以圆弧表示，角的两边作为尺寸界线。角度数值应写在尺寸线中间的上方。当角度太小时，可将尺寸线标注在角的两条边的外侧，如图 1-32 所示。标注圆弧的弦长时，尺寸线应以平行于该弦的直线表示，如图 1-33 所示。圆弧尺寸标注如图 1-34a）所示，当弧长分为数段标注时，尺寸界线应沿径向引出，如图 1-34b）所示。

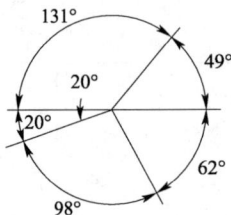

图 1-32　角度的标注方法　　　　图 1-33　弦长的标注方法

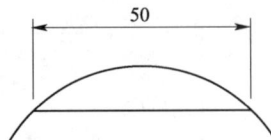

图 1-34 弧长的标注方法

（5）线路曲线标注

正线上的转点应标注于线路中线的上侧；切线上的转点应标注于曲线外侧；曲线控制桩 ZH、HY、YH、HZ 应注于曲线内侧，字头应朝向图纸左端。中线上的转点和曲线控制桩宜标注加桩里程，可不注里程标。局部比较线或改线地段，可标注全里程。

正线、站线上的交点，应在曲线外侧注明交点编号，正线采用转点编号加注股道数值表示，站线采用 V 表示交点编号。曲线要素 α、R、l、T、L 应注于曲线内侧。当站线较多时，应列表标注，曲线要素表格式如图 1-35 所示。不需标注曲线要素时，宜将曲线半径标注在曲线内侧。

线路	曲线交点编号	曲线要素					坐标值	
		α	R	l	T	L	X	Y

图 1-35 曲线要素表格式（尺寸单位：mm）

（6）坐标标注

为了表示地区的方位和路线的走向，图上需要画成坐标格网。坐标格网应以细实线绘制，应画成网格通线或十字线，坐标代号应采用"X""Y"或用"N""E"表示；坐标值应标注在网格通线上且标注到米，数值前应标注坐标"N""E"的代号，字头朝数值增大方向；坐标网格大小宜为 100mm × 100mm，其实际间距可视采用的比例大小确定，如图 1-36 所示。

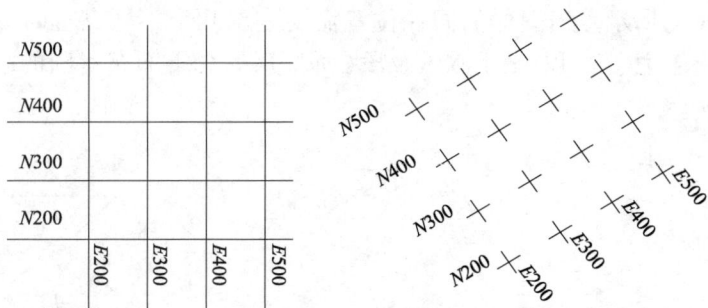

图 1-36 坐标网格

平面图上应采用一种坐标系统，如在同一图中有两种坐标系统，应注明换算关系；铁路线路、桥涵、隧道、车站、场、段及其附属设施、建筑物、构筑物、道路、管线等均应标注定位尺

15

寸;当需要标注的坐标点不多时,可直接标注在图上;当需要标注的坐标点较多时,宜在图纸上列坐标点的代号,坐标数值可在适当位置列出;坐标数值应以米(m)为单位。

(7)坡度标注

给排水管、沟、槽及道路、场地、路基面等坡度宜用坡度符号表示,坡度符号应由细实线、单边箭头以及在其上标注的千分数或百分数组成,坡度符号的箭头应指向下坡方向;路基、挖沟、堤坝、场地边坡等宜用比值的形式表示,如图1-37所示。

站场平面图中线路、道路高程可用坡度标形式标注,坡度标符号应用细实线绘制。坡度数值与坡段长度间的横线为坡度所指方向,水平时为平坡,向下倾斜为下坡,向上倾斜为上坡;铁路线路、纵向排水沟槽、人工改沟等的坡度宜以千分率表示;道路、路基面排水,圬工表面排水,场地地面等的坡度宜以百分率表示,如图1-38所示。

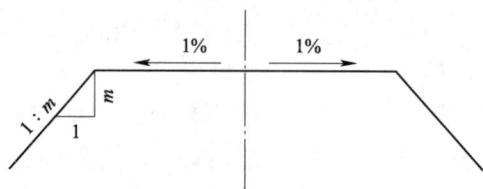

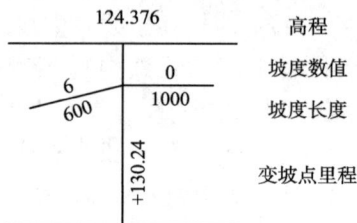

图1-37 坡度标注　图1-38 坡度标示例

(8)里程标注

里程标注应在正线和其他需要标注里程的线路上标注公里标、百米标及断链标。里程桩号标注在垂直于线路的短线上,里程由左向右或由右向左增加时,字头均朝向图纸左端。

公里标应注写各设计阶段代号,设计阶段代号应采用新线预可行性研究 AK、初测 CK、定测 DK、既有铁路 K 等,其余桩号的公里数可省略,里程应以米(m)为单位,如图1-39所示。

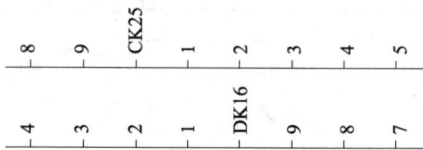

图1-39 里程标注

(9)高程标注

高程符号应采用细实线绘制的等腰三角形表示,高 2～3mm,底角为45°,高程符号的尖端应指在被标注点,尖端可向下或向上,如图1-40a)所示。当图形复杂时也可采用引出线形式标注,如图1-40b)所示。当图样的同一位置需要表示几个不同高程时,高程数字可按图1-40c)所示的方法标注。轨顶、地下水位及段(所)、房屋总平面布置图的高程符号,宜采用涂黑的表示。

a)高程符号　b)引出线形式标注　c)一个高程符号标注数个高程数字

图1-40 高程标注

高程应采用绝对高程,以米(m)为单位,如个别情况需标注相对高程时,应注明相对高程与绝对高程的换算关系。图中宜说明采用的高程坐标系。

单元二　基本几何作图

为了准确地绘制出图样,必须掌握几何作图的方法。下面介绍几种常用的作图方法。

一、作直线的平行线、垂直线

1.过已知点作已知直线的平行线

已知点 M 和直线 AB,如图 1-41a)所示,过 M 点求作直线 AB 的平行线。

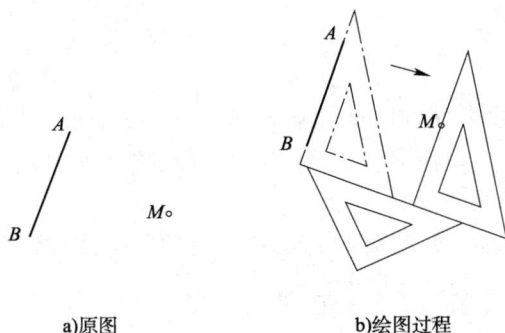

a)原图　　　　　　　　　b)绘图过程

图 1-41　过已知点作已知直线的平行线

绘图过程:

①使用第一块三角板一条直角边和 AB 线重合,第二块三角板的斜边与第一块三角板的另一直角边靠紧。

②沿着第二块三角板,推动第一块三角板,使之平贴点 M,在此画一条直线即为所求。

2.过已知点作已知直线的垂直线

已知点 M 和直线 AB,如图 1-42a)所示,过 M 点求作直线 AB 的垂直线。

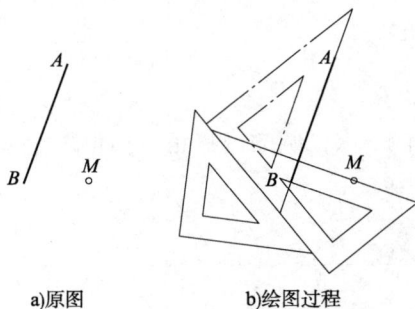

a)原图　　　　　　　　　b)绘图过程

图 1-42　过已知点作已知直线的垂直线

绘图过程:

①使用第一块三角板斜边和 AB 重合,第二块三角板的斜边与第一块三角板的一直角边靠紧。

②将第一块三角板逆时针旋转90°,其直角边贴紧第二块三角板的斜边,沿着第二块三角板,推动第一块三角板,使之斜边平贴点 M,沿斜边画一条直线即为所求。

二、等分

1. 分已知线段为任意等分

已知直线 AB，如图 1-43a) 所示，将其 5 等分作图。

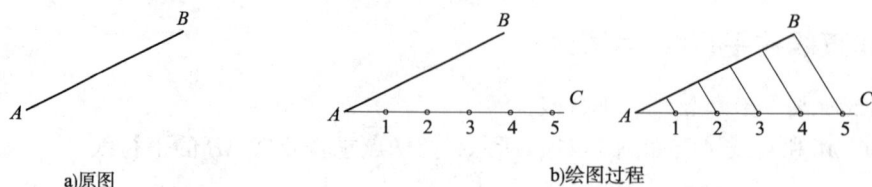

a)原图   b)绘图过程

图 1-43　等分已知线段

绘图过程：

①过 A 点引任意一直线 AC，在 AC 上任意截取 5 等分，得 1、2、3、4、5 点。

②连接 $B5$，过 1、2、3、4 点作 $B5$ 的平行线与并与 AB 相交，即将 AB 分为 5 等分。

2. 分两平行线间的距离为任意等分

已知平行线段 AB 和 CD，如图 1-44a) 所示，求将其垂直距离分为 5 等分。

a)原图   b)绘图过程

图 1-44　等分两平行线间的距离

绘图过程：

①在两平行线间任取一线段 16，将其等分后得 2、3、4、5 等分点。

②过各等分点作直线 AB 的平行线，即将两平行线间的距离进行 5 等分。

三、作圆的内接正多边形

1. 作圆的内接正五边形

已知圆 O，如图 1-45a) 所示，求作圆的内接正五边形。

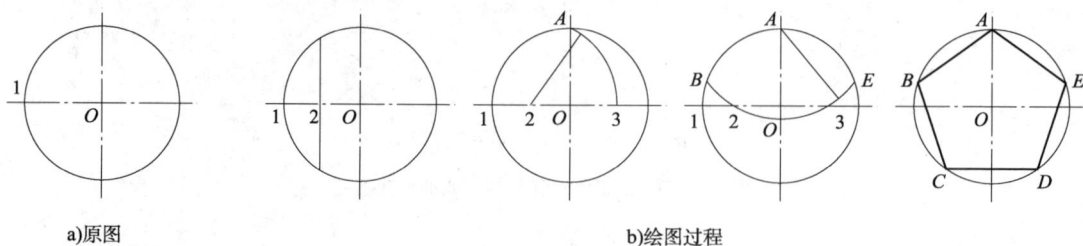

a)原图   b)绘图过程

图 1-45　作圆的内接正五边形

绘图过程：

①等分半径 $O1$，得等分点 2。

②以点 2 为圆心，$A2$ 为半径作弧，交 $O1$ 的反向延长线于点 3。

③以 A3 为半径,从 A 点起在圆弧上截取点 B、C、D、E,连接各点即可。

2. 作圆的内接任意正多边形

以绘制圆的内接正七边形为例,如图 1-46 所示。

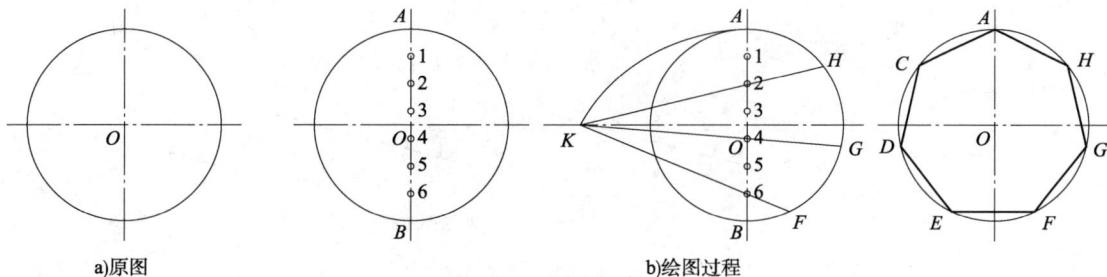

a)原图　　　　　　　　　　　　b)绘图过程

图 1-46　作圆的内接正七边形

绘图过程:

①将直径 AB 进行 7 等分,得等分点 1、2、3、4、5、6。

②以 B 为圆心,BA 为半径作弧,交直径延长线于 K 点,连接 K2、K4、K6 并分别将其延长到圆上,得 H、G、F。

③作点 H、G、F 的对称点 C、D、E,顺次连接 A、C、D、E、F、G、H 即可。

四、圆弧连接

在绘制工程图样时,经常会遇到圆弧与直线、圆弧与圆弧之间的连接问题。这里所说的连接指的是平滑连接,即相切。用来连接其他圆弧或直线的圆弧,称为连接圆弧;连接圆弧的圆心称为连接中心;切点称为连接点。解决圆弧连接问题的关键在于连接中心和连接点的确定,即确定连接圆弧的圆心以及切点的位置。圆弧连接包括圆弧与直线连接(相切)、圆弧与圆弧连接(分外切和内切)。

1. 圆弧连接两直线

圆弧与直线连接(相切),连接圆弧圆心的轨迹是与直线距离为 R 的平行线,由圆心 O 向直线做垂线,垂足 K 即为切点。

已知直线 1、2,如图 1-47a)所示,用半径为 R 的圆弧连接两条直线。

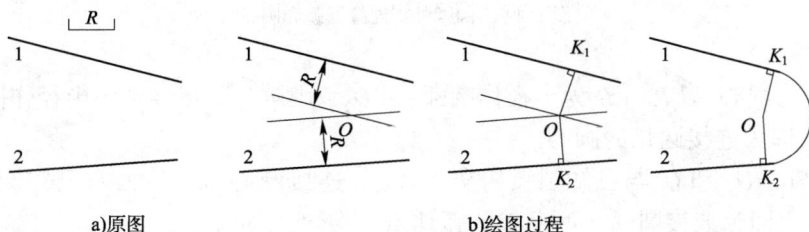

a)原图　　　　　　　　　　　　b)绘图过程

图 1-47　圆弧连接两直线

绘图过程:

①分别作与直线 1、2 相距为 R 的平行线,其交点为 O,即为连接圆弧的圆心。

②自 O 分别向直线 1、2 作垂线,得垂足 K_1、K_2,即为切点。

③以 O 为圆心, R 为半径,自 K_1 点到 K_2 点画圆弧,即为所求。

2.圆弧连接直线与圆弧

已知直线 L 和半径为 R_1 的圆弧,如图1-48a)所示,用半径为 R 的圆弧连接直线和圆弧。

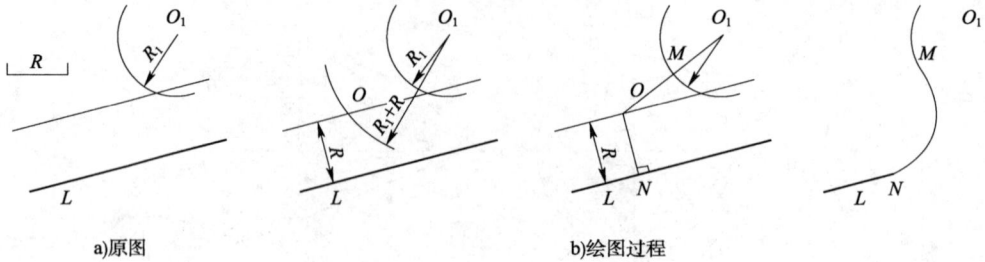

a)原图   b)绘图过程

图1-48 圆弧连接直线与圆弧

绘图过程:

①作与直线 L 相距为 R 的平行线,以 O_1 为圆心,以 $R_1 + R$ 为半径作弧,与直线 L 的平行线相交于 O 点,即为连接圆弧的圆心。

②连接圆心 O_1 和 O,与已知圆弧相交于 M 点;过 O 作直线 L 的垂线与直线 L 相交于 N 点, M 点和 N 点即为连接圆弧与已知圆弧和直线的切点。

③以 O 为圆心,以 R 为半径自 M 点到 N 点画圆弧作弧,即为所求。

3.圆弧连接圆弧和圆弧

(1)外切连接

已知半径为 R_1 和 R_2 的圆弧,如图1-49a)所示,连接两圆弧的半径为 R,求作圆弧与两已知圆弧外切连接。

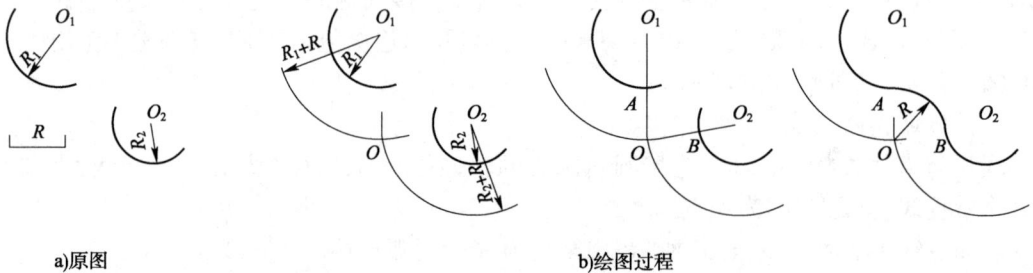

a)原图   b)绘图过程

图1-49 圆弧外切连接圆弧和圆弧

绘图过程:

①以 O_1 为圆心,以 $R_1 + R$ 为半径作圆弧;以 O_2 为圆心,以 $R_2 + R$ 为半径作圆弧;两圆弧相交于 O 点,即为连接圆弧的圆心。

②连接圆心 O_1 和 O,与已知圆弧相交于 A 点,连接圆心 O_2 和 O,与已知圆弧相交于 B 点, A 点和 B 点即为连接圆弧与两已知圆弧切点。

③以 O 为圆心,以 R 为半径自 A 点到 B 点画圆弧,即为所求。

(2)内切连接

已知半径为 R_1 和 R_2 的圆弧,如图1-50a)所示,连接两圆弧的半径为 R,求作圆弧与两已知圆弧内切连接。

a)原图　　　　　　　　　　　　　b)绘图过程

图 1-50　圆弧内切连接圆弧与圆弧

绘图过程：

①以 O_1 为圆心，以 $R-R_1$ 为半径作圆弧；以 O_2 为圆心，以 $R-R_2$ 为半径作圆弧；两圆弧相交于 O 点，即为连接圆弧的圆心。

②过圆心 O、O_1 作直线，与已知圆弧相交于 A 点；过圆心 O、O_2 作直线，与已知圆弧相交于 B 点；A 点和 B 点即为连接圆弧与两已知圆弧切点。

③以 O 为圆心，以 R 为半径自 A 点到 B 点画圆弧，即为所求。

（3）混合连接

已知半径为 R_1 和 R_2 的圆弧，如图 1-51a）所示，连接两圆弧的半径为 R，求作圆弧与两已知圆弧混合连接。

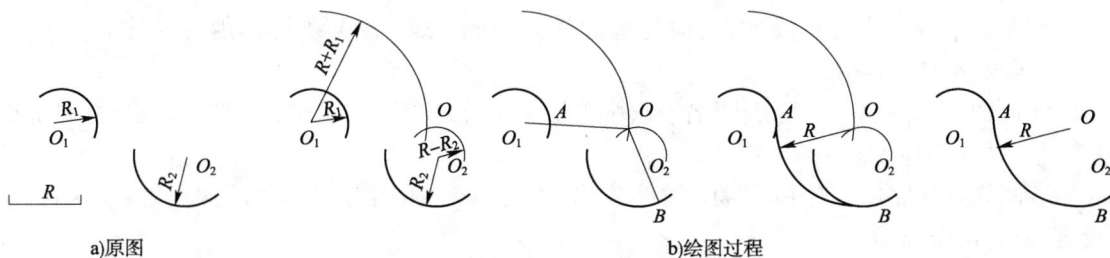

a)原图　　　　　　　　　　　　　b)绘图过程

图 1-51　圆弧混合连接圆弧与圆弧

绘图过程：

①以 O_1 为圆心，以 $R+R_1$ 为半径作圆弧；以 O_2 为圆心，以 $R-R_2$ 为半径作圆弧；两圆弧相交于 O 点，即为连接圆弧的圆心。

②连接圆心 O_1、O，与已知圆弧相交于 A 点，过圆心 O、O_2 作直线，与已知圆弧相交于 B 点，A 点和 B 点即为连接圆弧与两已知圆弧切点。

③以 O 为圆心，以 R 为半径自 A 点到 B 点画圆弧，整理图形，删去多余线条，即为所求。

五、绘图的步骤和方法

1. 准备工作

①准备好所用的绘图工具和仪器。使用之前应对绘图工具逐件进行检查校正并将工具擦拭干净。

②图板上方可略抬高一些，使其倾斜一个角度，按《技术制图》标准规定选用图纸幅面大小。将图纸固定在图板的左下方，并使图纸的左边和下边与图板边缘之间留出一个略大于

丁字尺宽度的空间。

2.绘制底稿

①选用较硬的铅笔,如 H、2H、3H 等,轻轻画出底稿。

②画出图框和标题栏,根据《技术制图》标准规定先画好图框线和标题栏的外轮廓。

③根据所给图样的大小、比例、数量进行合理的图面布置。

④由大到小,由整体到局部,直至画出所有轮廓线。为了方便修改,底图的图线应轻而淡,能定出图形的形状和大小即可。如发现错误,不要立即就擦。可用铅笔轻轻做上记号,待全图完成之后,再一次擦净,以保证图面整洁。画底稿时,图形尺寸应用分规从比例尺上量取长度。相同长度尺寸应一次量取,以保证尺寸的准确,提高画图速度。

⑤画尺寸界限、尺寸线及其他符号。

⑥仔细检查底图,擦去多余的底稿图线。

3.加深或描图

①在检查底稿确定无误之后,即可加深或描图。选用较软的铅笔如 B、2B 等进行加深和描图,文字说明选用 H 或 HB 铅笔。

②加深之前,应先确定标准实线的宽度,再根据线型标准确定其他线型。同类图线应粗细一致。应使图线粗细均匀,色调一致,加深粗实线一次不够时,重复再画,不可来回描粗。

③先加深图样,按照水平线从上到下、垂直线从左到右的顺序一次完成。同类型的图线一次加深。如有曲线与直线连接,应先画曲线,再画直线。各类线型的加深顺序是:中心线、粗实线、虚线、细实线。

④再加深标注尺寸。写上图名、比例及文字说明。加深标题栏,并填写标题栏内的文字。最后加深图框线。

⑤图样加深完后,应图面干净,线型分明,图线匀称,布图合理。全部加深之后,再仔细检查,若有错误应即时改正。

🍎 **复习思考题**

1.手工绘图的基本要求有哪些?

2.手工绘图的基本步骤分为哪几个?

3.圆弧连接的基本方法是什么?

模块二　投 影 基 础

学习指南

本项目作为轨道工程制图的基础,主要介绍投影的概念、分类,正投影与三面投影特性以及形体三面投影图的绘制。点、线(直线和曲线)、面(平面和曲面)是构成工程结构物最基本的几何要素,本项目中重点介绍点、直线和平面的投影特性,旨在通过对本项目内容的学习,熟练掌握并应用各投影规律,为后续内容学习奠定基础。

单元一　投影法及三视图的形成

一、投影的概念及其特征

1. 投影的概念

物体在阳光照射下,会在附近的墙面、地面等处留下它的影子,这种光线、物体和影子之间的关系能够大致反映出物体的形状和大小。这种自然现象我们把它称为投影现象。人们对这种现象进行科学抽象,即按照投影的方法,把形体的有内外轮廓和内外表面交线全部表示出来,且依投影方向凡可见的轮廓线画实线,不可见的画虚线。这种以投影的方法达到用二维平面表示三维形体的方法,即为投影法。

在工程制图中,把光源称为投影中心,光线称为投射线,光线的射向称为投射方向,投影的平面(如地面、墙面等)称为投影面,影子的轮廓称为投影,用投影表示物体的形状和大小的方法称为投影法,用投影法画出的物体图形称为投影图,如图 2-1 所示。

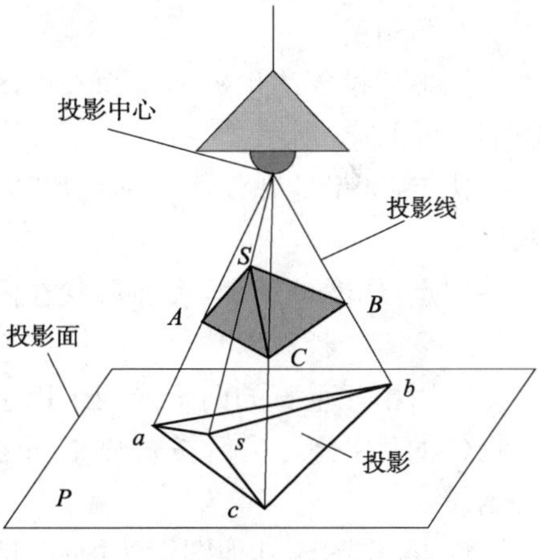

图 2-1　投影的形成

2. 投影的分类

根据投射线之间的相对位置关系,常用的投影法有两大类:中心投影法和平行投影法。

(1)中心投影

投射线交于一点的投影,称为中心投影,如图 2-2a)所示。

(2)平行投影

假设将中心投影的光源移动到无限远时,投射线可以看作是互相平行的,在这种情况下得到的投影,称为平行投影。平行投影又可以分为正投影和斜投影两种,如图 2-2b)、图 2-2c)所示。

①正投影:投射线与投影面垂直时得到的投影,称为正投影。

②斜投影:投射线与投影面倾斜时得到的投影,称为斜投影。

用正投影法绘制出的图形称为正投影图,如图 2-3 所示。

a)中心投影　　b)斜投影　　c)正投影

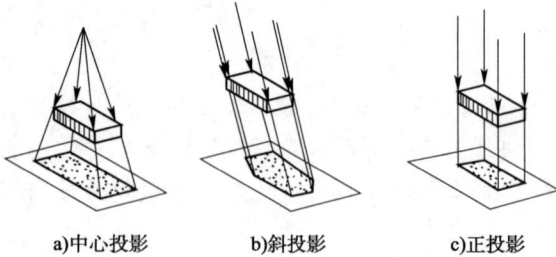

图 2-2　投影分类

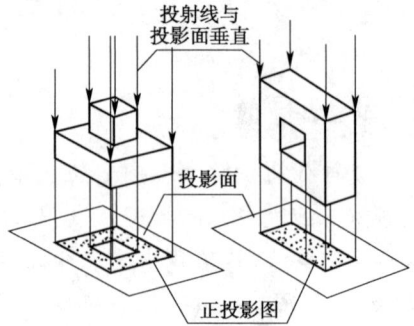

图 2-3　正投影图

二、工程上常用的几种图示方法

1. 透视图

用中心投影法生成的投影图,如图 2-4 所示。

优点:图形逼真,直观性强。多用于效果图、广告图。

缺点:作图复杂,形体的尺寸不能直接在图中度量,故不能作为施工依据。

2. 轴测图

用平行投影法生成的单面投影图(正斜两种),它是平行投影的一种,画图时只需一个投影面,如图 2-5 所示。

优点:度量性和作图便利性比透视图好,直观和立体感好,有一定度量性多用于补充图、构思图。

缺点:作图较烦琐,表面形状在图中往往失真,度量性差,只能作为工程上的辅助图样。

3. 多面正投影图

采用相互垂直的两个或两个以上的投影面,按正投影方法在每个投影面上分别获得同一物体的正投影,然后按规则展开在一个平面上,便得到物体的多面正投影图,如图 2-6 所示。

优点:作图较其他图示法简便,度量性好,多用于施工图。

缺点:缺乏立体感。

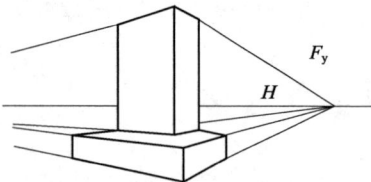

图 2-4　透视投影图

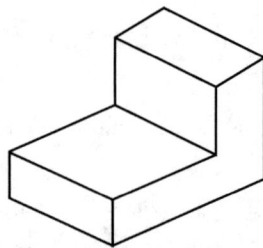

图 2-5　轴测投影图

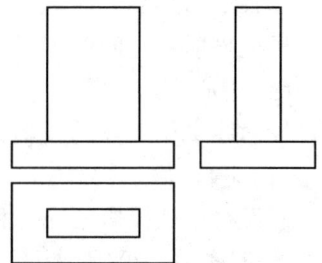

图 2-6　多面正投影图

4.高程投影图

高程投影是一种带有数字标记的单面正投影。在建筑工程上,常用它来表示地面的形状,作图时,用一组等距离的水平面切割地面,其交线为等高线。

将不同高程的等高线投影在水平的投影面上,并注出各等高线的高程,即为等高线图,也称高程投影图,如图2-7所示。

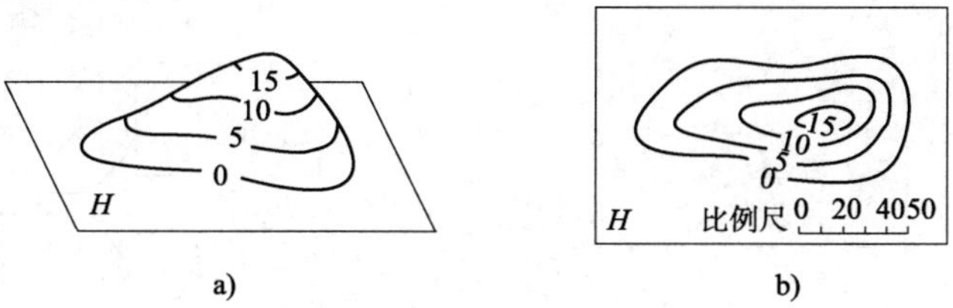

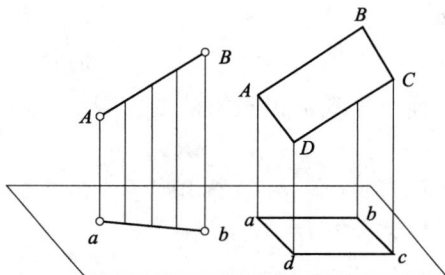

图2-7 高程投影图

三、正投影特性

1.从属性
直线上的点的投影仍在直线的投影上,如图2-8所示。

2.类似性
①点的投影是点。

②直线的投影一般情况下是直线。

③平面的投影一般情况下是平面,如图2-9所示。

④当直线或平面图形倾斜于投影面时,直线的投影仍为直线,但小于实长,平面图形的投影小于真实形状,但类似于空间平面图形,图形的基本特征不变。

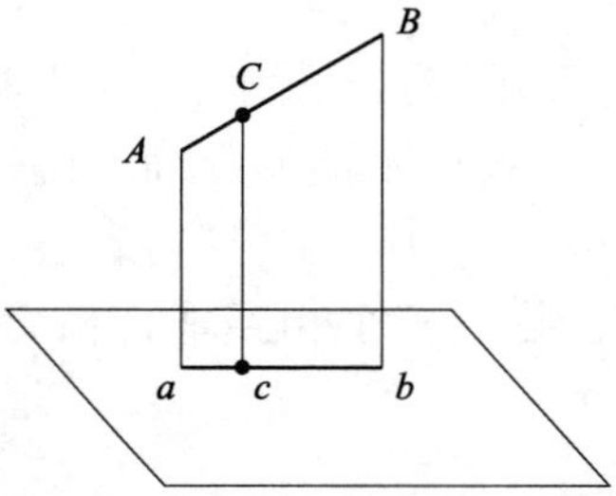

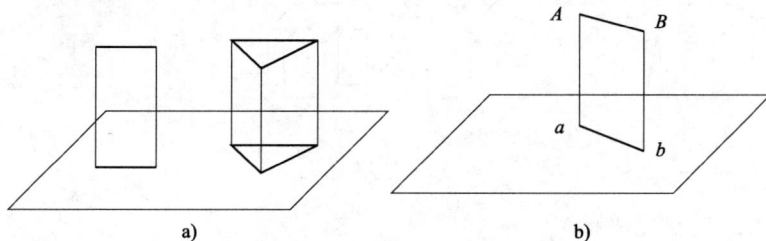

图2-8 从属性   图2-9 类似性

3.实形性
平面图形(或直线)与投影面平行时,其投影反映实形(或实长),如图2-10所示。

图2-10 实形性

25

在图 2-10b)中,投影 *ab* 反映空间直线 *AB* 的真实长度。即:*ab* = *AB*。

4.积聚性

直线或平面图形平行于投射线,其投影积聚成点或直线,如图 2-11 所示。

5.平行性

两相互平行直线,其投影平行,如图 2-12 所示。

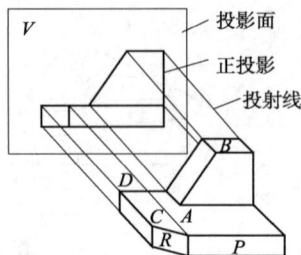

图 2-11　积聚性　　　　　　　图 2-12　平行性

单元二　形体的三面投影

一、形体三面投影

1.形体三面投影的形成

用正投影法所绘制出的物体的图形称为视图。用正投影法绘制物体的视图时,是将物体置于观察者与投影面之间,以观察者的视线作为投射线,而将观察到的形状画在投影面上。把看得见的轮廓用粗实线表示,看不见的轮廓用虚线表示,图形的对称中心线用细点画线表示。

根据物体的一个视图一般不能确定其形状和大小。如图 2-13 所示,几个形状不同的物体在同一投影面上得到了相同的视图。因此,仅用单面正投影不能够准确表达一个物体的实际形状。

由于物体都有长、宽、高三个相互垂直的方向,因此,设立三个相互垂直相交的投影面,构成三面投影体系,如图 2-14 所示。

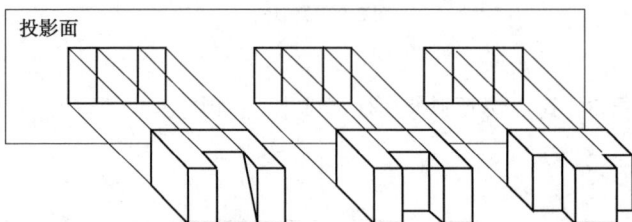

图 2-13　不同物体的正面投影图

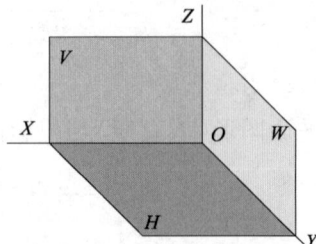

图 2-14　三面投影体系图

三个投影面分别称为:

正立投影面 *V*(简称正平面);

水平投影面 *H*(简称水平面);

侧立投影面 W(简称侧平面)。

每两个投影面的交线 OX、OY、OZ 称为投影轴,三个投影轴相互垂直相交于一点 O,称为原点。

将物体置于三面投影体系中的某一固定位置上,且置于投影面与观察者之间,并使物体的主要表面处于平行或垂直于投影面的位置,用正投影法分别向 V、H、W 面投射,即可得到物体的三个视图如图 2-15a)所示。三个视图分别称为:

①主视图。由前向后投射,在 V 面上得到的视图。

②俯视图。由上向下投射,在 H 面上得到的视图。

③左视图。由左向右投射,在 W 面上得到的视图。

V 面保持不动,H 面绕 X 轴向下转 $90°$,W 面绕 Z 轴向右转 $90°$,这样 V、H 和 W 三个投影面就摊开在了同一平面上,如图 2-15b)所示。

图 2-15 三面正投影图的形成

由于三个视图是一个物体在同一位置上分别向三个投影面所作的投影,因此,它们之间有如下位置关系:以主视图为准,俯视图在主视图的正下方,左视图在主视图的正右方。这叫按投影关系配置视图,不必标注视图名称。视图之间的距离可根据图纸幅面和视图的大小来确定,一般要分布均匀。

2. 形体三面投影的特性

物体有长、宽、高三个方向的尺寸,每个视图都反映物体的两个方向的尺寸。如果把物体左右方向的尺寸称为长,前后方向的尺寸称为宽,上下方向的尺寸称为高,则主、俯视图同时反映了物体上各部分的左右位置,主、左视图同时反映了物体上各部分的上下位置,俯、左视图同时反映了物体上各部分的前后位置。三视图之间应存在如下投影关系,如图 2-16 所示。

①主、俯视图中相应投影的长度相等,且要对正。

②主、左视图中相应投影的高度相等,且要平齐。

③俯、左视图中相应投影的宽度相等。

X 方向——作为度量物体长度的方向;

Y 方向——作为度量物体宽度的方向;

Z 方向——作为度量物体高度的方向。

上述主、俯、左三个视图之间的投影对应关系,通

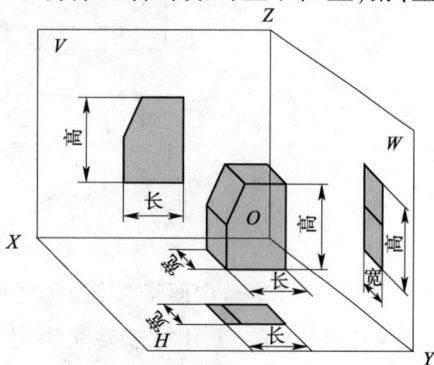

图 2-16 三面正投影图的特性

27

常简称为"长对正、高平齐、宽相等"的三等关系。这就是三视图的投影规律。它不仅适用于整个物体的投影,也适用于物体上每个局部结构的投影。

3.形体三面投影的作图方法与步骤

①先画出水平和垂直十字相交线表示投影轴,如图2-17a)所示。

②根据"三等"关系,正面图和平面图的各个相应部分用铅垂线对正(等长);正面图和侧面图的各个相应部分用水平线拉齐(等高),如图2-17b)所示。

③利用平面图和侧面图的等宽关系,从 O 点作一条向右下斜的45°线,然后在平面图上向右引水平线,与45°线相交后再向上引铅垂线,把平面图中的宽度反映到侧面投影中去,如图2-17c)、d)所示。

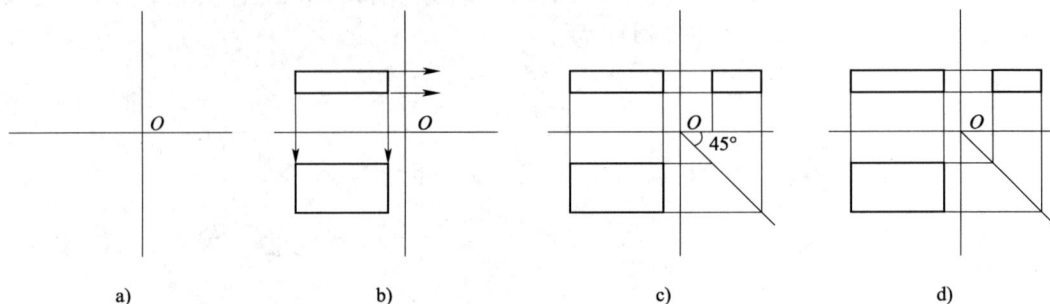

图2-17 三面正投影图的作图步骤

二、点的投影

1.点的三面投影

点是构成立体表面最基本的几何元素,点的投影仍然是点。在三面投影体系中,有一个空间点 A,由点 A 分别向 H、V 和 W 引垂线,a、a'、a″即为 A 点的三面投影,如图2-18 所示。

A 点在 H 面上的投影称为水平投影,用 a 表示。

A 点在 V 面上的投影称为正面投影,用 a' 表示。

A 点在 W 面上的投影称为侧面投影,用 a″表示。

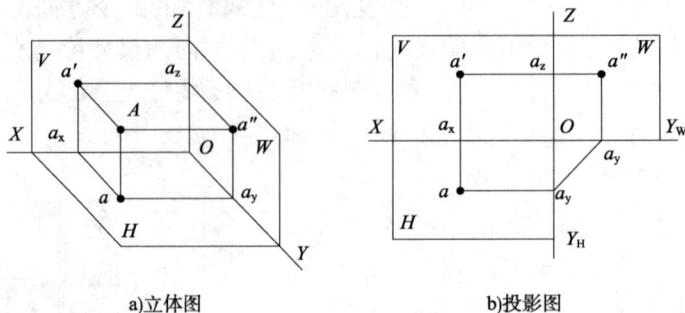

a)立体图   b)投影图

图2-18 点的三面投影

为了作图准确和便于校核,作图时可把所画物体上的点、线、面用符号来标注。一般规定空间物体上的点用大写英文字母 A、B、C、D…表示。点的投影用相应的小写英文字母表示。

2. 点的投影与坐标

(1)点的投影

点的三面投影在物体视图上的位置如图 2-19 所示。从图 2-19 中可以看出，A 点三个投影之间的投影关系与三视图之间的三等关系是一致的，由此我们得到点的投影规律：

①点的水平投影 a 和正面投影 a' 的连线垂直于 OX 轴，即 $aa' \perp OX$。

②点的正面投影 a' 和侧面投影 a'' 的连线垂直于 OZ 轴，即 $a'a'' \perp OZ$。

③点的水平投影 a 到 OX 轴的距离等于其侧面投影 a'' 到 OZ 轴的距离。

$Aa'' = aa_Y = a'a_Z = Oa_X = x_A$，即点 A 到 W 面的距离；

$Aa' = aa_X = a''a_Z = Oa_Y = y_A$，即点 A 到 V 面的距离；

$Aa = a'a_X = a''a_Y = Oa_Z = z_A$，即点 A 到 H 面的距离。

图 2-19 点的三面投影

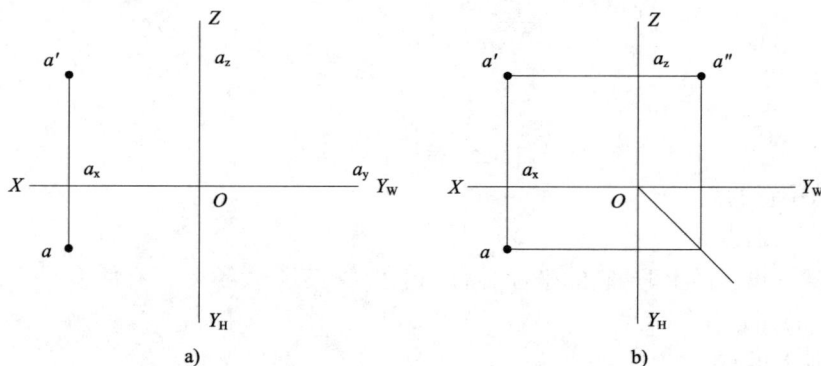

【例 2-1】 如图 2-20a)所示，已知点 A 的两面投影，求点 A 的第三面投影。

解：①按照投影特性第二条，做 $a'a'' \perp OZ$；

②通过作 $45°$ 线使 $a''a_Z = aa_x$，如图 2-20b)所示。

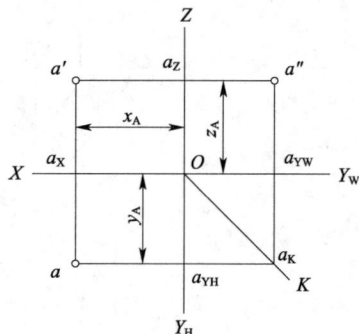

图 2-20 已知点的两面投影求第三面投影

(2)点的坐标

如果把三面投影体系看作直角坐标系，三个投影面看作坐标面，投影轴看作坐标轴，则点到三个投影面的距离就是点的坐标。A 点到 W 面的距离为 x 坐标，A 点到 V 面的距离为 y 坐标，A 点到 H 面的距离为 z 坐标。

正面投影 a' 反映 A 点 x 和 z 的坐标；水平投影 a 反映 A 点 x 和 y 的坐标；侧面投影 a'' 反映 A 点 y 和 z 的坐标，如图 2-21 所示。

【例 2-2】 作点 $B(8,15,10)$ 的三面投影。

解：①画出投影轴，并在 OX 轴上量取 $x = 8mm$ 得 b_x，如图 2-22a)所示。

②过 b_x 作 OX 轴的垂线。在垂线上从 b_x 向下量取 $y = 15mm$ 得到水平投影 b，向上量取 $z = 10mm$ 得到正面投影，如图 2-22b)所示。

③由 b 和 b' 求得 b''，如图 2-22c)所示。

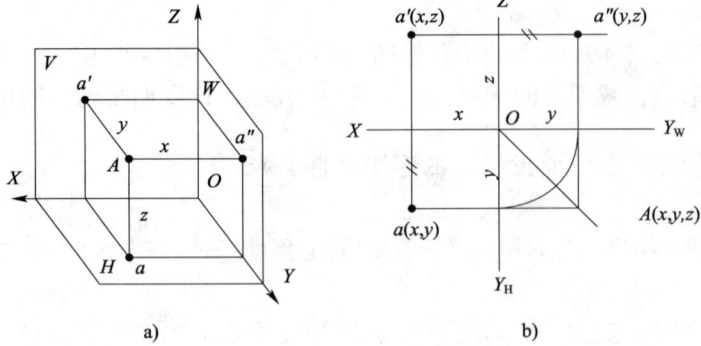

图 2-21　点的坐标

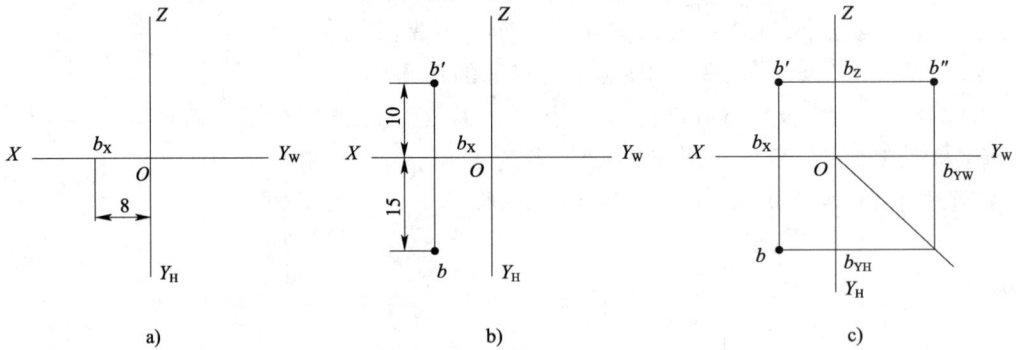

图 2-22　作点的三面投影

（3）特殊位置的点

①投影面上的点。

当点在某一投影面上时，它的坐标必有一个为零，三个投影中必有两个投影位于投影轴上，如图 2-23a）所示。

②投影轴上的点。

当点在某一投影轴上时，它的坐标必有两个为零，三个投影中必有两个投影位于投影轴上，另一个投影则与坐标原点重合，如图 2-23b）所示。

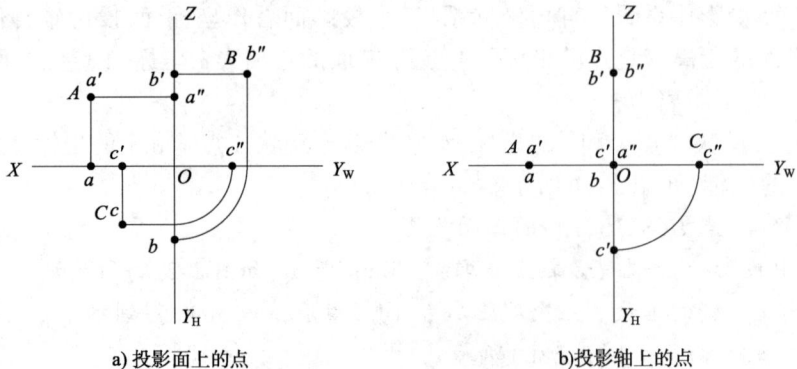

a）投影面上的点

b）投影轴上的点

图 2-23　特殊位置点的三面投影

③当点位于原点时。

当点位于坐标原点时,它的三个坐标均为零。

3. 两点间相对位置

(1)空间两点的位置关系

空间两点的相对位置是指这两点在空间的左右(X)、前后(Y)、上下(Z)三个方向上的相对位置。

在三面投影中,规定:OX 轴向左、OY 轴向前、OZ 轴向上为三条轴的正方向。在投影图中,x 坐标可确定点在三投影面体系中的左右位置,y 坐标可确定点的前后位置,z 坐标可确定点的上下位置。

空间两点的相对位置可以用三面正投影图来标定;反之,根据点的投影也可以判断出空间两点的相对位置。

【例2-3】　由投影图判断 A、B 两点的空间位置(图2-24)。

解:要在投影图上判断空间 A、B 两点的相对位置,应根据这两点在每个面的投影关系和坐标差来确定。

①由 A、B 两点 V、H 面投影可确定点 A 在点 B 左方。

②由 A、B 的 H、W 面投影可确定 A 在 B 后方。

③由 A、B 的 V、W 面投影可确定 A 在 B 上方。

因此点 A 位于点 B 的左、后、上方。

图2-24　判断 A、B 两点的空间位置

(2)重影点及其可见性判断

如果两点位于同一投射线上,则此两点在相应投影面上的投影必重叠,重叠的投影称为重影,重影的空间两点称为重影点。两点重合,必有一点被"遮挡",故有可见不可见之分。对 V 面、H 面、W 面的重影点,它们的可见性分别是"前遮后""上遮下""左遮右"。

不可见的点的投影加括弧表示,以示区别。空间中的点 C 和点 D 在三个投影面上的投影如图2-25所示,在 V 面投影中 c' 和 d' 重合,c' 在前面,所以 d' 不可见,为该处的重影点,用 $c'(d')$ 表示。

【例2-4】　如图2-26所示,由投影图判断 A、B 两点的可见性。

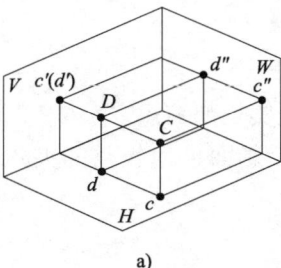

a)

b)

图2-25　重影点的判定　　　　　　图2-26　判断 A、B 两点的可见性

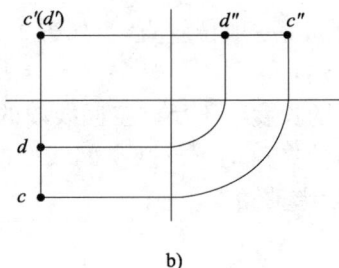

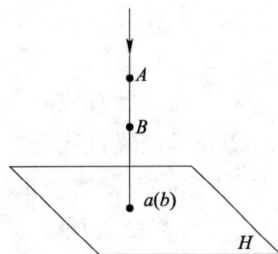

解:由图2-26可知,A、B 是位于同一投射线上的两点,它们在 H 面上的投影 a 和 b 相重

叠。点 A 在 H 面上为可见点，点 B 为不可见点。

如图 2-27 所示，A 和 B 在同一垂直于 H 面的直线上，A 点在 B 点的正上方，则 $Z_a > Z_b$，所以 H 面的两投影点 a 和点 b 重合，为 H 面重影点，但其他两投影面不重合。因 $Y_c > Y_d$，则 c 和 d 两投影重合，d 点为不可见点。

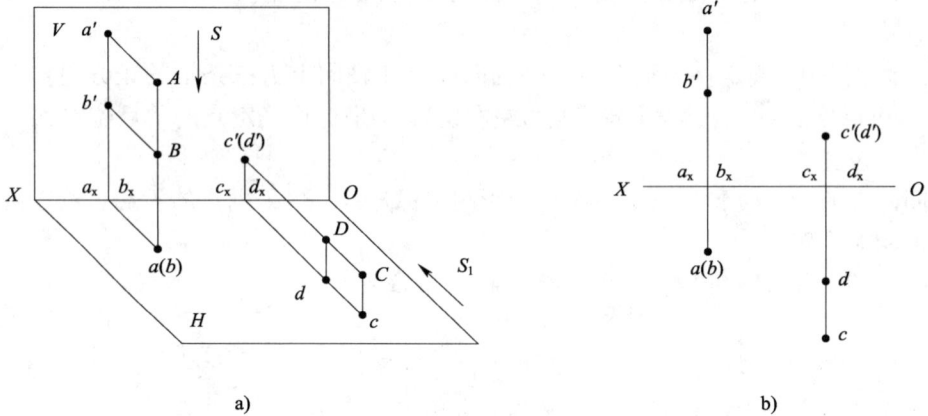

图 2-27　判断 A 和 B、C 和 D 两点的可见性

4. 直线的投影

（1）直线的三面投影

首先作出直线上两端点在三个投影面上的各个投影，然后分别连接这两个端点的同面投影即为该直线的投影。直线的投影一般仍为直线，特殊情况下，当直线垂直于投影面时，其投影积聚为一个点。

直线和它在某一投影面上的投影间的夹角，称为直线对该投影面的倾角。对 H 面的倾角用 α 表示、对 V 面的倾角用 β 表示；对 W 面的倾角用 γ 表示，如图 2-28 所示。

根据直线与投影面的相对位置关系，直线可分为一般位置直线、投影面平行线和投影面垂直线三种，后两种统称为特殊位置直线。

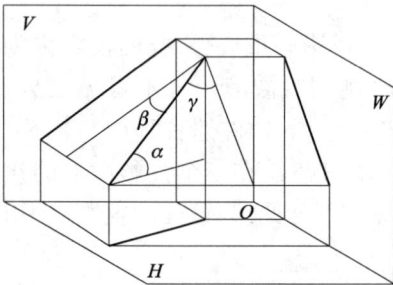

图 2-28　直线的倾角

（2）一般位置直线

与三个投影面都倾斜的直线称为一般位置直线，如图 2-29 所示。

一般位置直线有如下特性：

①一般位置直线的三面投影的长度都不反映空间线段的实长，较实长都缩短。

②一般位置直线三个投影面的夹角均不反映空间线段的倾角，投影面夹角较空间夹角变大，且三面投影均与相对应的投影轴倾斜。

（3）特殊位置直线

①投影面平行线。

平行于某一个投影面而对另外两个投影面倾斜的直线，称为某投影面的平行线。

a)立体图　　　　　　　　　b)投影图

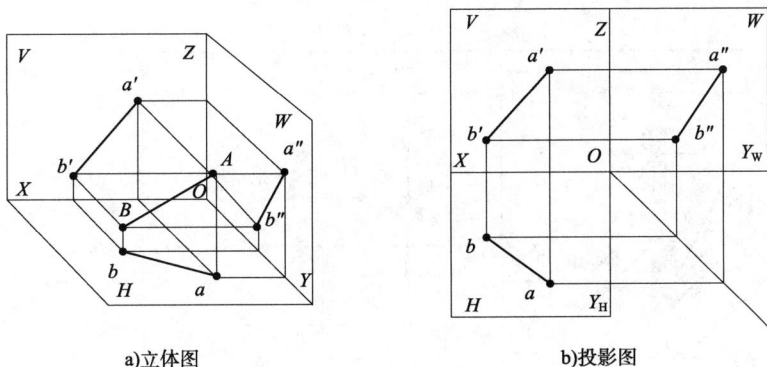

图 2-29　一般位置直线

A. 直线与投影面平行有三种形式：

a. 水平线——平行于水平投影面 H 的直线，如表 2-1 中的第一行图所示。

b. 正平线——平行于正立投影面 V 的直线，如表 2-1 中的第二行图所示。

c. 侧平线——平行于侧立投影面 W 的直线，如表 2-1 中的第三行图所示。

B. 投影面平行线的特性（以水平线为例）：

a. 水平线在其平行的 H 投影面上的投影反映实长，且投影与投影轴的夹角分别反映直线对另两个投影面的夹角。

b. 水平线在 V、W 两个投影面上的投影分别平行于相应的投影轴，且长度比空间直线短。

各类投影面平行线的投影图及其投影特性见表 2-1。

投影面平行线　　　　　　　　　　　表 2-1

种类	立 体 图	投 影 图	投 影 特 性
水平线			(1)水平投影反映实长，水平投影和投影轴的夹角反映了直线对 V 面和 W 面的真实夹角； (2)正面投影平行于 OX 轴； (3)侧面投影平行于 OY_W 轴
正平线			(1)正面投影反映实长，正面投影和投影轴的夹角反映了直线对 H 面和 W 面的真实的夹角； (2)水平投影平行于 OX 轴； (3)侧面投影平行于 OZ 轴

种类	立 体 图	投 影 图	投 影 特 性
侧平线			(1)侧面投影反映实长,侧面投影和投影轴的夹角反映了直线对 H 面和 V 面的真实夹角; (2)正面投影平行于 OZ 轴; (3)水平投影平行于 OY_H

②投影面垂直线。

垂直于一个投影面,倾斜于另外两个投影面的直线,称为该投影面的垂直线。若直线垂直于某一投影面,则该直线必平行于另外两个投影面。

A.直线与投影面垂直有以下三种形式:

a.铅垂线——垂直于水平投影面 H 的直线,如表2-2中的第一行图所示。

b.正垂线——垂直于正立投影面 V 的直线,如表2-2中的第二行图所示。

c.侧垂线——垂直于侧立投影面 W 的直线 ,如表2-2中的第三行图所示。

B.投影面垂直线的共性如下:

a.在直线所垂直的投影面上,其投影积聚成一点;

b.另外两个投影面上的投影分别垂直于相应的投影轴,且反映实长。

投影面垂直线 表2-2

种类	立 体 图	投 影 图	投 影 特 性
铅垂线			(1)水平投影积聚为一点; (2)正面投影和侧面投影平行于相应的投影轴,且反映实长
正垂线			(1)正面投影积聚为一点; (2)水平投影和侧面投影平行于相应的投影轴,且反映实长

种类	立 体 图	投 影 图	投 影 特 性
侧垂线			(1)侧面投影积聚为一点; (2)水平投影平行于 OX 轴,且反映实长; (3)正面投影平行于 OX 轴,且反映实长

③直线上的点。

点在直线上,则点的投影必在直线的同面投影上;若点分割线段成某一比例,则其投影也把线段的投影分成相同的比例。若点的投影有一个不在直线的同名投影上,则该点必不在此直线上。

【例2-5】 判断点 C 是否在线段 AB 上,见图2-30。

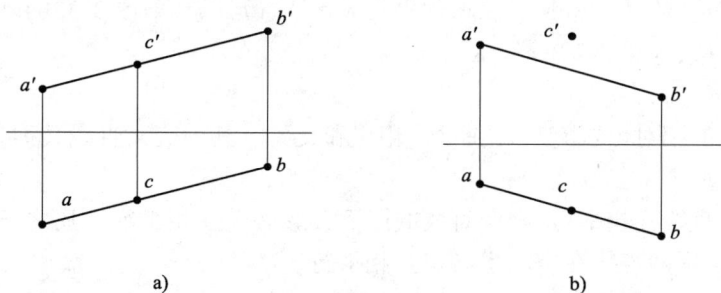

图2-30 判断点 C 是否在直线 AB 上

解: 由点的投影规律可判断图2-30a)中的 C 点在直线 AB 上;图2-30b)中的 C 点不在直线 AB 上。

【例2-6】 已知直线 AB 和点 M 的正面投影和水平投影,如图2-31a)所示,试问点 M 是否在直线上?

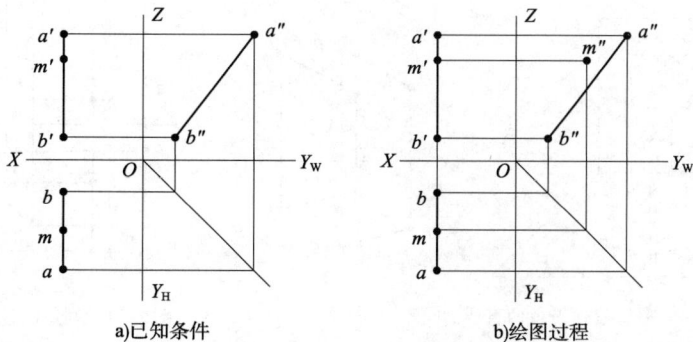

图2-31 判断点 M 是否在直线 AB 上

解: ①分析:AB 为侧平线,M 在直线上,必在直线 AB 的同面投影上,并满足定比规律。

②作图:利用点的投影规律与特性补画点 M 在 W 面的投影,如图2-31b)所示,因 m'' 不

在 $a''b''$ 上,故点 M 不在线段 AB 上。

【例 2-7】 已知点 K 在线段 AB 上,如图 2-32 所示,求点 K 的侧面投影。

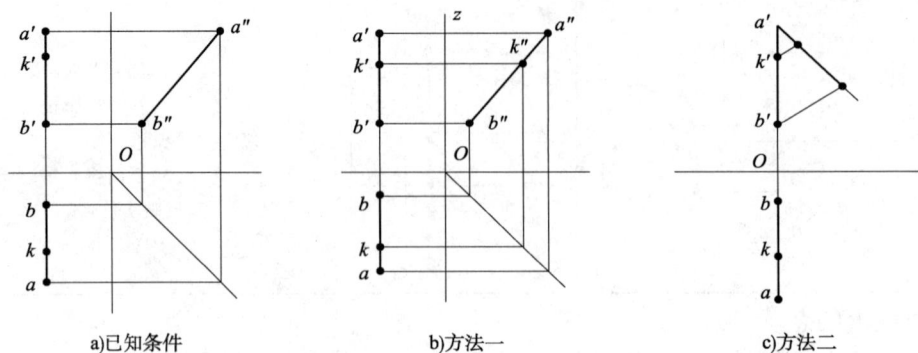

a)已知条件　　b)方法一　　c)方法二

图 2-32　判断点 M 是否在直线 AB 上

解:①分析:由图 2-32a)可知,直线 AB 为侧平线,并且已知 K 点的 H、V 面投影,若 k'' 也在直线 $a''b''$ 上,则点 K 必在直线 AB。

②作图:利用点的第三面投影原理作出点 K 的 W 面投影,如图 2-32b)所示;利用点的投影的定比定理作图,如图 2-32c)所示。

5. 两直线的位置关系

空间两直线的相对位置有三种:平行、相交和交叉。其中交叉直线又称为异面直线。

(1)平行两直线

如果空间两直线互相平行,则两直线的同面投影必定互相平行。反之,若两直线的同面投影都互相平行,则两直线在空间也必定互相平行。

两直线平行,其长度之比等于各同面投影长度之比。如图 2-33 所示,若 $AB /\!/ CD$,则 $AB:CD = ab:cd = a'b':c'd' = a''b'':c''d''$。

对于一般位置直线,只要有两组同面投影互相平行,空间两直线就平行;对于特殊位置直线,只有两组同面投影互相平行,空间直线不一定平行,如图 2-34 所示。

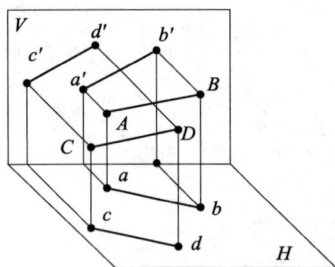

图 2-33　平行两直线的投影　　　　图 2-34　判定两直线的相对位置

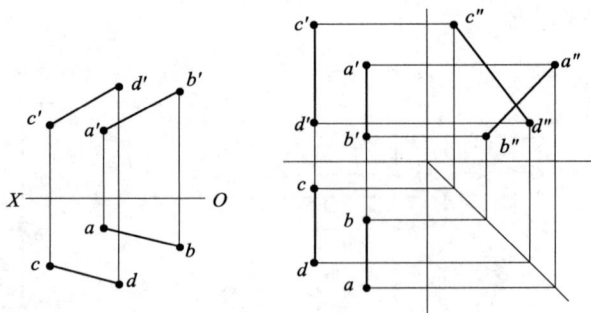

(2)相交两直线

空间相交两直线,其交点是两直线的共有点,各投影交点的连线必垂直于相应的投影轴,各个同面投影亦分别相交,且交点的投影符合点的投影规律;反之,如果两直线的各个同面投影分别相交,且交点的投影符合点的投影规律,则两直线在空间必相交。如图 2-35 所示,两直线 *AB*、*CD* 交于 *K* 点;则其水平投影 *ab* 与 *cd* 交于 *k*;正面投影 *a'b'* 与 *c'd'* 交于 *k'*;*kk'* 垂直于 *OX* 轴。

如果从投影图上判定两条直线是否相交,对于一般位置的直线和投影面垂直线,只要看它们的任意两个同面投影是否相交且交点的投影是否符合点的投影规律即可。图 2-35 中,因为 *ab* 与 *cd* 交于 *k*,*a'b'* 与 *c'd'* 交于 *k'*,且 *kk'* ⊥ *OX*,则空间 *AB* 与 *CD* 相交。

判定两直线是否相交,可根据任意两组同面投影判断,但当两直线之一为投影面平行线时,则要看该直线在所平行的投影面上的投影情况。如图 2-36 所示,对于两直线 *AB* 和 *CD* 的投影,应为 *a"b"* 与 *c"d"* 的交点与 *a'b'* 与 *c'd'* 的投影交点不符合点的投影规律,是重影点,所以两直线 *AB* 和 *CD* 不相交。

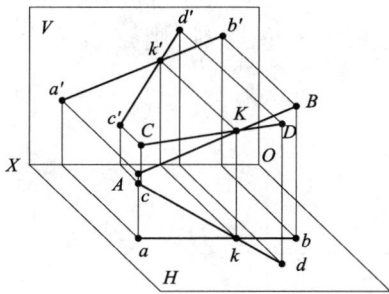
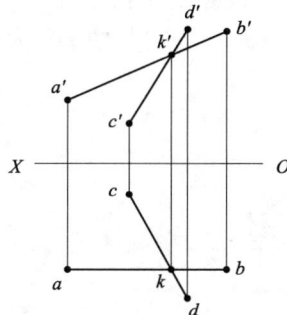

a) b)

图 2-35 相交两直线

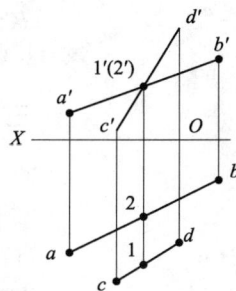

图 2-36 两直线不相交

(3)交叉两直线

在空间既不平行又不相交的两直线称为交叉直线或异面直线。因此,在投影图上,既不符合两直线平行的投影特性,也不符合两直线相交的投影特性的两直线即为交叉直线,如图 2-37 所示。若两直线的同面投影不平行或同面投影虽相交但交点连线不垂直于投影轴,则该直线必交叉。它们的投影可能有一对或两对同面投影互相平行,但绝不可能三对同面投影互相平行。交叉两直线可表现为一对、两对或三对同面投影相交,但是其交点的连线不符合点的投影规律。

图 2-37 交叉两直线的投影

(4)直角投影

若两直线相交(或交叉)成直角,其中有一条直线与某一投影面平行,则两直线在该投影面上的投影仍反映直角。

①相交垂直。

垂直相交的两直线,当其中一条直线为投影面平行线时,则两直线在该投影面上的投影也必定互相垂直。反之,若相交直线在某一投影面上的投影互相垂直,且其中有一条直线为该平面的平行线,则这两直线在空间也必定互相垂直。

如图 2-38 所示,设直角边 $BC//H$ 面、$BC \perp AB$、$BC \perp Bb$、$BC // bc$,则 $BC \perp ABba$ 平面,故 $bc \perp ABba$ 平面。因此 $bc \perp ab$,即 $\angle abc$ 为直角。

②交叉垂直。

垂直交叉的两直线,当其中一条直线为投影面平行线时,则两直线在该投影面上的投影必定互相垂直。反之,若交叉两直线在某一投影面上的投影互相垂直,且其中有一条直线为该投影面的平行线,则这两直线在空间也必定互相垂直。

图 2-39 中两条相交垂直的直线 DE 和 EF,其中 DE 为正平线,$de//OX$ 轴,则 $\angle d'e'f'$ 为直角。

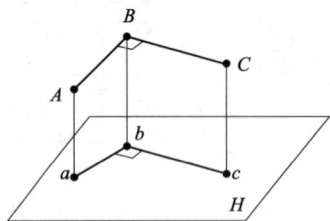

图 2-38　一边平行于投影面的直角投影

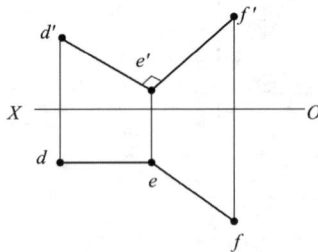

图 2-39　直角投影

【例 2-8】　求点 A 到正平线 BC 的距离。

解:一点到直线的距离,即为该点向该直线所引垂线之长,根据直角投影特性,其作图步骤如下:

①由 a' 向 $b'c'$ 作垂线,得垂足 k';

②过 k' 向 OX 轴作垂线与 bc 交于点 k;

③连接 ak 即为所求垂线的 H 面投影。因 AK 是一般直线,故可用直角三角形法求其实长,如图 2-40 所示。

三、平面的投影

1. 平面的几何元素表示法

平面的空间位置可由下列任意一个几何元素组来确定:

①不在同一直线上的三个点,如图 2-41a)所示。

②一直线及直线外一点,如图 2-41b)所示。

③平行两直线,如图 2-41c)所示。

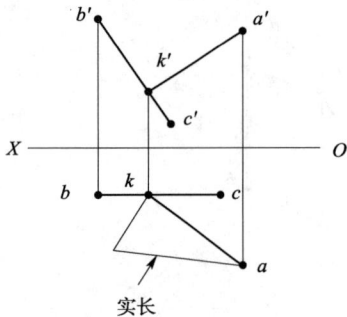

图 2-40　求点到直线的距离

④相交两直线,如图 2-41d)所示。

⑤任意平面图形,即平面的有限部分,如三角形、圆形及其他图形,如图 2-41e)所示。

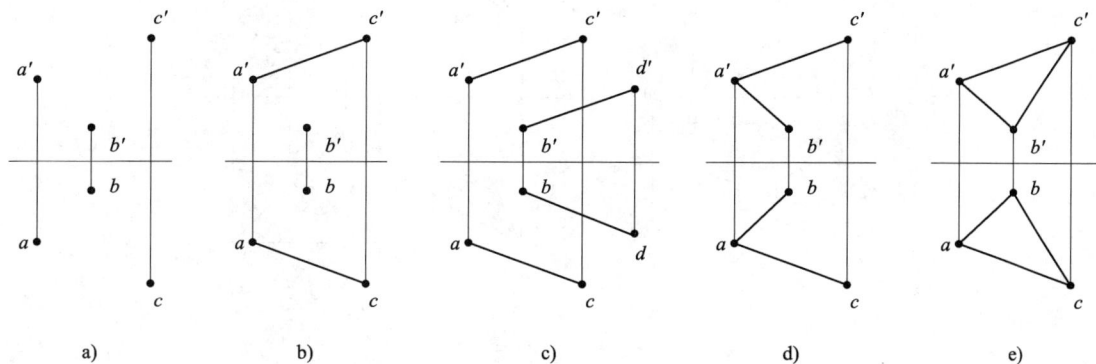

图 2-41　平面的几何元素表示方法

2. 平面的迹线表示法

平面可以用它与投影面的交线来表示,平面与投影面的交线,称为平面的迹线,如图2-42所示。

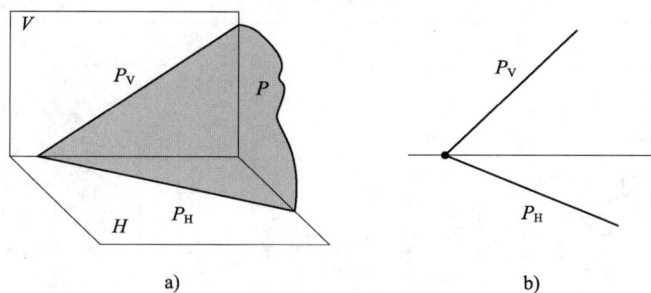

图 2-42　平面的迹线表示方法

3. 一般位置平面

空间平面按其相对三个投影面的不同位置关系可分为三种,即投影面平行面、投影面垂直面和投影面倾斜面。前两种称为特殊位置平面,后一种称为一般位置平面。

平面通常是由点、线或线、线所围成。因此,求作平面的投影,实质上也是求作点和线的投影。如图 2-43 所示,若求平面 ABC 在三面的投影,可分别求作△ABC 三个顶点在 V 面、H 面与 W 面的点的投影,然后连线,即可求作其各面投影。

一般位置平面在各投影面上的投影既不反映平面实形,也不具有积聚性,投影均为原图形的类似形,且各投影的图形面积均小于实形,也不反映平面对投影面的倾角的实形,如图 2-43 所示。

一般位置平面的投影特性如下:

①△abc 、△$a'b'c'$ 、△$a''b''c''$均为△ABC 的类似形。

②平面与各投影面的倾角不反映 α、β、γ 的真实角度 。

4. 特殊位置平面

若平面平行或垂直于某一个投影面,称为特殊位置平面。

a)   b)

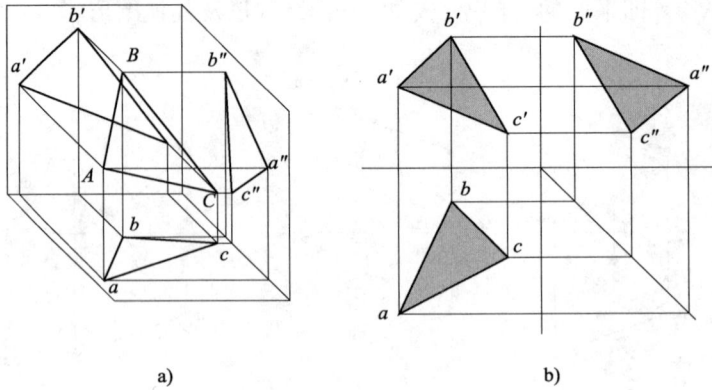

图 2-43　一般位置平面

（1）投影面垂直面

平面与投影面垂直三种形式,见表2-3。

①铅垂面——垂直于 H 面,倾斜于 V 面和 W 面的平面。

②正垂面——垂直于 H 面,倾斜于 H 面和 W 面的平面。

③侧垂面——垂直于 W 面,倾斜于 V 面和 H 面的平面。

投影面垂直面　　　　　　　　　　　　　　　表 2-3

投影面垂直面	立　体　图	投　影　图	投　影　特　性
铅垂面 （水平面垂直面）			（1）H 面积聚成一直线; （2）H 面投影与投影轴的夹角反映 β、γ 实角; （3）V、W 面投影仍为类似图形,但小于实形
正垂面 （正面垂直面）			（1）V 面积聚成一直线; （2）V 面投影与投影轴的夹角反映 α、γ 实角; （3）H、W 面投影仍为类似图形,但小于实形
侧垂面 （侧面垂直面）			（1）W 面积聚成一直线; （2）W 面投影与投影轴的夹角反映 α、β 实角; （3）V、H 面投影仍为类似图形,但小于实形
投影面垂直面的共性	（1）平面在所垂直的投影面上的投影积聚成直线,该直线与投影轴的夹角反映空间平面与另外两投影面夹角的大小; （2）其他两个投影面上的投影为类似形,并小于实形		

（2）投影面平行面

平面与投影面平行有三种形式，见表2-4。

①水平面——平行于水平投影面 H 的平面。

②正平面——平行于正立投影面 V 的平面。

③侧平面——平行于侧立投影面 W 的平面。

投影面垂直面 表2-4

投影面垂直面	立 体 图	投 影 图	投 影 特 性
水平面 （水平面平行面）	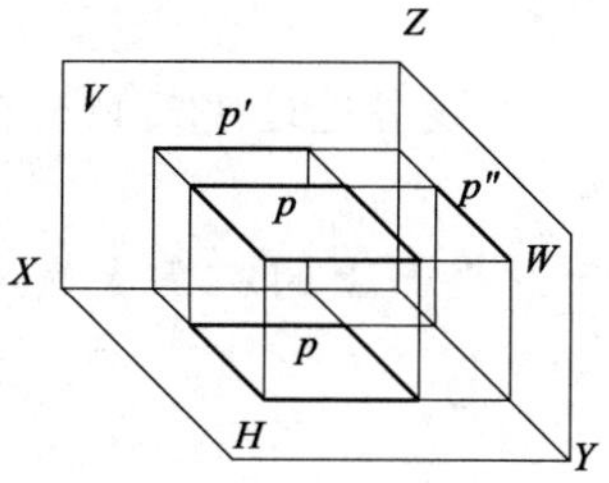	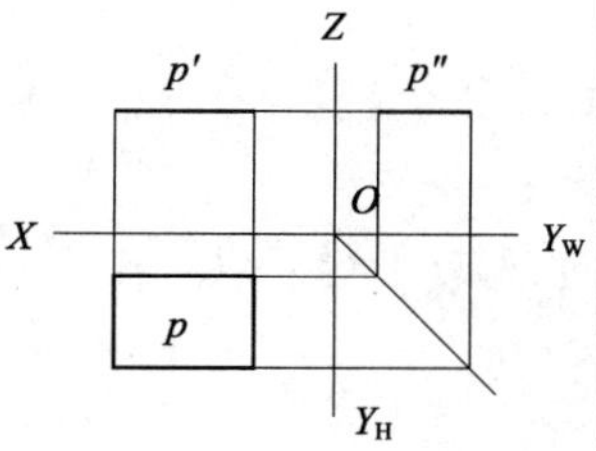	（1）V 面投影积聚成一直线，且//OX 轴； （2）W 面投影积聚成一直线，且//OY_W 轴； （3）H 面投影反映实形
正平面 （正面平行面）	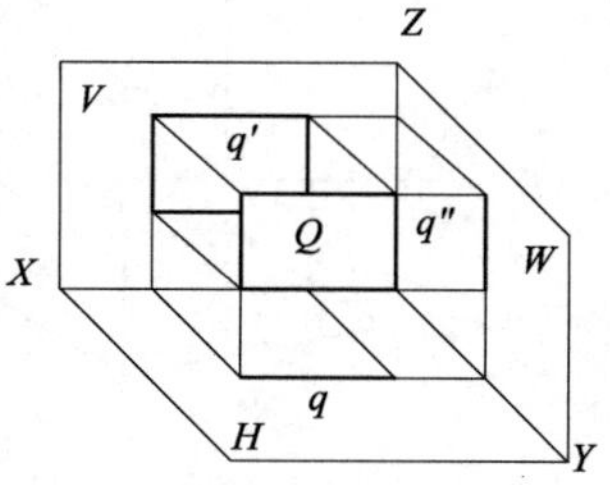	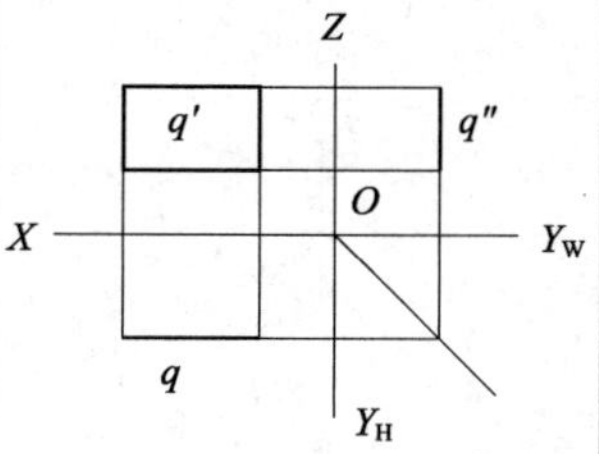	（1）H 面投影积聚成一直线，且//OX 轴； （2）W 面投影积聚成一直线，且//OZ 轴； （3）V 面投影反映实形
侧平面 （侧面平行面）	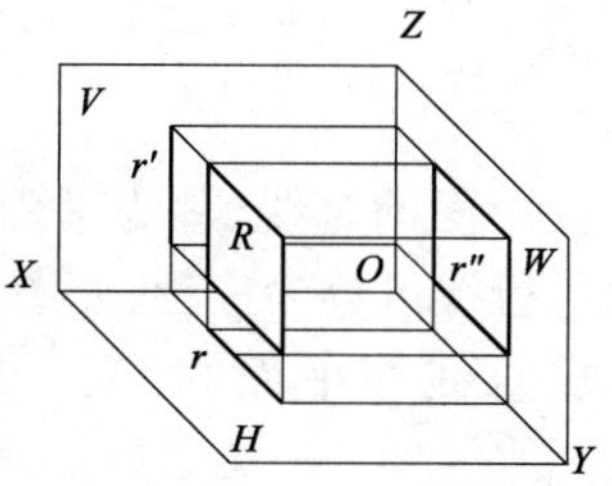	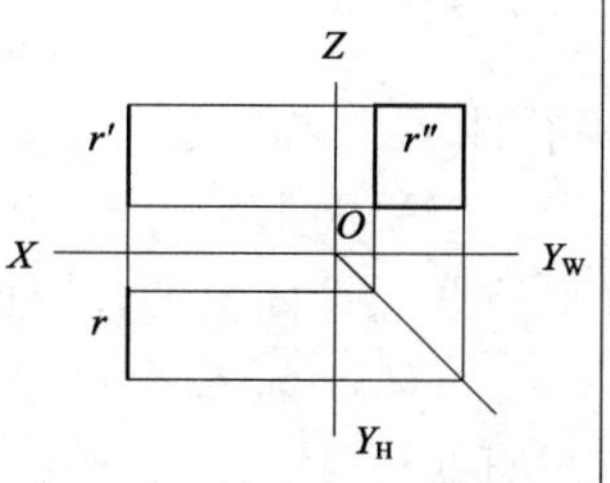	（1）V 面投影积聚成一直线，且//OZ 轴； （2）H 面投影积聚成一直线，且//OY_H 轴； （3）W 面投影反映实形
投影面平行面的共性	（1）平面在所平行的投影面上的投影反映实形； （2）其他两个投影面上的投影分别积聚成与相应的投影轴平行的直线		

5.平面上的点和直线

直线在平面上必须具备下列两个条件之一：

①直线若通过平面内的两点，如图2-44a）所示，在平面 P 上任意取两点 M、N，则通过这两点的直线必在平面 P 上。

②直线通过平面上的一点，且平行于该平面上的一条直线。如图2-44b）所示，过平面 P 上的一点 A 作直线 AB//MN，则直线 AB 必在平面 P 上。则此直线必位于该平面上，由此可

知,平面上直线的投影,必定是过平面上两已知点的同面投影的连线。

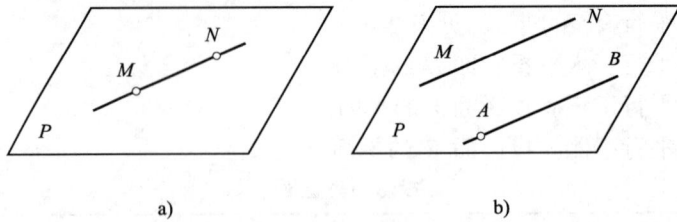

图 2-44 平面上的直线

【例2-9】 如图 2-45a)所示已知平面由直线 AB、AC 所确定,试在该平面内任作一条直线。

解:该题考察平面上取直线的方法。方法一利用了直线若通过平面内的两点,则直线必在该平面上,如图 2-45b)所示;

方法二运用了直线通过平面上的一点,且平行于该平面上的一条直线的知识点,如图 2-45c)所示。

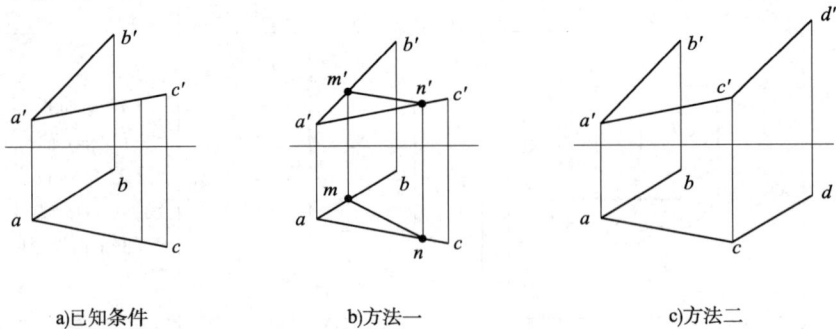

a)已知条件   b)方法一   c)方法二

图 2-45 平面上的直线

（1）平面上的投影面平行线

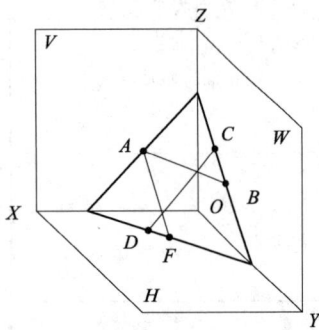

图 2-46 平面上的投影面平行线

平面上平行于某一投影面的直线,称为平面上的投影面平行线。平面上的投影面平行线可分为三种,如图 2-46 所示。

①平面内的水平线:直线在平面内,又平行于水平面的直线。

②平面内的正平线:直线在平面内,又平行于正面的直线。

③平面内的侧平线:直线在平面内,又平行于侧面的直线。

平面内的投影面平行线,它和投影面平行,其投影就应符合投影面平行线的投影特性,而直线又在平面内,又应满足直线在平面内的条件。在平面内可以作无数条水平线、正平线和侧平线。它们的投影分别与平面的相应迹线平行。

【例2-10】 如图 2-47 所示,过点 C 在该平面 ABC 内作一条水平线。

解:本题考察的是平面内水平线的特性。知识点有两个:平面内如何取直线;水平线在 V 面投影中的平行于 OX 轴的特性。

绘图步骤:

① 首先在 V 面视图中,过 c' 作一条直线平行于 OX 轴,交直线 $a'b'$ 于 d';
② 过 d' 引 OX 轴垂线交直线 ab 于 d,连接 cd。

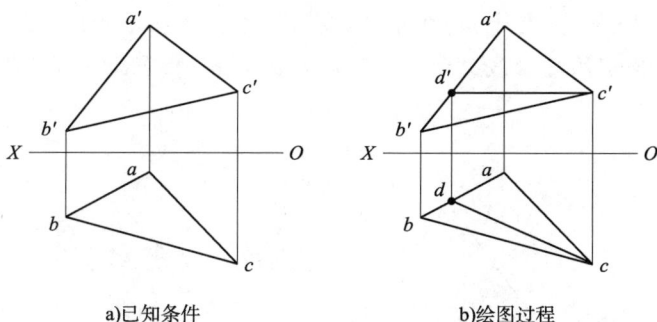

a)已知条件   b)绘图过程

图 2-47　求作平面上的水平线

（2）平面上的最大坡度线

平面上与投影面倾角为最大的直线称为平面上对投影面的最大坡度线,它必垂直于该平面上的同面平行线及迹线。最大坡度线由三种:垂直于水平线的称为 H 面的最大坡度线;垂直于正平线的称为 V 面的最大坡度线;垂直于侧平线的称为 W 面的最大坡度线。

最大坡度线的投影特性:平面内与 H 面的最大坡度线其水平投影垂直于面内水平线的水平投影,其倾角代表了平面与 H 面的倾角 α;平面内与 V 面的最大坡度线其正平投影垂直于面内正平线的正平投影,其倾角代表了平面与 V 面的倾角 β;平面内与 W 面的最大坡度线其侧平投影垂直于面内侧平线的侧平投影,其倾角代表了平面与 W 面的倾角 γ。

（3）平面上取点

如果点在一直线上,此直线存在某一平面上,则此点一定在该平面上。因此在平面上取点,必须先在平面上取辅助线,再在辅助线上取点。

在平面上可作出无数条线,一般选择作图便捷的辅助线。

【例 2-11】　如图 2-48a)所示,已知平面 ABC 内的点 D 的正面投影,求其水平投影。

解:此题可通过在平面 $a'b'c'$ 内作辅助线取点,作图过程如图 2-48b)所示。

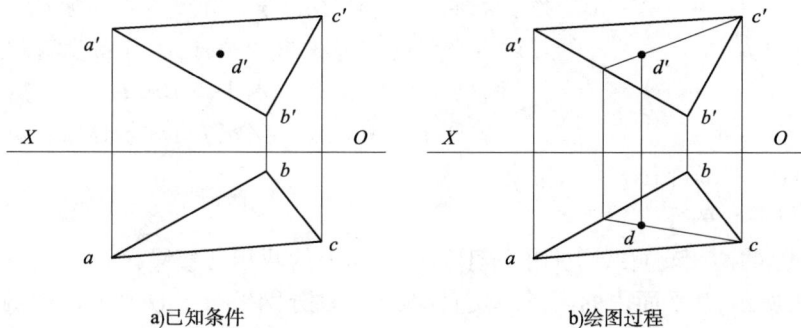

a)已知条件   b)绘图过程

图 2-48　平面上取点

【例 2-12】　如图 2-49a)所示,已知四边形 $ABCD$ 的 H 面投影和其中两边的 V 面投影,补全平行四边形 ABCD 的 V 面投影。

解：已知 A、B、C 三点决定一平面，而 D 点是该平面上的一点，已知 D 点的 H 面投影 d，求其 V 面投影，也就是在平面上取点的问题，如图 2-49b) 所示。

绘图步骤：连接 bd 和 ac 交于 m，再连接 a'c'，根据 m 可在 a'c' 上作出 m'，连接 b'm'，过 d 向 OX 轴作垂线，与 b'm' 的延长线交于 d'，连接 a''d' 和 d'c'，平面 a'b'c'd' 即为四边形 ABCD 的 V 面投影。

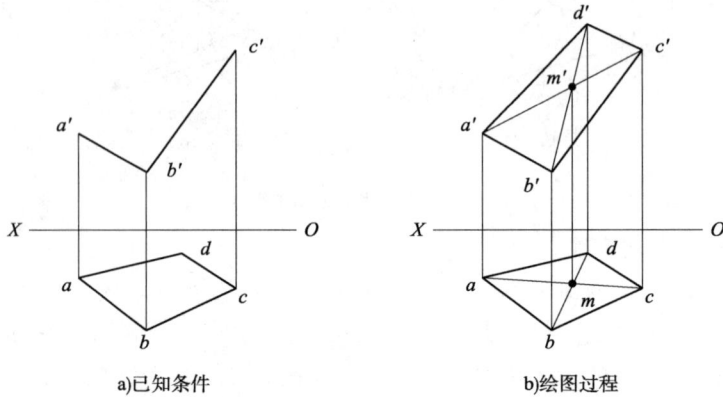

a)已知条件　　　　b)绘图过程

图 2-49　补全四边形 V 面投影

四、直线与平面、平面与平面

直线与平面及两平面之间的相对位置关系有两种：平行、相交。

1. 直线与平面、平面与平面平行

（1）直线与平面平行

如果一条直线平行于平面内的任意一条直线，则该直线与该平面互相平行。

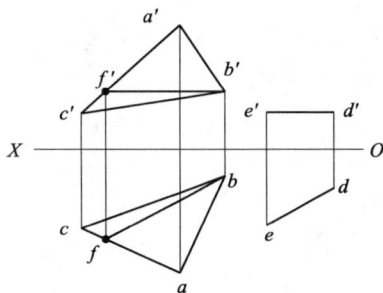

图 2-50　作已知平面的平行线

【例 2-13】　如图 2-50 所示，过 △ABC 外一点 D，作一条水平线 DE 与 △ABC 平行。

解：求作水平线 DE 与 △ABC 平行，可先在 △ABC 上作一条水平线，使 DE 与该直线平行，则 DE//△ABC，DE 与该水平线的同面投影必平行，其作图步骤如下：

①在 △ABC 上作一水平线 BF(bf、b'f')；

②过 d' 作直线 d'e'// b'f'；过 d 作 de//bf，则 DE 即为所求。

（2）平面与平面平行

若一平面上的两相交直线分别平行于另一平面上的两相交直线，则这两平面相互平行。

如图 2-51 所示，P 平面内的两条相交直线 AB、BC 分别平行于 Q 平面内的两条相交直线 A₁B₁、B₁C₁，则平面 P 平行于平面 Q。

【例 2-14】　如图 2-52 所示，判别 △ABC 与 △DEF 两平面是否相互平行。

解：过 △ABC 上的一点 A 作相交两直线 AG 和 AK，使它们的 V 面投影 a'g'//d'e'，a'k'//

$d'f'$,由 $a'g'$ 与 $a'k'$ 可得 ag 和 ak,因为 $ag//de$,$ak//df$,所以 $\triangle ABC//\triangle DEF$。

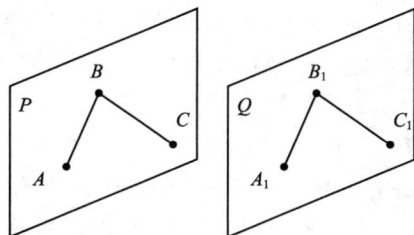

图 2-51 两平面平行的条件

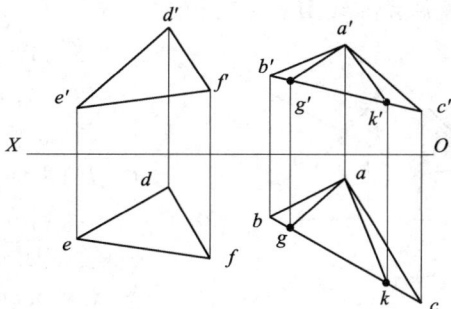

图 2-52 判别两平面是否平行

2. 直线与平面、平面与平面相交

直线与平面、平面与平面如果不平行,则一定相交。

直线与平面相交,只有一个交点。交点既在该直线上,又在该平面上,是直线与平面的共有点。两平面相交,交线为直线,它是两平面的共有线。求两平面的交线,就是求两平面的共有线,也就是求任意两个共有点的连线。

(1)投影面垂直线与一般位置平面相交

投影面垂直线与一般位置平面相交,利用投影面垂直线的积聚性,可直接求出交点。

【例 2-15】 如图 2-53a)所示,求作铅垂线 MN 与一般位置平面 $\triangle ABC$ 的交点。

解:利用直线的积聚性投影可直接找到交点 K 的 H 面投影 k,再利用面上取点的方法,求出 k',如图 2-53b)所示。

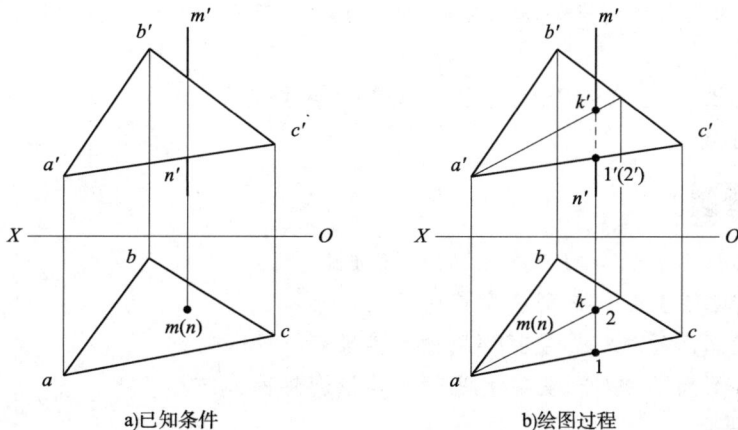

a)已知条件

b)绘图过程

图 2-53 铅垂线与一般位置平面相交

在投影图中,为增强图形的清晰感,必须判别直线与平面、平面与平面投影重影段的可见性。对 V 面上线面投影重影段的可见性,必须利用交叉直线重影点的可见性来判别。如图 2-53b)中投影 $b'c'$ 及 $a'c'$ 与 $m'n'$ 的交点,可任选其中的一点如 $1'(2)'$。它们是 $\triangle ABC$ 上的 II 点和 MN 上的 I 点在 V 面上的重影,由其 H 面投影可知,I 在前,即 $m'k'$ 段可见,而穿过贯穿点 k' 后的线段则为不可见(虚线表示)。

(2)一般位置直线与投影面垂直平面相交

投影面垂直线与一般位置平面相交,利用投影面垂直线的积聚性,可直接求出交点。

45

【例 2-16】 如图 2-54 所示，△ABC 是一铅垂面，其水平面投影积聚成一条直线，求铅垂面与一般位置直线 MN 的交点，并判别可见性。

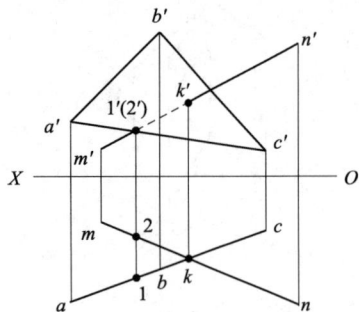

图 2-54　求直线与投影面垂直面的交点

解：因 K 在直线 MN 上，k 必在 mn 上；又因 K 在 △ABC 上，k 必积聚在 △ABC 的 H 面投影 abc 上，即 k 必是 mn 与 abc 的交点。由 k 作 OX 的垂线与 m′n′相交于 k′，K (k，k′) 即为所求。

又因直线 MN 穿过△ABC，在交点 K 之前的一段可见，交点 K 之后则有一段被平面遮挡而为不可见，显然交点 K 为不可见与可见段的分界点。由于铅垂面的 H 面投影有积聚性，故可根据它们之间的前后关系直接判别其 V 面投影的可见性。即 kn 一段均在 k 之前，k′n′为可见，而 k′ 之后的重影段为不可见（画虚线）。对 H 面投影的可见性，因投影具有积聚性，无须判断其可见性。

（3）一般位置平面与投影面垂直平面相交

【例 2-17】 如图 2-55 所示，平面 DEFH 是一铅垂面，求一般位置平面△ABC 与铅垂面 DEFH 的交线，并判别可见性。

解：利用铅垂面在 H 面具有积聚性的特性求解。

绘图步骤：

①求交线，铅垂面 DEFH 的水平投影有积聚性，其与 ac、bc 的交点 m、n 即为两个共有点的水平投影，故 mn 即为交线 MN 的水平投影。

②判别可见性，点Ⅰ在 MC 上，点Ⅱ在 FH 上，点Ⅰ在前，点Ⅱ在后，故 mc 可见。

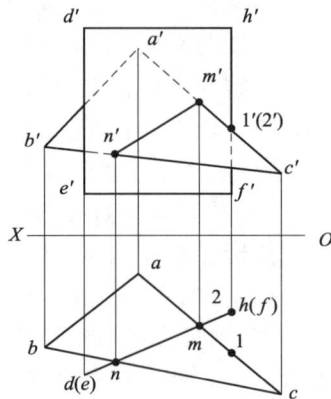

图 2-55　求一般位置平面 ABC 与铅垂面 DEFH 交线

复习思考题

1. 简述点的投影和坐标的关系，点的投影特性？
2. 什么是重影点？如何判别重影点的可见性？
3. 直线与投影面的相对位置有哪几种？其投影特性如何？
4. 平面与投影面的相对位置有哪几种？其投影特性如何？

模块三 基本体的投影

🌱 学习指南

立体有平面立体和曲面立体之分。表面由若干平面图形围成的立体,称为平面立体简称平面体,如棱柱、棱锥等;表面由曲面或曲面与平面图形围成的立体称为曲面立体简称曲面体,如圆柱、圆锥等。这些简单几何体,又称之为基本体。工程构筑物从形体角度来看,都是由一些基本体按照不同方式组合而成的。为了使复杂工程构筑物表达的正确、清晰,工程图样必须从画好简单形体的三面正投影图开始,从而掌握复杂形体的三面投影图绘制,进一步掌握形体对应的立体直观图样的画法和识读。

本项目主要介绍平面立体和曲面立体投影特性,以及截交线和相贯线的求作方法。

单元一 平面立体的投影

表面由平面所围成的几何体称为平面立体。所以平面立体的投影就是围成它的表面的所有平面图形的投影。工程上常用的平面立体有棱柱体和棱锥体(包括棱台)。

一、平面体投影图的画法

画平面体的三投影图,实质就是根据相对投影面的位置关系,画出构成形体的侧面、底面边线、侧棱、交点的三投影,如图 3-1 所示。

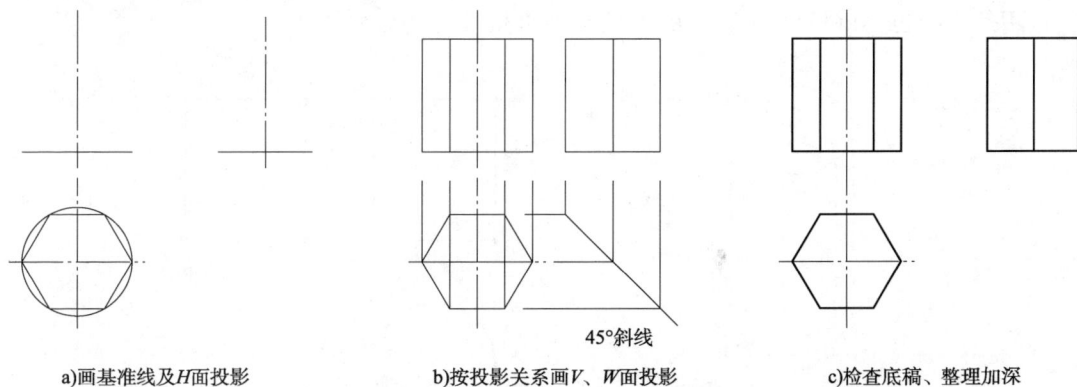

45°斜线

a)画基准线及H面投影   b)按投影关系画V、W面投影   c)检查底稿、整理加深

图 3-1 正六棱柱三投影图的绘图步骤

一般绘图步骤如下:

①弄清平面体的空间几何特征,确定摆放位置即确定正面投影方向,将大多数平面处于特殊位置,且按投影方向看去,尽量减少不可见轮廓线,若是工程构筑物还应遵守符合正常稳定的工作状态。

②分析该平面体表面各个面、棱、边、点的特点。

③定位布图,先画出中心对称线或端线等基准线。

④画出反映底面实形的投影,再根据投影关系完成其他两投影。

⑤检查图样无误,加深图线,标注尺寸。

注意:形体的空间形状是由其三面投影图确定的,与它距离三个投影面的远近无关,因此,作图时可以不考虑形体到投影面的距离,也就是不必再画投影轴;用分规、直尺保证 H 面和 W 面投影的宽度相等后,45°斜线亦可省略不画。

二、曲面立体的投影

由曲面或曲面与平面所围成的几何体,称为曲面立体。曲面立体的曲面是由运动的母线直线或曲线),绕着固定的导线运动形成的。母线在曲面上的任一位置称素线。常见的曲面立体有圆柱体、圆锥体、球体等。

1.圆柱体

(1)圆柱面的形成

圆柱面是由直母线 AA 绕与母线平行的轴 OO 旋转一周而形成,如图 3-2a)所示。

(2)圆柱体的投影

图 3-2b)是圆柱体的三面投影图。从图中可看出:

①H 面投影为一圆形,是两个底面的重影且反映实形,圆周线是圆柱面所有素线的积聚投影。

②V 面投影为一矩形,是前后两个圆柱面的重影,矩形上下水平线是圆柱上下底面的积聚投影,左右竖线是最左和最右素线 AA_1、CC_1 的实长投影,因为这两条素线构成了圆柱面投影的轮廓线,故称之为轮廓素线。V 面投影的轮廓素线也是圆柱面对 V 面的可见与不可见部分的分界线。

③W 面投影亦为一矩形,唯其两条竖线是圆柱面上最前素线 BB_1 和最后素线 DD_1 的投影,这两条素线也是圆柱面对 W 面的可见与不可见部分的分界线。

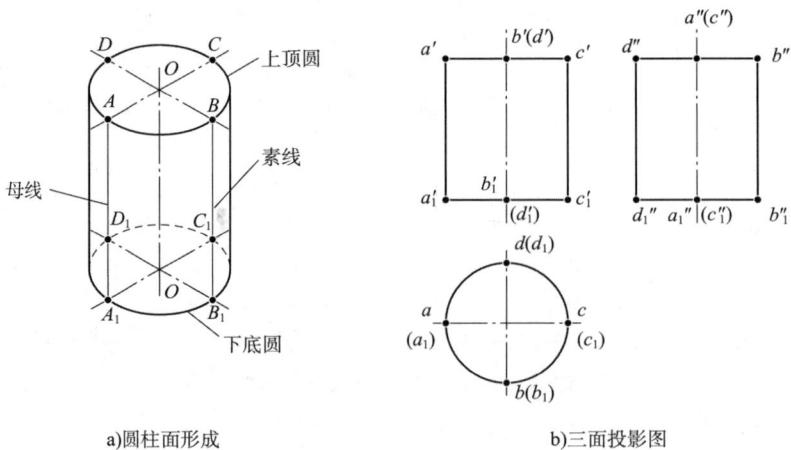

a)圆柱面形成　　　　　　　　　　　b)三面投影图

图 3-2　圆柱体

由于圆柱面是光滑曲面,圆柱面上最左和最右的两条素线在 W 面上不画出来了,轴线的 V、W 面投影均用细点画线绘出。

圆柱投影一面投影反映底面实形的圆形,另两面投影为两个全等的矩形。

2.圆锥体

（1）圆锥面的形成

直母线 SA 绕与它相交于 S 点的轴线 SO 旋转一周而形成的曲面,称圆锥面。圆锥面上的素线都汇交于 S 点,圆锥面母线上任一点的运动轨迹是圆,此圆称为纬圆,如图 3-3a)所示。

（2）圆锥面的投影

当正圆锥轴线垂直于 H 面时,它的三面投影如图 3-3b)所示。

①H 面投影为一个圆周,是锥面的水平投影与底面的水平投影的重合。

②V 面和 W 面投影都是等腰三角形,在 V 面投影中,三角形的底边是圆锥底面圆的积聚投影,两条腰 $s'a'$ 和 $s'c'$ 是圆锥的最左素线 SA 和最右素线 SC 的 V 面投影。

③W 面投影中,三角形的底边也是圆锥底面圆的积聚投影,两条腰 $s''b''$ 和 $s''d''$ 是圆锥的最前素线 SB 和最后素线 SD 的 W 面投影。

表示圆锥的三面投影时,用点画线画出轴线的 V 面和 W 面投影,在水平投影中用相互垂直的两点画线画出对称中心线,圆心即是轴线的水平投影,也是锥顶 S 的水平投影。

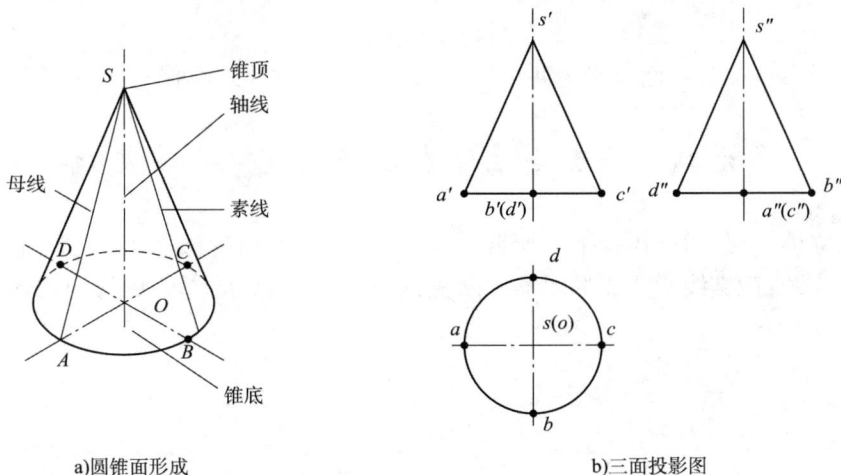

a)圆锥面形成　　　　　　　　　　　　　　　b)三面投影图

图 3-3　圆锥体

3.圆台体

（1）圆台体的形成

如图 3-4a)所示,圆锥体被垂直于轴线的平面截去锥顶部分,剩余部分称为圆台体。

（2）圆台体的几何特征

圆台体有两个直径大小不等的圆形底面,互相平行且垂直于轴线;圆台面上的素线都与底面倾斜且倾角相等,所有素线延长后汇交于一点;轴线过两个底圆圆心;圆台面上只有素线是直线。

（3）圆台体的三面投影图

图 3-4a)是一轴线垂直于 H 面的圆台体,图 3-4b)是其三面投影图,从图中可以看出:

①H 面投影为两个同心圆形,是两个底面水平投影的重合,两个圆周之间的圆环是圆台

面的水平投影,圆心是轴线的积聚投影。

②V面投影为一等腰梯形,是前后两半圆台面的重影,梯形上下底边为上下底面圆的积聚投影,梯形两腰为圆台面最左和最右的轮廓素线实长投影,V面投影的这两条轮廓素线也是圆台面对V面的可见与不可见部分的分界线。

③W面投影亦为一等腰梯形,唯其两条腰是圆台面上最前和最后的轮廓素线的实长投影,这两条素线也是圆台面对W面的可见与不可见部分的分界线。

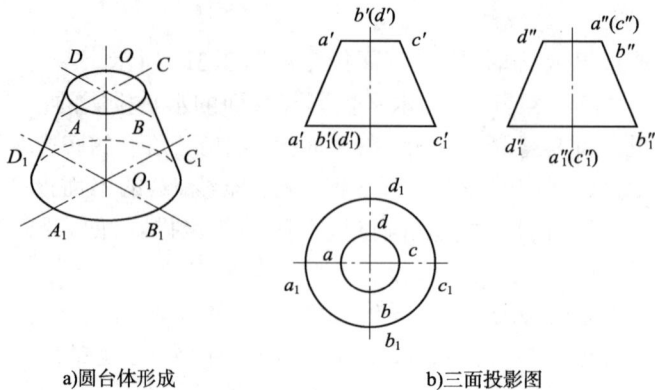

a)圆台体形成　　　　　　　　b)三面投影图

图 3-4　圆台体

圆台体投影特征为一面投影为两个同心圆形,另两面投影为两个全等的等腰梯形。

单元二　平面与立体表面的交线——截交线

平面与立体相交,即立体被平面所截;与立体相交的平面称截平面;截平面与立体表面的交线称截交线;截交线所围成的图形称断面;被平面切割后的立体称为切割体(又称截切体),如图3-5所示。

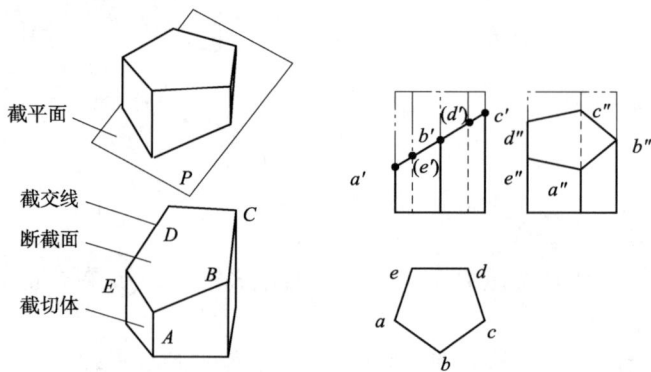

图 3-5　平面与棱柱相交

由于立体的形状不同,截平面的位置不同,因此,截交线的形式也不同,但它们都有下列性质:

①截交线是截平面与立体表面的共有线。

②截交线是封闭的平面图形。

求截交线的实质,可归结为求立体表面与截平面的交线问题。一般情况下平面与平面立体相交的截交线是直线段。

平面与平面立体相交,截交线的求作方法与步骤:

①找截交点。即找截平面与立体表面的交点(平面立体的棱线与截平面相交的交点;截平面与截平面间交线的两个端点),求作方法与立体表面上取点一样。

②连截交线。连线时,位于同一棱面上的两点才能连线,且根据投影方向不同,可见的连成实线,不可见的连成虚线。

一、平面与平面立体相交

平面立体的断截面都是多边形,多边形的各边(即截交线)是立体的表面与截平面的交线,各顶点是立体的棱线与截平面的交点。

因此,要求作平面立体的截交线,应先求出立体上各棱线与截平面的交点的三面投影,再将各点的同面投影依次相连即可。

【例3-1】 如图3-6所示,作一正四棱柱截切体的投影。

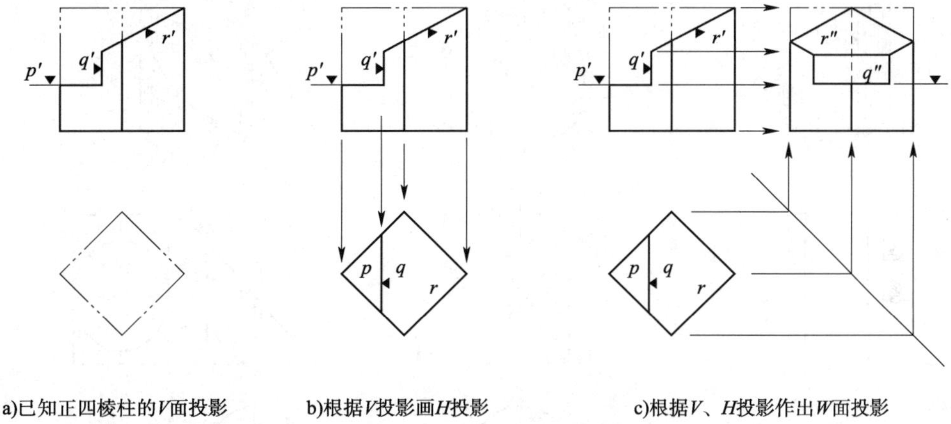

a)已知正四棱柱的V面投影   b)根据V投影画H投影   c)根据V、H投影作出W面投影

图3-6 正四棱柱截切体

解:从图3-6a)中看出:

①正四棱柱体上的截交线是被三个截平面P、Q、R切割而成。其中P为水平面,Q为侧平面,R为正垂面,所以截交线的V面投影都积聚成直线。

②在H投影中,P切割四棱柱体的截交线反映实形,为直角三角形;Q切割四棱柱体的截交线积聚为直线;R切割四棱柱体的截交线为类似五边形,其中一条边在Q的积聚直线上,四条边在四棱柱体四个侧面的积聚投影上。

③在W投影中,P切割四棱柱体时的截交线积聚为直线;Q切割四棱柱体的截交线反应实形,为矩形;R的截交线仍为类似五边形,其中一条边与Q切割后的矩形上边重合。

要注意的是,由于P、Q截平面均未切割到四棱柱右边侧棱所以在W面投影中,右边侧棱(不可见,画虚线),只是下部分一段与左边侧棱的保留部分(可见,画粗实线)重影,应画成可见线型。

二、平面与曲面立体相交

在工程中的一些构件中,常遇到平面与回转体表面相交。

平面与曲面立体相交时,截交线是封闭的平面曲线,或是曲线和直线组成的平面图形,或直线段多边形。其形状取决于曲面体表面的性质及其与截平面的相对位置。求平面与曲面体交线的实质是如何定出属于曲面的截交线上点的问题。求截交线时,应首先求出特殊的点,如截交线上的最高、最低、最前、最后、最左、最右以及可见性的分界点等,以便控制曲线的形状。

1. 平面与圆柱体相交

图 3-7 为平面与圆柱体相交的三种情况。

①截平面 P 与轴线平行,截面为矩形,如图 3-7a) 所示。

②截平面 P 与轴线垂直,截面为圆形,如图 3-7b) 所示。

③截平面 P 与轴线倾斜,截面为椭圆形,如图 3-7c) 所示。

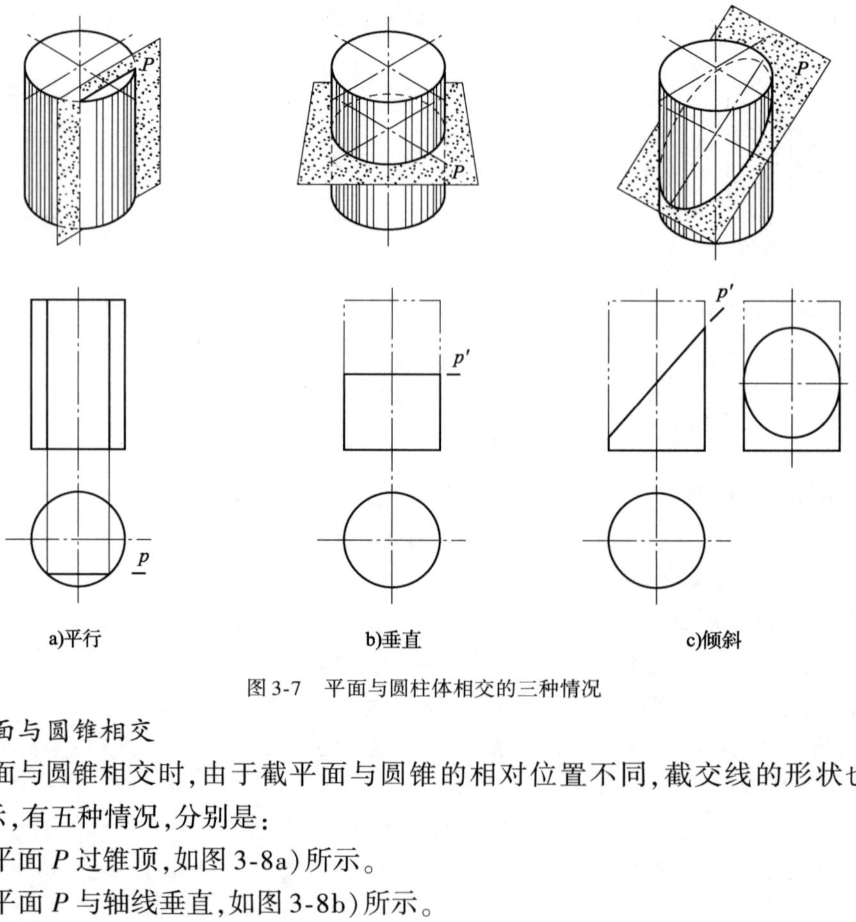

a)平行　　　　b)垂直　　　　c)倾斜

图 3-7　平面与圆柱体相交的三种情况

2. 平面与圆锥相交

当平面与圆锥相交时,由于截平面与圆锥的相对位置不同,截交线的形状也不同,如图 3-8所示,有五种情况,分别是:

①截平面 P 过锥顶,如图 3-8a) 所示。

②截平面 P 与轴线垂直,如图 3-8b) 所示。

③截平面 P 与轴线倾斜,如图 3-8c) 所示。

④截平面 P 与一素线平行,如图 3-8d) 所示。

⑤截平面 P 与轴线平行,如图 3-8e) 所示。

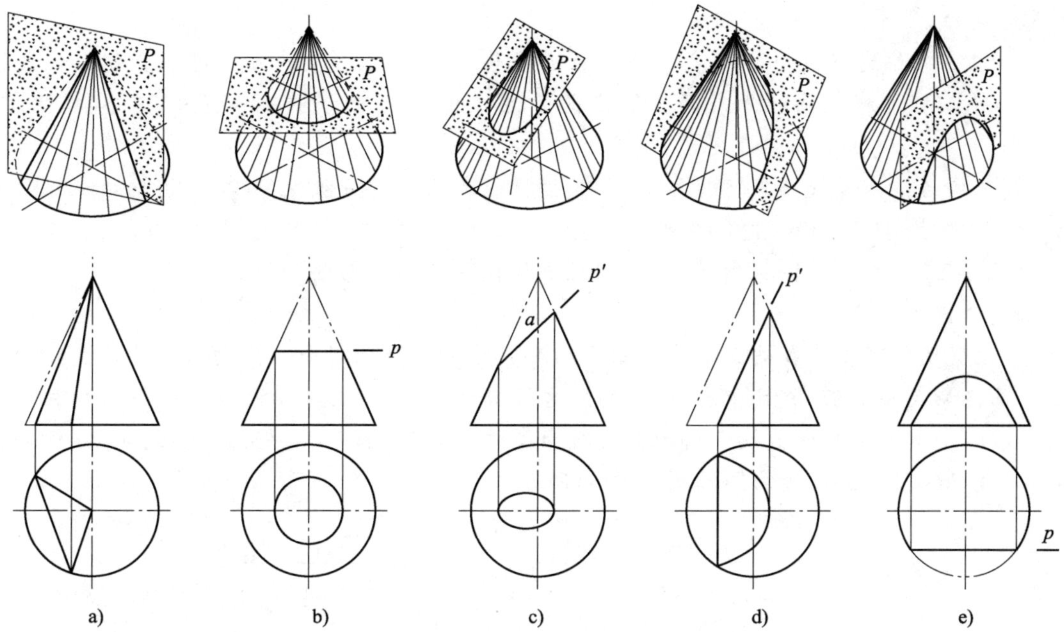

图 3-8　圆锥面上的截交线和圆锥的断面

【例 3-2】　如图 3-9 所示,圆柱被平面切割,求截交线。

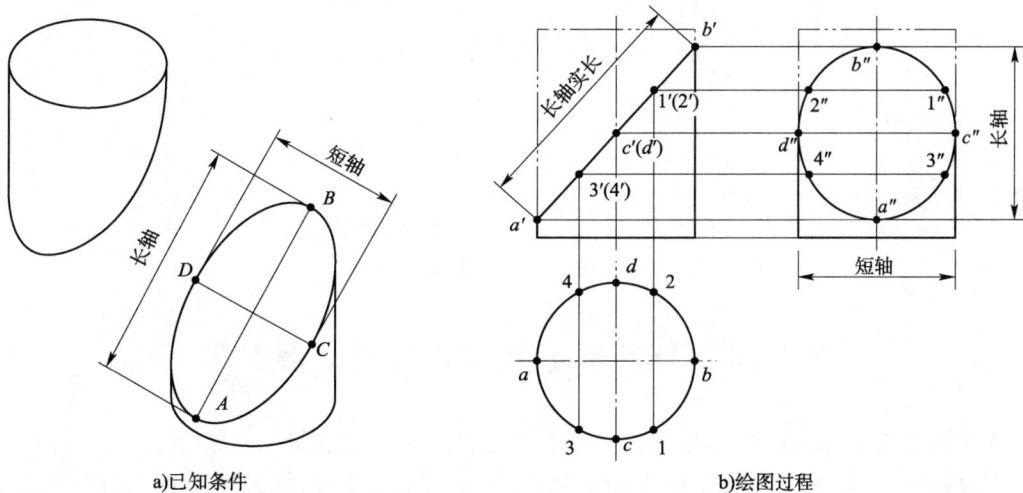

a)已知条件　　　　　　　　　　　　　　　b)绘图过程

图 3-9　平面与圆柱体相交

解:(1)分析

在作图之前,首先根据给定的条件。进行空间分析和投影分析。图为平面和圆柱轴线斜交,截交线为一椭圆。因圆柱面的 H 面投影有积聚性,因此截交线的 H 面投影就在此圆周上。

又因为截平面是正垂面,所以截交线的 V 面投影与 P 平面的 V 面积聚投影重合。在此就可利用截交线的已知两投影求截交线的 W 面投影。

(2)绘图步骤

①求特征点。根据圆柱体表面取点的方法,求出截交线上的最高点 B。最低点 A、最前点

C、最后点 D。

② 求一般位置点:1、2、3、4 各点为一般位置点。先在 V 面投影中定出这些点的 V 面投影($1'$、$2'$、$3'$、$4'$),再根据圆柱体表面上取点的方法求出它们的 H、W 面投影(1、2、3、4;$1''$、$2''$、$3''$、$4''$)。

③ 光滑连点成截交线及可见性的判别,因圆柱左上半部分被切割掉,遗留切口在 W 面可见,故 b''、$2''$、d''、$4''$、a''、$3''$、c''、$1''$、b'' 可见。

【例3-3】 如图 3-10a)所示,完成圆柱截切体的三面投影图。

解: 分析如下。

圆柱截切体可以看成被三个截平面截切而成的。由两个侧平面截切形成的截交线为矩形,侧面投影反映实形,并且重影,矩形的底边被未切部分挡住,其正面和水平投影均积聚成一直线段;由一个水平面截切形成的截交线为圆的一部分,水平投影反映实形,正面、侧面投影积聚成直线段。三面投影图如图 3-10b)所示。

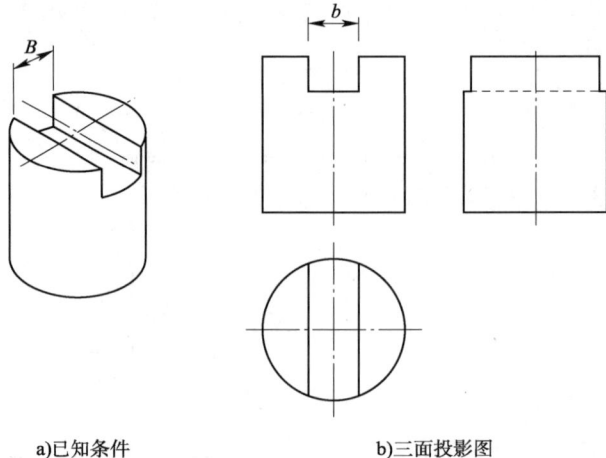

a)已知条件   b)三面投影图

图 3-10　求开槽圆柱投影图

单元三　两立体表面的交线——相贯线

两立体相交又称为两立体相贯。相交的两立体成为一个整体称为相贯体。它们表面的交线称为相贯线,相贯线是两立体表面的共有线,相贯线上的点称为贯穿点,它们都是两立体表面的共有点,如图 3-11 所示。

相贯线的形状随立体形状和位置不同而异,一般分为全贯和互贯两种类型。当一个立体全部穿过另一个立体时,产生两组相贯线,称为全贯;如两个立体互相贯穿,产生一组相贯线,称为互贯。

一、两平面立体相交

两平面立体的相贯线,在一般情况下是封闭的空间折线,每段折线是两个平面立体上有关表面的交线,折点(贯穿点)是一个立体上的轮廓线与另一个立体的交点。这些折线和折点控制了相贯线的形状、范围及空间位置,如图 3-12 所示。因此求两个平面立体的相贯线,可归结为以下两种方法：

①棱面法。求参与相交的所有棱面彼此之间的交线,从而得到相贯线的投影。

②棱线法。求出相贯线上的全部折点(贯穿点)的投影,然后把既位于一个立体的同一表面上又位于另一立体同一表面的两点依次相连,形成相贯线。

相贯线投影的可见性的判别原则是:只有位于两立体的投影都可见的表面上的相贯线段,它的投影才是可见的。另外还应注意,相贯体实际上是一个实心的整体,所以两平面立体相贯时,每一立体参加相贯的棱线要画到与另一立体的贯穿点为止。

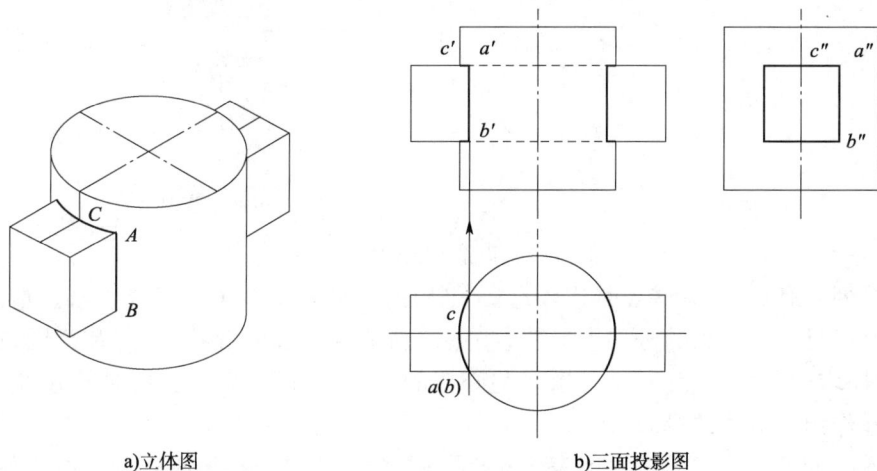

a)立体图	b)三面投影图

图 3-11　相贯线的示例

二、平面立体与曲面立体相交

平面立体与曲面立体相交,相贯线是平面立体上参与相交的棱面与曲面立体表面的截交线的组和。一般情况下,相贯线是空间闭合线框,如图 3-11 所示。

由于相贯线上的折点是平面立体上参与相交的棱线与曲面立体表面的交点;构成相贯线的各条线段是平面立体的棱面与曲面立体表面的截交线。因此,求平面立体与曲面立体相交所产生的相贯线的作图问题,就归结为:

①求平面立体参与相贯的棱线与曲面立体表面的交点(贯穿点),再由贯穿点连成相贯线。

②求平面立体参与相贯的棱面与曲面立体产生的截交线,这些截交线的组合即为相贯线。

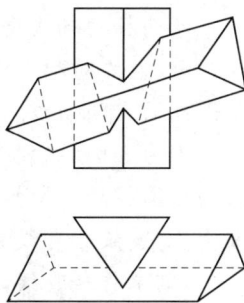

图 3-12　平面立体相交

三、曲面立体与曲面立体相交

两曲面立体相交,相贯线一般是光滑的、封闭的空间曲线。特殊情况下可能是直线或平面曲线。曲线上任意一点,是同时属于两个立体表面的公有点,相贯线是同时属于两个立体表面的公有点的集合,如图 3-13 所示。

由于相贯线是两个立体表面的一系列公有点的集合,所以求相贯线时,只需作出一系列公有点的投影,顺次连接即可。

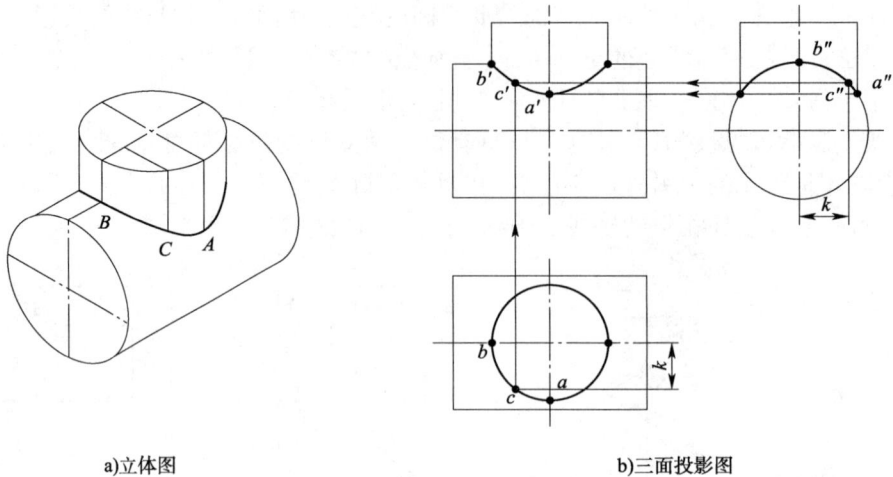

a)立体图　　　　　　　　　　　b)三面投影图

图 3-13　曲面立体与曲面立体相交

在一系列公有点中,有些点是比较重要的特征点,如相贯线上的最高、最低、最左、最右、最前、最后、可见与不可见的分界点等,这些点控制了相贯线的形状、走向和范围,在具体作图时,首先应求这些特征点,其次再求一些必要的一般位置点,顺次光滑地连接这些公有点才能正确地作出相贯线的投影。

当相贯线的某一投影面随立体表面的投影积聚时,相贯线在该投影面的投影便为已知。利用相贯线的一已知投影,再根据立体表面取点的作图,可求出相贯线上一系列公有点的其余投影,顺次连接这些公有点,便可求出相贯线的投影。

【例 3-4】　如图 3-13 所示,求两正交圆柱的相贯线。

解:(1)分析

两圆柱的轴线垂直相交,有共同的前后对称面、左右对称面,因而相贯线和相贯体也前后对称、左右对称。由于小圆柱全部穿进大圆柱,但从上穿进后不再穿出,所以相贯线是一条封闭的空间曲线。

因为小圆柱的轴线垂直 H 面,小圆柱的投影在 H 面上积聚,所以相贯线的投影在 H 面上与小圆柱的积聚投影重合,为已知。又因为大圆柱的轴线与 W 面垂直,大圆柱的投影在 W 面上积聚,故相贯线的投影在 W 面上与大圆柱的投影重合,也为已知。由此,两正交圆柱相交,只需求作相贯线的 V 面投影。

(2)绘图步骤

①求特征点。由 V 面投影可知,b 是相贯线上最高(也是最左、最右)的 V 面投影,利用体表面上取点的方法,可求出 b' 和 b'';又由 W 面投影可知,a'' 是相贯线上的最低点(也是最前、最后)的 W 面投影,利用体表面取点的方法,可求出 a 和 a'。

②求一般位置点。如图 3-13b)所示,c 点为相贯线的一般位置点。

③连点成相贯线。在 V 面投影中顺次光滑连接 b'、c'、a'(及相应图形中的对称点),即为所求相贯线的 V 面投影。

④可见性的判别。由于相贯线是对称的,其前后两部分的 V 面投影重合,所以均用实线画出。

知识拓展

当两个回转体具有公共轴线时,相贯线为与轴垂直的圆,如图 3-14 所示。

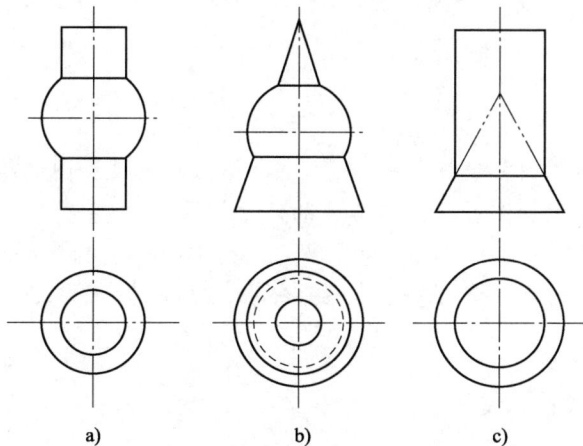

图 3-14　曲面立体与曲面立体相交

复习思考题

1. 怎样画平面立体的三面投影图?

2. 怎样求作平面与平面立体相交所产生的截交线?

3. 求作两个平面立体相交所产生的相贯线的方法有哪几种?怎样作图?

4. 怎样求作曲面立体的投影?

5. 平面与圆柱曲面相交,产生哪几种截交线?

6. 平面与圆锥曲面相交,产生哪几种截交线?

7. 如何求作平面立体与曲面立体相交、两曲面立体相交所产生的相贯线?

模块四　组合体的投影

学习指南

本模块为轨道工程制图关键性的一章,主要介绍组合体投影图的绘制过程和阅读方法。学生应学会阅读组合体投影图并掌握组合体的尺寸标注。

单元一　组合体的分析

一、组合体的组合方式

铁道工程中构造物的形状虽然很复杂,但一般都是由若干个基本几何体以叠加或切割等形式组合而成,称为组合体,如图4-1所示。

a)叠加式　　　　　　　　b)截割式　　　　　　　　c)综合式

图4-1　组合体的组合方式

组合体的组合形式主要有叠加式、切(截)割式、综合式。叠加是指用若干个基本体类似于搭积木的方式按照它们之间的相对位置拼接组合成为组合形体。切割是从基本体上切除部分形状从而形成一个组合的形体。综合式是叠加与切割的综合。

二、组合体的形体分析

①分析各个基本体是由哪些简单的基本体组成的。
②各基本体之间又是按什么形式组合的。
③它们各自对投影的相对位置关系如何。

从形体分析中,进一步认识组合体的结构特点,为正确地画组合体的视图做好准备。

由于组合体是由基本体组合而成,所以在研究组合体时,无论组合体多么复杂,通常可把一个组合体分解成若干个基本体,再搞清每个基本体的形状结构、相对位置以及基本体之间的组合方式,便可方便地分析出组合体。这种分析组合体的方法称形体分析法,如图4-2所示。

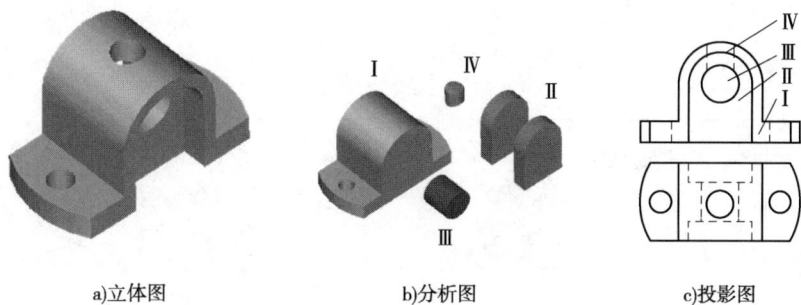

a)立体图　　　　　　　　　　b)分析图　　　　　　　　　c)投影图

图 4-2　组合体投影分解图

三、组合体的画法

为了能用较少的投影图清晰地表示出组合体的形状,在形体分析的基础上,还应选择合适的投影方向和投影图的数量。

1. 选择立面图

立面图是三视图中最重要的视图,立面图选择恰当与否,直接影响组合体视图表达的清晰性。所谓选择立面图也即是怎样放置所表达的物体和用怎样的投影方向来作为立面图的投影方向。

选择立面图的原则:

①组合体应按自然位置放置,即保持组合体自然稳定的位置。

②立面图应较多地反映出组合体的结构形状特征,即把反映组合体的各基本体和它们之间相对位置关系最多的方向作为立面图的投影方向。

③在立面图中尽量产生较少的虚线,即在选择组合体的安放位置和投影方向时,要使图中不可见部分最少,以尽量减少各视图中的虚线,如图 4-3 所示。

④选择时应尽量保证较合理的使用图纸。

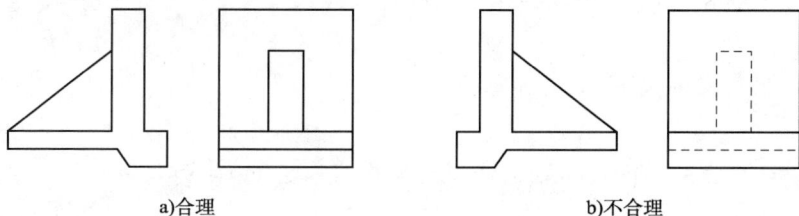

a)合理　　　　　　　　　　　　　　　b)不合理

图 4-3　挡土墙投影图的选择

2. 投影图数量的选择

在保证完整、清晰地表达组合体形状结构的前提下,尽量减少投影图的数量,如图 4-4a)所示,圆锥习惯上只需要两个投影,侧面投影图是多余的,如果注上直径和高的尺寸后,还可省去平面图。但是如图 4-4b)所示的三棱锥(底边边长不定),需三个投影图来表示。

3. 选比例、定图幅

投影图确定后,还要根据组合体的总体大小和复杂程度,按《铁路工程制图标准》(TB/T 10058—2015)规定选择适当的比例和图幅。

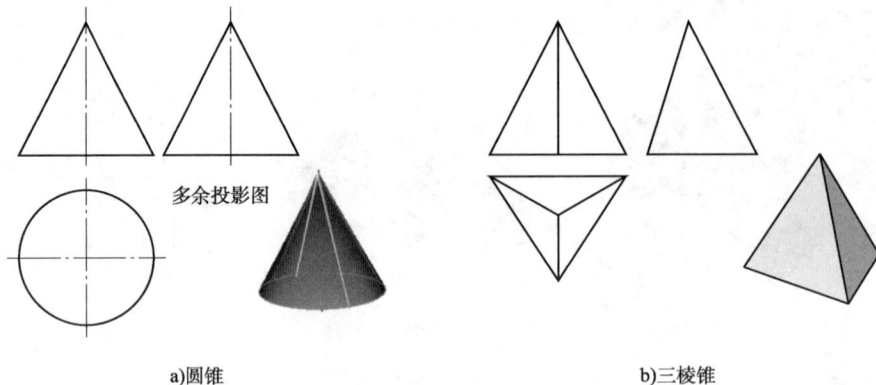

多余投影图

a)圆锥　　　　　　　　　　　　　　　　　b)三棱锥

图 4-4　投影图数量的选择

4. 布置投影图

布置投影图是指确定各视图在图纸上的位置。布图前先把图纸的边框和标题的边框画出来。各视图的位置要匀称。并注意两视图之间要留出适当距离,用以标注尺寸。大致确定各视图的位置后,画作图基准线(基准线一般为:对称中心线,轴线,确定主要表面的基准线),基准线也是画图时测量尺寸的基准,每个视图应画出与相应坐标轴对应的两个方向的基准线。

5. 绘制底图(H~2H 铅笔)

①画图的先后顺序,一般应从形状特征明显的投影图入手,先画主要部分,后画次要部分,先画可见的轮廓线,后画不可见的轮廓线。

②对组合体每一组成部分的三面投影图,最好根据对应的投影关系同时画出,不要先把某一投影全部画好后,再画另外的投影,以免漏画线条。

6. 检查、描深、完成全图

底稿完后,按照形体及画图顺序和投影规律进行逐个检查,确认无误后按《铁路工程制图标准》(TB/T 10058—2015)规定的线型加深轮廓线。

7. 书写说明

标注尺寸,书写文字说明,填写标题栏。

单元二　组合体投影图的阅读

读图是根据形体的投影图想象形体的空间形状的过程。在阅读时,必须熟练运用投影规律进行分析,并且必须注意:

①熟悉各种位置的直线、平面(或曲面)以及基本体的投影特性。

②读图时要联系两个或两个以上的投影图来考虑,才可准确确定组合体的空间形状。如图 4-5 所示。

③注意投影图中线条和线框的意义。

a. 投影图中的一线条,除表示一条线的投影外,可以表示一个有积聚性的面,可以表示两个面的交线,可以表示曲面的转向轮廓线。

b.投影图中的一个线框除表示一个面的投影外,还可以表示一个基本体在某一投影面的积聚投影。

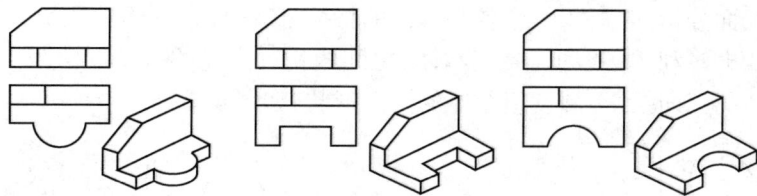

a)有一个视图相同的不同组合体

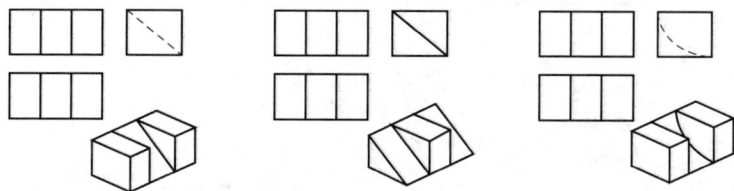

b)有两个视图相同的不同组合体

图4-5　按三等关系读图

一、拉伸法读取组合体投影图

拉伸法一般用于柱体或由平面切割柱体而成的简单体,如图4-6所示。

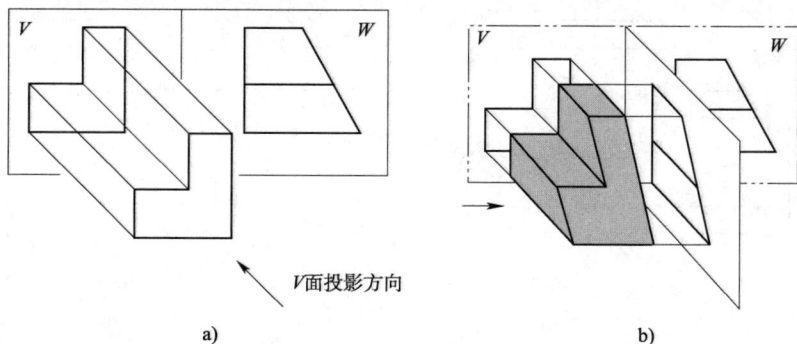

*V*面投影方向

a)　　　　　　　　　　　　　　　　b)

图4-6　拉伸法读图

关键是在给定投影图中找出反映立体特征的线框。一般来讲,当立体的三个投影图中有两个投影图中的线条互相平行,且都是平行同一投影轴,而另一投影图中的线条不平行,是几何线框,该线框就是反映立体形状特征的线框。

二、形体分析法读取组合体投影图

形体分析法读图,就是先以特征比较明显的视图为主,根据视图间的投影关系,把组合体分解成一些基本体,并想象各基本体的形状,再按它们之间的相对位置,综合想象组合体的形状。此读图方法常用于叠加型组合体。

形体分析法读图的步骤:

①分线框。在组合体的三投影图线框明显的视图中分线框(从组合体中分解基本体)。

然后根据投影规律找出线框的对应关系。

②读线框。在组合体的三面投影图中分解出的线框,即是从组合体中分解出的基本体。利用拉伸法或线面分析的方法,结合各基本体的特征,读懂各基本体的形状。

③组合各线框。利用各线框(各基本体)之间的相对位置,综合想象组合体的形状。

根据组合体的三面投影,阅读组合体的空间形状,如图 4-7 所示。

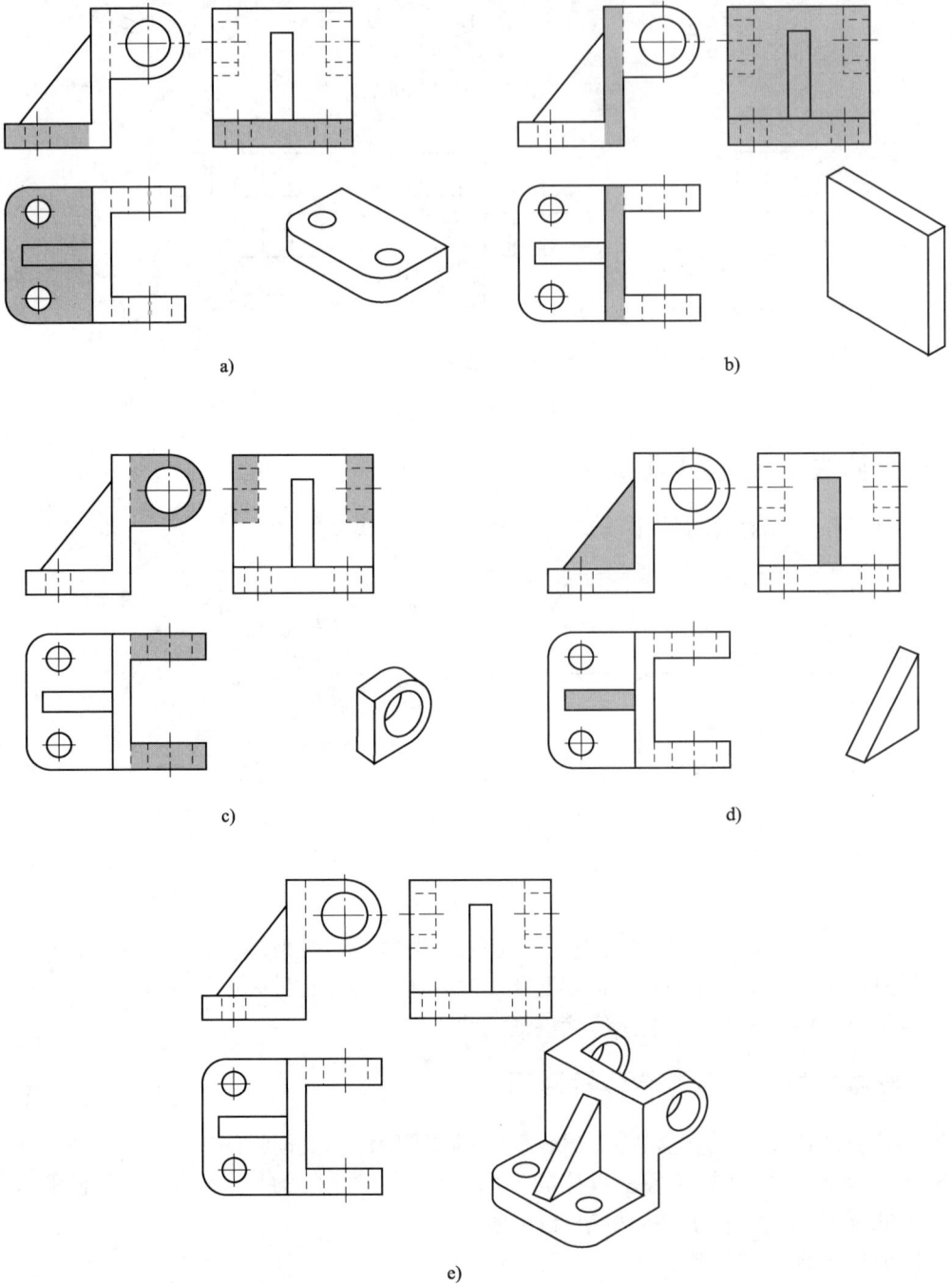

a)   b)

c)   d)

e)

图 4-7 形体分析法

三、线面分析法读取组合体投影图

一般情况下,形体清晰的组合体,用形体分析方法看图就可以解决,但对于一些较复杂的形体,特别是由切割体组成的形体,单用形体分析法还不够,需采用线面分析法。

组合体线面分析法原理:在看图时把立体的表面分解为线、面等几何元素,运用线面的投影特性,识别线面的空间位置和形状,从而想象出立体的形状及各组成部分之间的相对位置的方法为线面分析法。

线面分析法实质是把组合体分解成若干个面,根据线、面的投影特点,逐个方向分析各个面的形状、面与面的相对位置关系,以及各交线的性质,从而想象出组合体的形状,如图 4-8 所示。

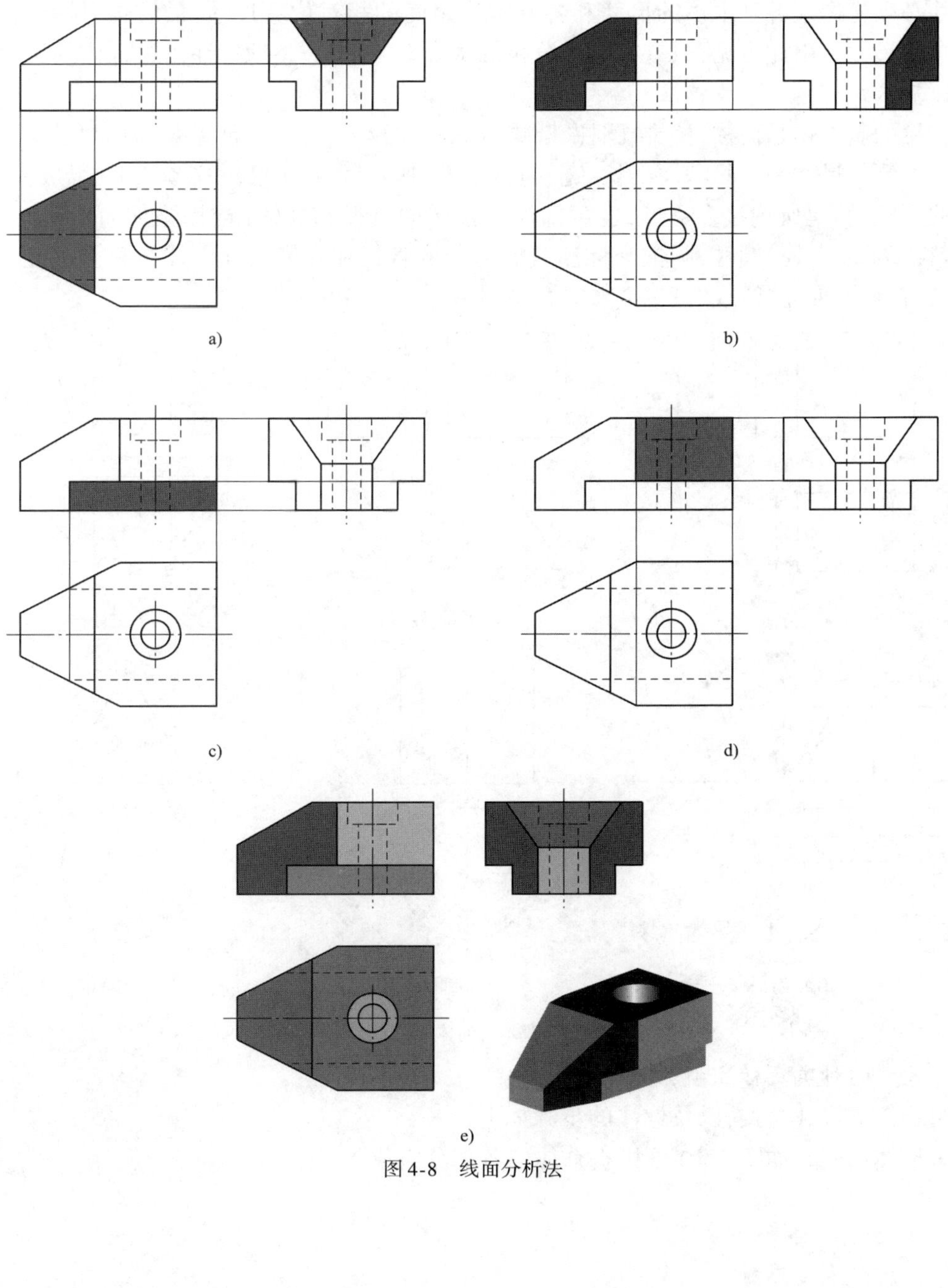

a)

b)

c)

d)

e)

图 4-8　线面分析法

四、组合体的尺寸标注

投影图只能表达立体的形状,而要确定立体的大小,则需标注立体的尺寸,而且还应满足以下要求。

①正确。要符合国家现行的《铁路工程制图标准》(TB/T 10058—2015)。

②完整。所标注的尺寸,必须能够完整、准确地表达物体的形状和大小;尺寸标注的布置要整齐、清晰,便于阅读。

③合理。标注的尺寸要满足设计要求,并满足施工、测量和检验的要求。

由于组合体是由一些基本体通过叠加、相交、切割等各种方式而形成的,因此,标注组合体尺寸必须先标注各基本体的尺寸和各基本体之间的相对位置尺寸,最后再考虑标注组合体的总体尺寸。由此可见,只有在形体分析的基础上,才能完整地标注出组合体的尺寸。

1. 基本几何体的尺寸标注

常见的基本体是棱柱、棱锥、圆柱、圆锥、球等。图4-9为一些常见基本体尺寸标注的示例。基本体的尺寸一般只需注出长、宽、高三个方向的尺寸。如果棱柱体的上、下底面(或棱锥体的下底面)是圆内接多边形,也可标注外接圆的直径和柱体(或棱锥体)的高来确定棱柱(或棱锥)的大小。圆柱、圆锥则标注其底面圆的直径和高度尺寸。球体只需标注其直径 ϕ,但要在 ϕ 前加写"S"或"球"字。

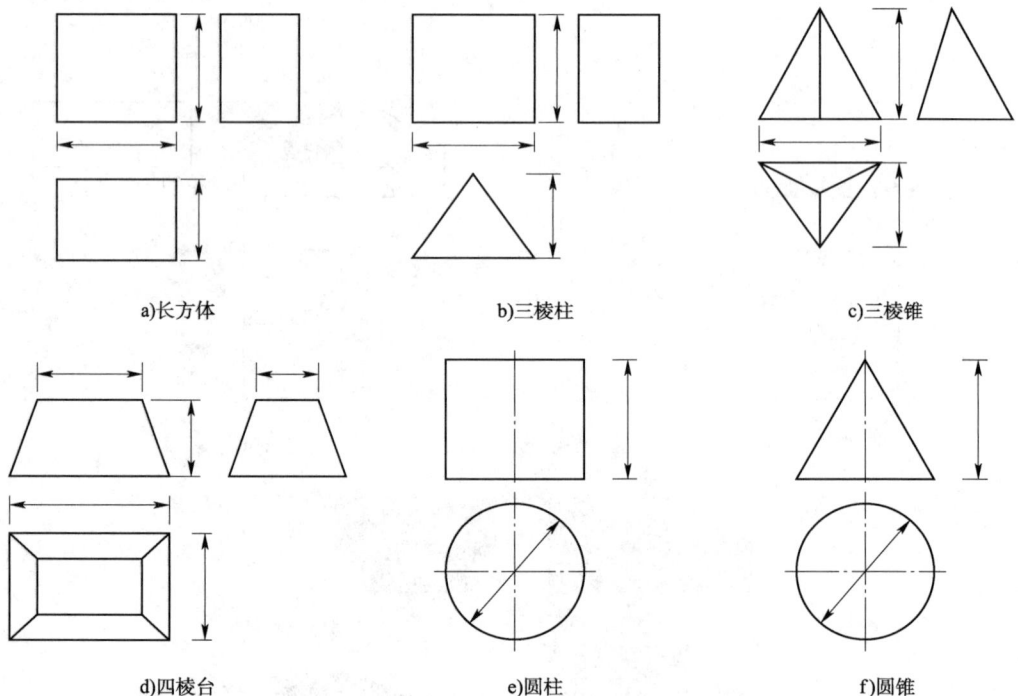

| a)长方体 | b)三棱柱 | c)三棱锥 |

| d)四棱台 | e)圆柱 | f)圆锥 |

图4-9　基本几何体的尺寸标注

2. 尺寸的种类及标注步骤

组合体的尺寸分类,以及标注的步骤如下:

①形体分析。如图4-10分析组合体的各部分组成。

②定形尺寸。决定组合体各组成部分形状大小的尺寸,如图 4-11 所示。

③尺寸基准。在某一方向确定各组成部分的相对位置时,标注每一个定位尺寸均需有一个相对的基准作为标注尺寸的起点,这个起点叫作尺寸基准。如图 4-12 所示。

图 4-10　组合体立体图

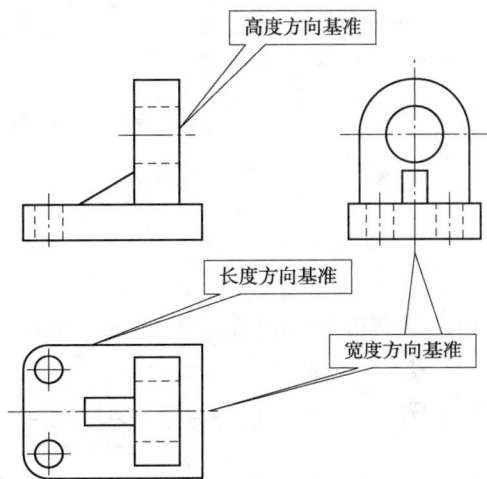

图 4-11　三面投影和尺寸基准

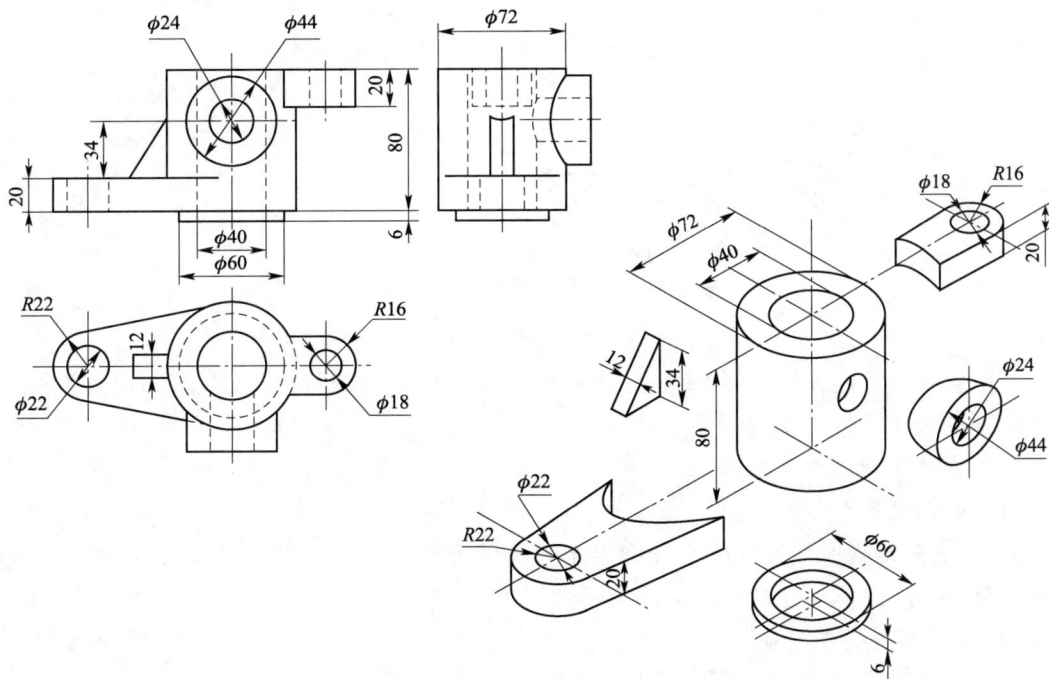

图 4-12　定形尺寸

④定位尺寸。决定各组成部分相对位置的尺寸,要标注定位尺寸,必须先选定尺寸基准(标注和测量尺寸的起点),组合体有长、宽、高三个方向的尺寸,每个方向至少要有个基准,如图 4-13 所示。

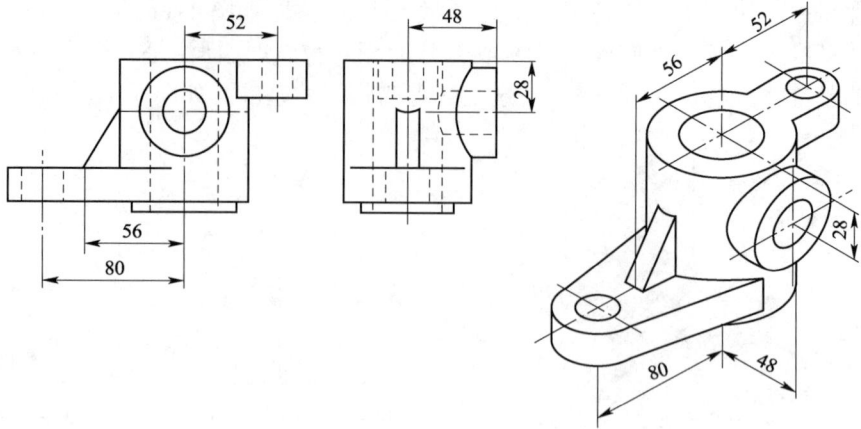

图 4-13　定位尺寸

　　⑤总体尺寸。确定组合体外形的总长、总宽、总高的尺寸称为总体尺寸,如图 4-14 所示。

图 4-14　总体尺寸

　　⑥检查复核。注完尺寸后,要用形体分析法认真检查三类尺寸,补上遗漏尺寸,并对布置不合理的尺寸进行必要地调整。

　　3.尺寸标注的基本要求

　　(1)尺寸标注要完整

　　所谓完整,即指所注尺寸能完全确定组合体的形状和大小。即组合体尺寸标注中定形尺寸、定位尺寸、总体尺寸都必须标注完整。

　　(2)尺寸布置必须清晰

　　为了保证所注尺寸清晰,便于寻找、阅读,应注意以下几点:

　　①尺寸应尽量标注在投影图形之外(图 4-14)。与两投影图相关的尺寸,最好标注在两个投影图之间,如图 4-14 中的 86、80。

　　②各基本体的定形、定位尺寸尽可能不要分散,要集中标注在形状特征和位置特征明量影图之间的投影图上。

③同向尺寸应尽可能排列整齐,尺寸线对齐,如图 4-14 中的 56、52,当有几排尺寸时,应使小尺寸在内,大尺寸在外,排列整齐,间隔均匀。

④避免在虚线上标注尺寸。

⑤为了避免计算,便于加工制作,尺寸可采用封闭式,不得产生误差。

复习思考题

1. 组合体投影图的画法有哪些?

2. 画铁路轨道投影图的步骤是什么?

模块五　剖面图和断面图

剖面图和断面图作为形体表示的方法之一。其目的在于更清楚表达形体的内部构造，正确、完整、清晰、规范表达工程形体的内外结构。剖面图和断面图是如何形成的，它们又有什么样的区别，在实际工程中如何应用，这些知识将在本项目中一一介绍。并以此为基础，为后续专业图纸的识读打下基础。

单元一　剖　面　图

在工程图中，某个形体上可见轮廓线用粗实线表示，不可见轮廓线用虚线表示。但当形体内部构造和形状复杂时，在某个投影图中就会出现许多虚线，往往实线和虚线会交叉或重合在一起，无法表示清楚形体内部的构造，从而影响图形的全面表达，且不利于标注尺寸和识读，同时容易产生误解。因此，工程中引入剖面图和断面图来解决这一问题。

一、剖面图的基本内容

1. 剖面图的概念

为了能在图中清晰地表示形体内部的形状和构造，假想用一个垂直于投射方向的平面（称为剖切面），在形体的适当位置将形体剖开，并把处于观察者之间的部分移去，然后画出剖开之后留下的形体的正投影图，这种投影图，在工程中称为剖面图。也就是说剖面图是形体剖切后留下的可见部分的正投影图。

2. 剖面图的形成

如图 5-1 所示，为一钢筋混凝土双杯基础的三面投影图，从形体的投影图中可以看出，

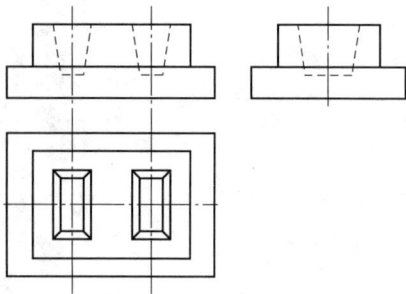

图 5-1　双杯基础的三面的投影图

形体上不可见的轮廓线在投影图上需用虚线画出，如正立面图和侧立面图所示，虚线有时无法清楚地表示物体的内部构造，且不便于标注尺寸又不易识图，故考虑设法减少和消除投影图中的虚线，以提高其清晰度。

用一通过基础前后对称面的正平面将基础剖切开，将观察者与剖切平面之间的部分移除，如图 5-2a）所示，对其剩余部分向 V 面作投影，所得的投影图即为双杯基础的正立面剖面图，如图 5-2b）所示；同理，可用一通过基础的左右对称面的侧平面将基础剖切开，即可得基础的侧立面剖切图，如图 5-3 所示。显然，剖面图可将双杯基础的内部结构表达清楚。

a)剖切立体图　　　　　　　b)正立面剖面图

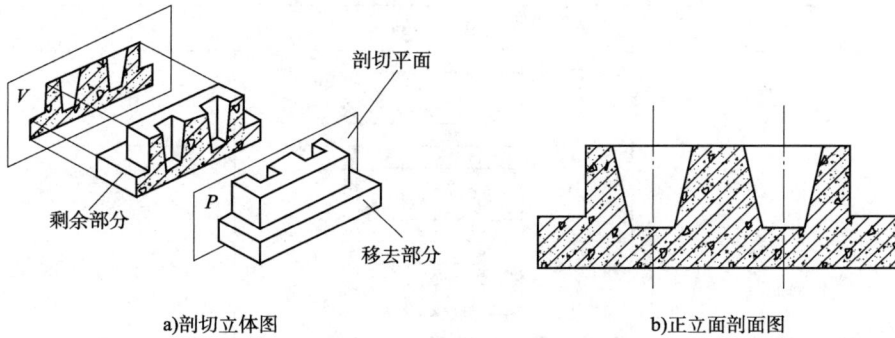

图 5-2　正立面剖面图形成

a)剖切立体图　　　　　　　b)侧立面剖面图

图 5-3　侧立面剖面图形成

由图 5-2、图 5-3 可知,形体被剖切后,其内部材料暴露出来,这些内部材料可用平行等间距的 45°细线(也称为剖面线)表示,或用建筑材料的图例(表 5-1)表示。

常用建筑材料图例　　　　　　　　　　　　　　　　　表 5-1

序号	名　　称	图　　例	说　　明
1	自然土壤		包括各种自然土壤
2	夯实土壤		
3	砂、灰土		靠近轮廓线点越密的点
4	砂砾石、碎砖三合土		包括岩层、砌石、铺地、贴面等材料
5	天然石材		
6	毛石		

续上表

序号	名 称	图 例	说 明
7	普通砖		包括砌休、砌块
8	混凝土		包括各种强度等级、集料的混凝土
9	钢筋混凝土		在剖面图上画钢筋时,不画图例线
10	焦渣、矿渣		包括与水泥、石灰等混合而成的材料
11	木材		上图为横断面,由左至右依次为垫木、木砖、木龙骨;下面图为纵断面

二、剖面图的标注

为便于识图,剖面图的标注即将剖面图中剖切位置和投射方向在工程图中加以说明。制图标准规定,剖面图的标注是由剖切符号和编号组成。

1. 剖切符号

剖切符号由剖切位置线和剖视方向线两部分组成,用粗实线绘制。绘图时,剖切符号不宜与图上的任何图线相接触,如图5-4所示。

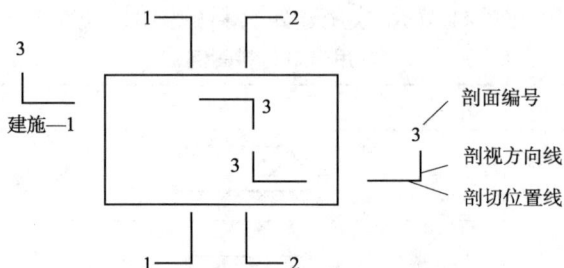

图5-4 剖切符号

剖切位置线是剖切平面的积聚投影,表示剖切面的位置,在投影中是两端不穿过形体的短线,其长度为6~10mm。剖视方向线(投影方向线)是与剖切位置线相垂直的短线,表示剩余形体的投射方向,其长度为4~6mm。

2. 剖切编号和图名

对于一些复杂的形体,要剖切几次才能了解其内部的构造,为了区分清楚,对每次剖切要进行编号,在剖视方向线的端部用阿拉伯数字按照由左至右、由下至上的顺序进行编号

1—1剖面图

图5-5 剖面图图名

(见图5-4)。在剖面图的下方用相同的数字注写图名,如1—1剖面图、2—2剖面图等,并在图名下方用粗实线绘制与其等长的线段,如图5-5所示;在需要转折的剖切位置线,在转折处如与其他图线容易

发生混淆,则应在转角的外侧标注与该符号相同的编号(见图5-4)。当剖面图与被剖切的图样不在同一张图纸上时,可在剖切位置线的另一侧注明其所在图纸的编号,如图5-4中的"建施—1"。

3.材料图例

剖面图中被剖切到的部分,画出组成材料的剖面图例,在图上没有注明形体的材料时,应用等间距的45°细斜线表示。

三、画剖面图的注意事项

1.剖切平面的位置和数量

画剖面图时,应选择适当的剖切平面位置,使剖切后画出的图形能确切、全面地反映所要表达部分的真实形状。选择的剖切平面应平行于投影面,并且通过形体的对称面或孔的轴线。由于剖面图的剖切是假想的,所以除剖面图外,其他投影图仍应完整画出。剖切平面应避免与形体表面重合,不能避免时,重合表面按不剖画出;一个形体,有时需画几个剖面图,应根据形体的复杂程度而定。

2.绘图注意事项

剖面图除应画出剖切面剖切到部分的图形外,还应画出沿投射方向看到的部分,被剖切面切到部分的轮廓线用粗实线绘制,剖切面没有切到,但沿投射方向可以看到的部分,用中实线绘制。

在制图基础阶段常用粗实线画剖切到的和沿投射方向可见的轮廓线。

3.图例注意事项

①为区分形体的空腔和实体,剖切平面与物体接触部分应画出材料图例,同时表明建筑物是用什么材料建成的。

②在房屋建筑工程图中应采用表5-1规定的建筑材料图例。

③如未注明该形体的材料,应在相应位置画出同向、同间距并与水平线成45°角的细实线,也叫剖面线。

4.线形及标注事项

①为了使图形更加清晰,剖视图中应省略不必要的虚线。

②剖切位置及投影方向用剖切符号表示,剖切符号由剖切位置线及剖视方向线组成。

四、剖面图的分类及应用

由于形体的形状不同,对形体作剖面图时所剖切的位置和作图方法也不同,通常所采用的剖面图有全剖面图、半剖面图、阶梯剖面图、局部剖面图(分层剖面图)和展开剖面图五种。

1.全剖面图

不对称的建筑形体,或虽然对称但外形比较简单,或在另一个投影中已将它的外形表达清楚时,可假想用一个剖切平面将形体全部剖开,然后画出形体的剖面图,该剖面图称为全剖面图,如图5-6所示。

2.半剖面图

如果被剖切的形体是对称的,画图时常把投影图的一半画成剖面图,另一半画形体的外形图,这个组合而成的投影图称为半剖面图。

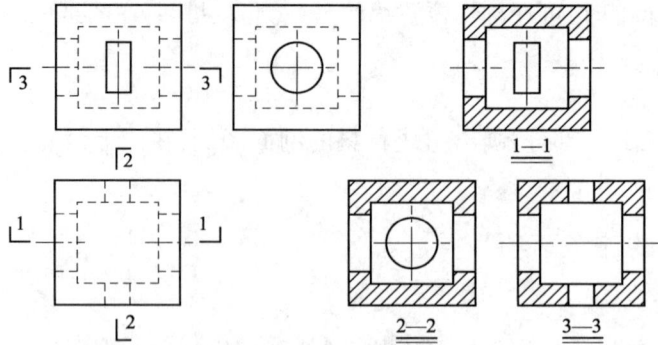

图 5-6 全剖面图

图 5-7 所示为一个杯形基础的半剖面图。在正面投影和侧面投影中,都采用了半剖面图的画法,以表示基础的内部构造和外部形状。在画半剖面图时,应注意以下几点:

①半剖面图与半外形投影图应以对称轴线作为分界线,即画成细单点长画线。

②半剖面图一般应画在水平对称轴线的下侧或垂直对称轴线的右侧。

③半剖面图一般不画剖切符号。

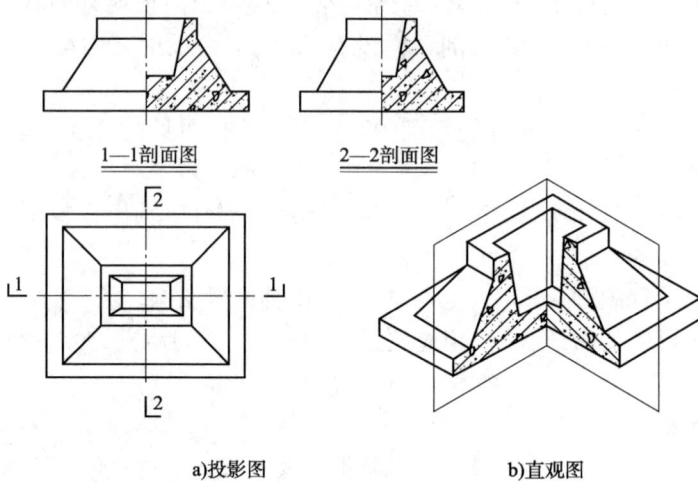

图 5-7 杯形基础的半剖面图

3. 阶梯剖面图

当用一个剖切平面不能将形体上需要表达的内部结构都剖切到时,可用两个或两个以上相互平行的剖切平面剖开形体,所得到的剖面称为阶梯剖面图,如图 5-8 所示。

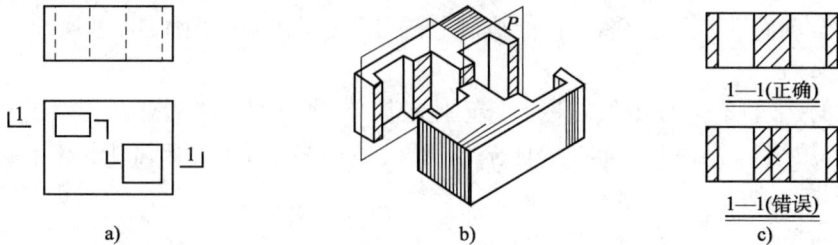

图 5-8 阶梯剖面图

72

4.展开剖面图

用两个或两个以上相交剖切平面将形体剖切开,所画出的剖面图,称为展开剖面图,如图 5-9 所示。

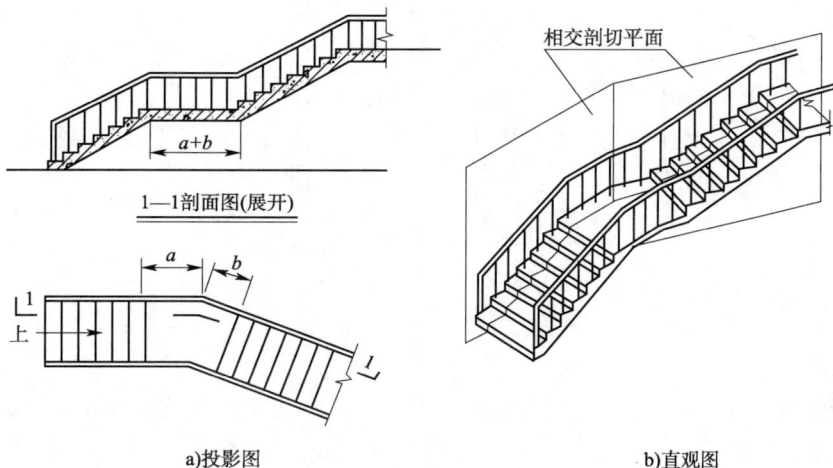

图 5-9　展开剖面图

5.局部剖面图和分层剖面图

用分层剖切或局部剖切的方法表示其内部的构造,用这种剖切方法所得的剖面图,称为分层剖面图或局部剖面图。图 5-10 所示为分层剖面图,图 5-11 所示为局部剖面图。

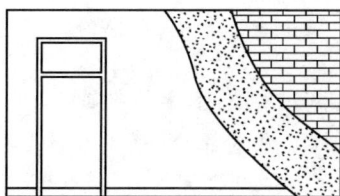

图 5-10　分层剖面图　　　　　图 5-11　局部剖面图

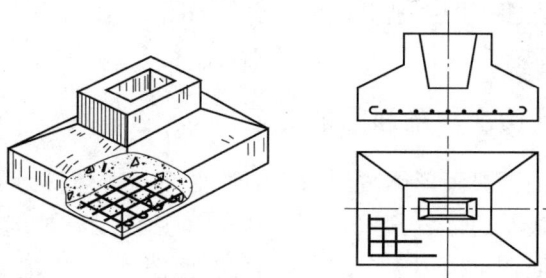

单元二　断　面　图

一、断面图的形成

假想用一个剖切平面将形体剖开,移去剖切平面与观察者之间的部分,仅画出剖切平面与形体接触的部分,其他可见的部分均不画出,这样得到的投影图称为断面图,如图 5-12 所示。

断面图用于表达建筑形体的内部形状,如建筑物的柱、梁、板、型钢的某一部分的断面形状;在结构施工图中,表达构配件的钢筋配置情况等。

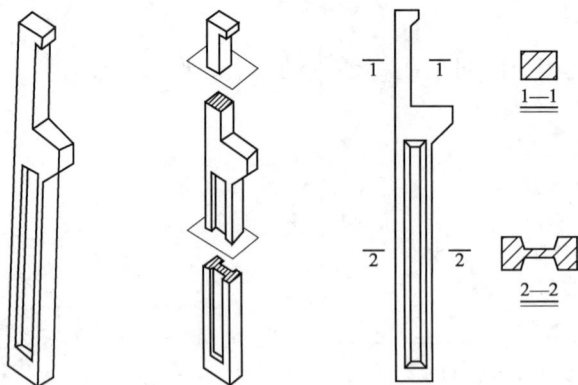

图 5-12　断面图的组成

二、断面图的标注

1. 剖切符号

断面图的剖切符号只用剖切位置线表示,以短粗实线绘制,其长度为 6 ~ 10mm。

2. 剖切符号的编号

断面图的剖切符号要进行编号,剖切符号用阿拉伯数字编写,注写在剖切位置线的一侧,编号所在的一侧为断面图的剖视方向。

在断面图的下方用断面的编号来表示图名,如 1—1、2—2 等,并在图名下方用粗实线绘制与其等长的线段,如图 5-12 所示。

3. 材料图例

在断面投影图中画上表示其材料的图例,如果没有指明材料的图例,要用 45°等间距的细实线绘制。

三、断面图与剖面图的关系

①断面图只画形体被剖切后剖切平面与形体接触的那部分,剖面图不仅要画出剖切平面与形体接触的部分,还要画出剖切平面后面没有被剖切到但可见的部分。

②剖面图可采用多个剖切平面,断面图则不能,它只反映单一剖切平面的断面特征;剖面图用剖切位置线表示剖切位置,投影方向用剖视方向线和编号来表示,而断面图用剖切位置线表示剖切位置,投影方向用编号注写的位置来表示。因此,断面图被剖面图包含着,如图 5-13 所示。

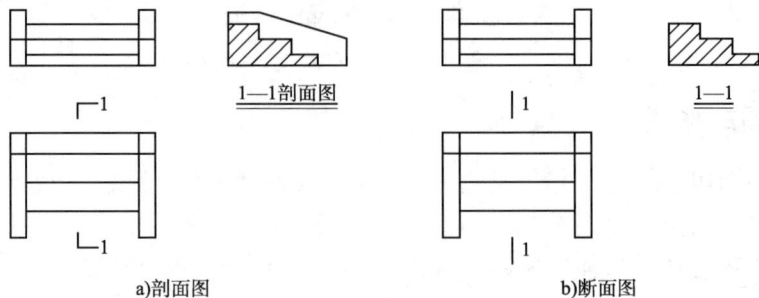

图 5-13　断面图与剖面图

四、断面图的分类

1. 移出断面图

移出断面图是将断面图画在形体的投影图之外,如图 5-14 所示。

移出断面图可画在任何适当的位置或者剖切平面的延长线上,当断面图形对称时,只需用细点画线表示剖切位置,而不需要进行其他的标注,如图 5-15a)所示;当断面图画在剖切平面的延长线上时,可不标注断面名称,如图 5-15b)所示。

当一个形体有多个断面图时,应将各断面图按顺序依次整齐地排列在投影图的旁边,如图 5-12 所示。根据需要,断面图可以用较大的比例绘制,如图 5-16 所示。移出断面图尺寸较小时,断面可涂黑表示。

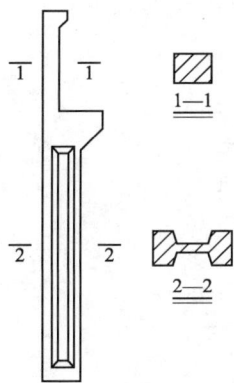

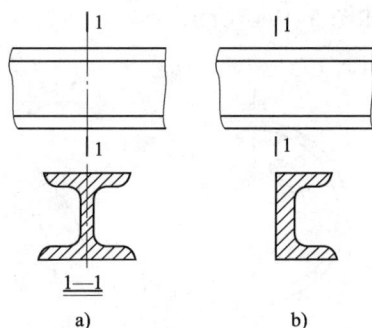

图 5-14　移出断面图　　　图 5-15　工字钢、槽钢的移出断面图　　　图 5-16　以较大的比例绘制移出断面图

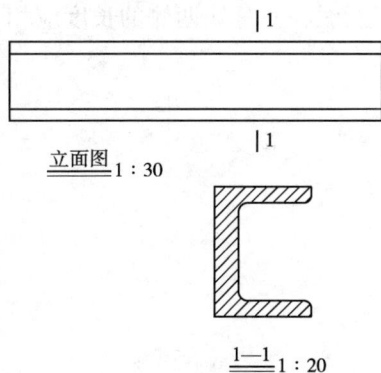

2. 中断断面图

中断断面图是将断面图绘制在构件轮廓线中断处,如图 5-17 所示。中断断面图适用于等截面较长且变化均匀的构件。

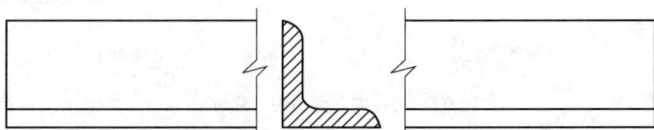

图 5-17　中断断面图

中断断面图的轮廓线用粗实线绘制,中断断面投影图的中断处用波浪线或折断线绘制,不需要标注剖切符号和编号。

3. 重合断面图

将断面图直接画在投影图中,如图 5-18 所示。为了避免与视图的轮廓线混淆,重合断面的轮廓线用细实线绘制,投影图的轮廓线要完整地画出,并且不加任何标注,不断开。重合断面图的比例要与原投影图一致。

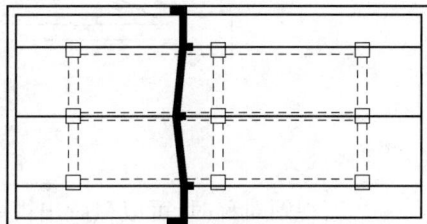

重合断面的轮廓线要与视图中轮廓图线加以区

图 5-18　重合断面图

别:当视图轮廓线为粗实线时,重合断面的轮廓线用细实线;当视图轮廓线为细实线时,重合断面的轮廓线用粗实线。当断面图轮廓线与视图中其他图线重合时,其他图线仍应按原样画出而不得间断。

单元三　图样的简化画法

在不影响生产和表达形体完整性的前提下,制图标准允许在必要时采用以下简化画法。

一、对称图形的画法

①对称符号是用细实线绘制的两条平行线,其长度为 4～6mm,平行线间距为2～3mm,平行线在对称线两侧的长度应相等,如图 5-19a)所示。

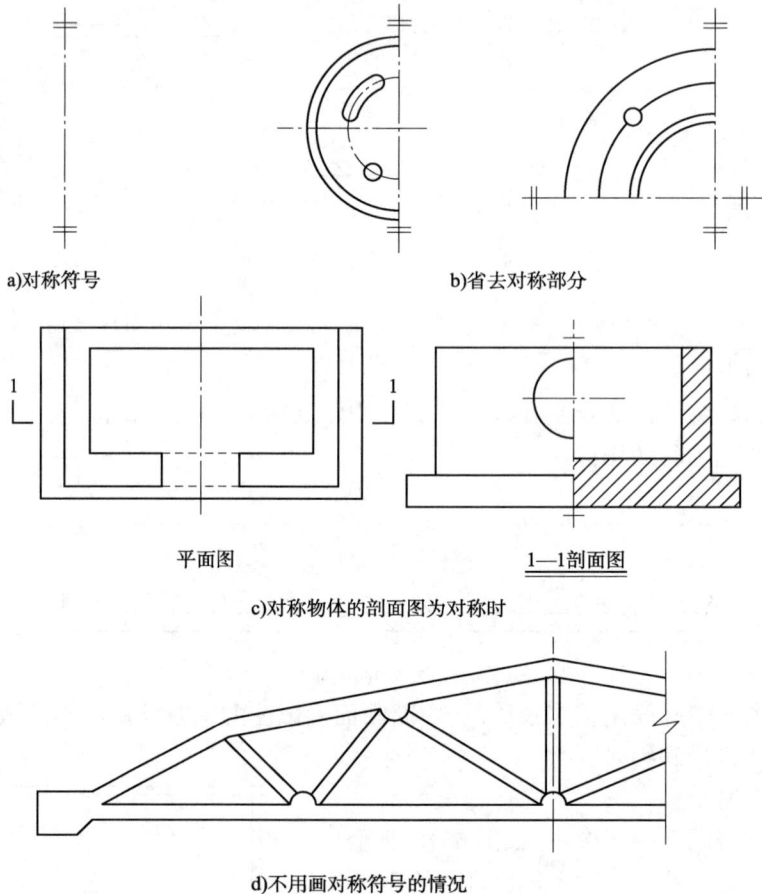

a)对称符号　　　　b)省去对称部分

平面图　　　　1—1剖面图

c)对称物体的剖面图为对称时

d)不用画对称符号的情况

图 5-19　对称图形的简化画法

②当视图对称时,可以只画出视图的一半或 1/4 视图,但必须画出对称符号,如图 5-19b)所示。

③对称物体的剖面图为对称时,以对称线为界,一侧画剖面图,另一侧画投影图,并画出

对称符号,如图5-19c)所示。

④对称图形所绘制的部分超出图形对称线时,可不用画对称符号,如图5-19d)所示。

二、省略画法

1. 折断省略画法

当物体较长,且沿长度方向的形状相同或按一定规律变化时,可采用折断画法,将折断部分省略绘制。断开处应以折断线表示,如图5-20所示。折断线两端应超出轮廓线 2~3mm,其尺寸应按构件原长度标注。

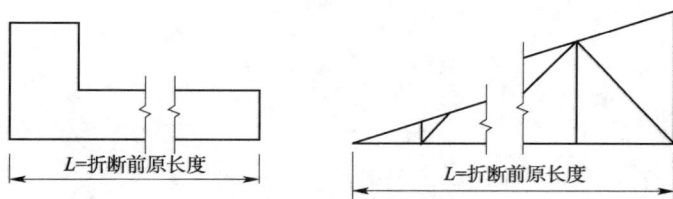

图5-20 折断省略的画法

2. 相同结构省略画法

如果物体上有多个形状相同而连续排列的构件要素,则可仅在两端或者适当位置画出少数几个要素的形状,其余部分用中心线或中心线交点表示,如图 5-21a)、图 5-21b)、图5-21c)所示。

如果物体上有多个形状相同而不连续排列的结构要素,则可以在适当位置画出少数几个要素的形状,其余部分应在要素中心线交点处用小黑点表示,如图5-21d)所示。

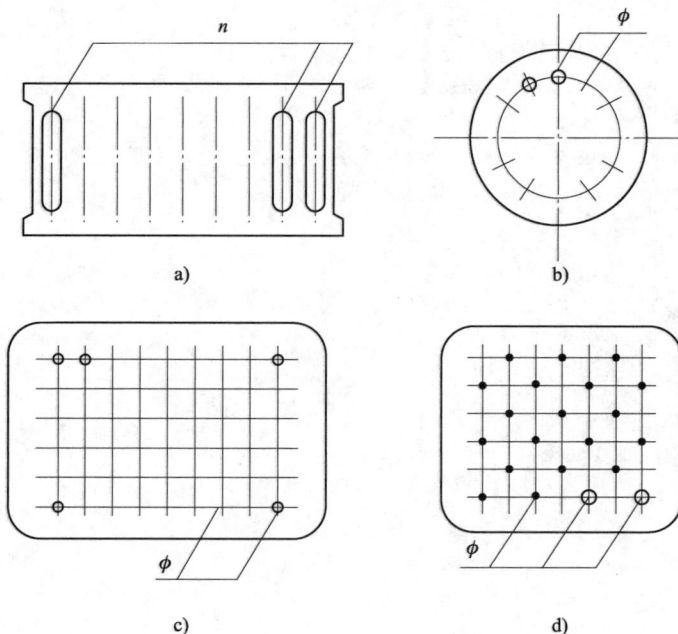

a)

b)

c)

d)

图5-21 相同要素的省略画法

3.同一构件的分段画法

同一构件如绘制位置不够,可分段绘制,再用连接符号相连。连接符号用折断线表示连接的部位,并以折断线两端靠近图样一侧的大写拉丁字母表示连接编号。两个连接的图样必须用相同的字母编号,如图5-22所示。

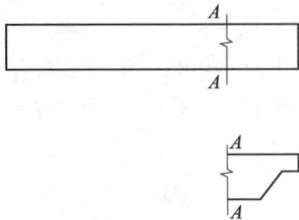

图5-22　同一构件的分段画法

复习思考题

1.剖面图是怎样形成的？如何标注剖面图？剖面图有哪些种类？

2.断面图是怎样形成的？如何标注断面图？断面图有哪些种类？

3.剖面图与断面图有什么区别？

模块六 轨道交通线路工程图

![学习指南图标] **学习指南**

　　轨道交通线路工程图是轨道工程制图与识图最核心的内容之一,概要介绍城市轨道交通线路分类及组成,主要介绍高程投影原理和平面高程投影,路线平、纵、横断面图以及轨道结构图的识图。

单元一　城市轨道交通线路概述

一、城市轨道交通线路的分类

　　线路按空间位置,可分为地下线路、地面线路和高架线路。地下铁道的线路在城市中心地区宜设在地下,在其他地区条件许可时可设在高架桥或地面上。在同一条轨道交通线路上,可采用上述三种不同的空间布置方式。线路按其在运营中的作用分为正线、辅助线、车场线等。

　　1. 正线

　　地铁正线载客运营线路贯穿所有车站、区间。设计为双线且列车单向右侧行车。行车速度高、密度大,对线路标准要求高,因此要求以 50kg/m 以上类型钢轨铺设。

　　2. 辅助线

　　辅助线是指为空载列车进行折返、停放、检查、转线及出入段作业所运行的线路,包括折返线、渡线、停车线、车辆段出入线和联络线等。辅助线是轨道交通系统的重要组成部分,直接关系到系统运营组织的效率。

　　3. 车场线路

　　车场线路是指车辆基地内的各种作业线,如图6-1所示。

图6-1　车辆基地线路

二、城市轨道交通线路的组成

线路由轨道、路基和桥隧组成。

轨道是城市轨道交通运营设备的基础,它直接承受列车载荷,并引导列车运行,因此轨道的各个组成部分必须具有足够的强度和稳定性,能够承受来自于列车的纵向和横向的位移推力,保证列车按照规定的速度、方向及不间断地运行。轨道具有耐久性及适量的弹性,以确保列车安全、平稳、快速运行和乘客舒适;城市轨道交通均采用电力牵引,故要求轨道结构具有良好的绝缘性以减少杂散电流;轨道应采用相应的减振轨道结构,达到减振、降噪的要求。

轨道由钢轨,轨枕、联结零件、道床、防爬设备和道岔组成,如图 6-2 所示。

图 6-2　轨道的组成

单元二　高程投影原理和平面高程投影

在工程设计和施工中,常常需要绘制反映地形地貌的地形图,以便解决相关的工程问题。由于地面形状往往比较复杂,长度方向和高度方向尺寸相差较大,如仍采用正投影法则难以表达清楚,且作图困难。图 6-3a)所示是四棱台的两面投影图,若采用高程投影图标注出其上、下底面的高程数值 2.000 和 0.000,只用一个水平投影就可以完全确定这个四棱台,如图 6-3b)所示。

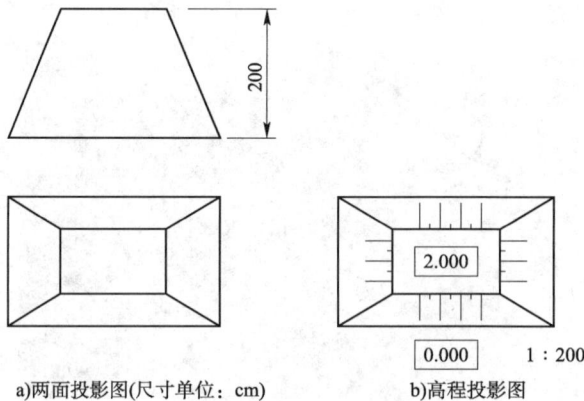

a)两面投影图(尺寸单位: cm)　　b)高程投影图

图 6-3　四棱台的投影图

因此,在工程实践中,常采用画水平面投影并标注高度表示形体形状的高程投影法表示地形面。高程投影是单面正投影,即标出高程的形体的水平视图。

高程投影以水平投影面 H 为投影面,称为基准面(在工程图中一般采用与测量一致的基准面)。

高程就是空间点到基准面 H 的距离。一般规定: H 面的高程为零, H 面上方点的高程为正值;下方点的高程为负值,高程的单位为米(m),在图上一般不需注明。

一、点、直线和平面的高程投影

1. 点的高程投影

如图6-4a)所示,以水平面 H 为基准面,规定其高程为零。点 A 在 H 面上方5m,点 B 在 H 面下方3m,在 A 、 B 二点水平投影的右下角标注其高程数值5、–3,再加上图示比例尺,就得到了 A 、 B 二点的高程投影,如图6-4b)所示。

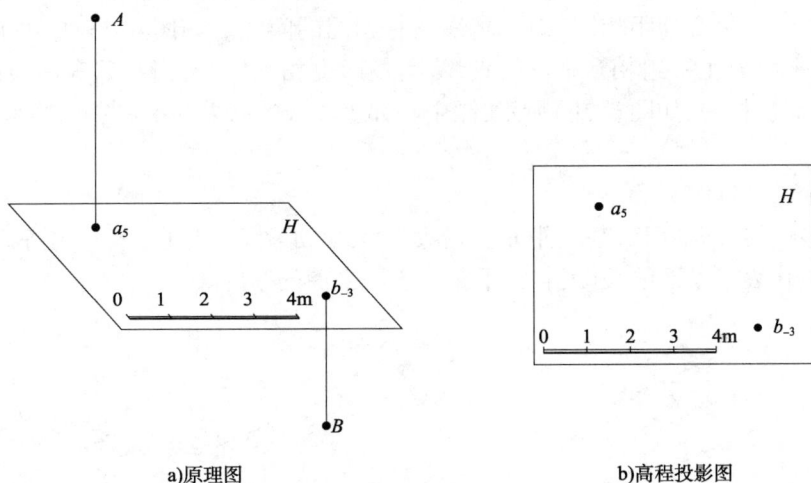

a)原理图　　　　　　　　　　　　　　　b)高程投影图

图6-4　点的高程投影

2. 直线的高程投影

直线的空间位置可由直线上的两点或直线上的一点及直线的方向来确定,相应的直线的高程投影也有两种表示方法,如图6-5所示。

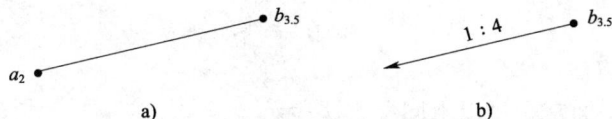

a)　　　　　　　　　　　　　　b)

图6-5　高程投影的表示方法

①用直线上两点的高程和直线的水平投影表示,如图6-5a)所示。

②用直线上一点的高程和直线的方向来表示,直线的方向规定用坡度和箭头表示,箭头指向下坡方向,如图6-5b)所示。

直线的坡度和平距,如图6-6所示。

坡度——直线上任意两点的高度差与它们间的水平距离之比。即:

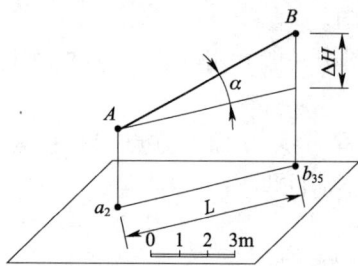

图 6-6　直线的坡度和平距

$$坡度\ i = \frac{高差\ \Delta H}{水平距离\ L} = \tan\alpha$$

平距——直线上任意两点的水平距离与它们间的高度差之比。即：

$$平距\ l = \frac{水平投影长度\ L}{高度差\ \Delta H} = \cot\alpha$$

由此可见，平距与坡度互为倒数，它们均可反映直线对 H 面的倾斜程度。坡度越大，平距越小；反之，坡度越小，平距越大。

3. 平面的高程投影

（1）平面的等高线和坡度线

①平面上的等高线。

平面被一组水平面截割，得到一组水平线即为平面上的等高线，平面的等高线是一组互相平行的直线。如果等高距相同，则等高线间有相同的间隔。如图 6-7a）中的直线 0、1、2、3、4。它们是平面 P 上一组相互平行的直线，其投影也相互平行；当相邻等高线的高差相等时，其水平距离也相等，如图 6-7b）所示，图中相邻等高线的高差为 1m，它们的水平距离即为平距 1。

②平面上的坡度线。

平面的坡度线，即平面对基准面 H 的最大斜度线，如图 6-7c）所示，它与等高线相垂直。坡度线的坡度代表了平面的坡度，它的平距代表了平面的平距。

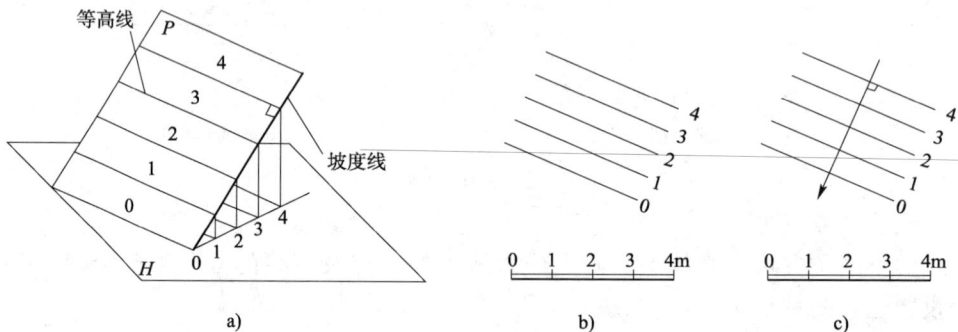

图 6-7　平面上的等高线和坡度线

（2）平面的表示方法

在高程投影中，平面常采用以下同种方法表示。

①等高线表示法。

在实际应用中，一般采用高差相等，高程为整数的一系列等高线表示平面，并把基准在 H 面的等高线，作为高程为零的等高线，如图 6-7 所示。

②用平面上的一条等高线和平面的坡度表示平面。

如图 6-8 所示，平面上一条等高线的高程为 28，因坡度线垂直于等高线，即可定出坡度线方向，由于平面的坡度已知，则该平面的方向和位置可确定。

③用平面上一条倾斜直线和平面的坡度表示平面。

如图6-9a)所示,平面上一条斜直线 AB 的高程投影和平面的坡度 $i=1:2$,图中 a_5、b_8 的箭头只表示平面向直线的一侧倾斜,并非代表平面的坡度线方向,坡度线的准确方向需作出平面的等高线后方可确定,故用细虚线表示。图6-9b)所示为等高线的作法。

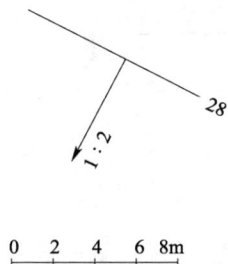

图6-8　用一条等高线和坡度表示平面

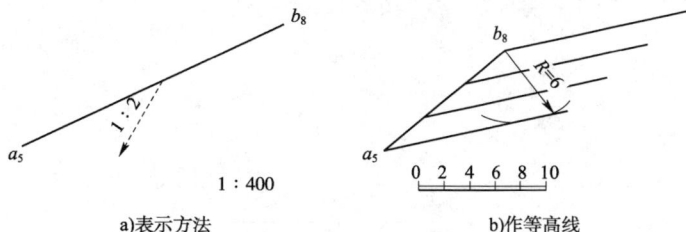

图6-9　用非等高线和坡度倾向的方法表示平面

二、曲面和地形面的高程投影

1. 正圆锥面的高程投影

曲面的高程投影是用投影面上的一组等高线表示。

现以正圆锥面为例简述曲面的高程投影。正圆锥面的素线是锥面上的坡度线,所有素线的坡度都相等。正圆锥面上的等高线即圆锥面上高程相同点的集合,用一系列等高差水平面与圆锥面相交即得,是一组水平圆。将这些水平圆向水平面投影并注上相应的高程,即可得到圆锥面的高程投影。图6-10所示是正圆锥面等高线的高程投影,其等高线的高程投影有如下特性。

①等高线都是同心圆。

②正圆锥面上的素线就是圆锥面的坡度线。

③正立时,圆心高程最高;倒立时,圆心高程最低。

④当相邻等高线的高差相等时,等高线间的水平距离相等。

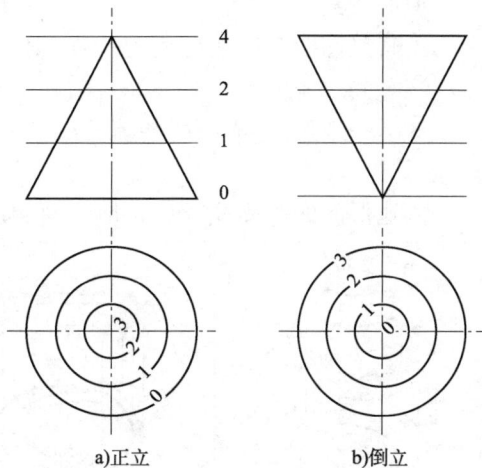

图6-10　正圆锥面的高程投影

$$水平距离 = 径向距离 = 半径差 = l \times H$$

在土石方工程中,常将建筑物的侧面做成坡面,而在其转角处作成与侧面坡度相同的圆锥面,如图6-11所示。

2. 地形面

地形面可看作为不规则曲面。地形面的高程投影是用地面上的等高线来表示的。假想用一组等间隔的水平面截割地形曲面,得到一组水平截交线,称为等高线。将它们投射到水平投影面(基准面)上,并标出各自的高程值,即得该地形曲面的高程投影图,也称地形图,如图6-12所示。

图 6-11　圆锥面应用实例

图 6-12　地形图的高程投影

地形图具有以下特性。

①其等高线一般是封闭的、不规则的曲线。

②等高线一般不相交(除悬崖、峭壁外)。

③同一地形内,等高线的疏密反映地势的陡缓—等高线越密地势越陡,等高线越稀疏地势越平缓。

④地形图的等高线能反映地形面的地势和地貌情况(如图 6-13 所示典型地貌特征)。

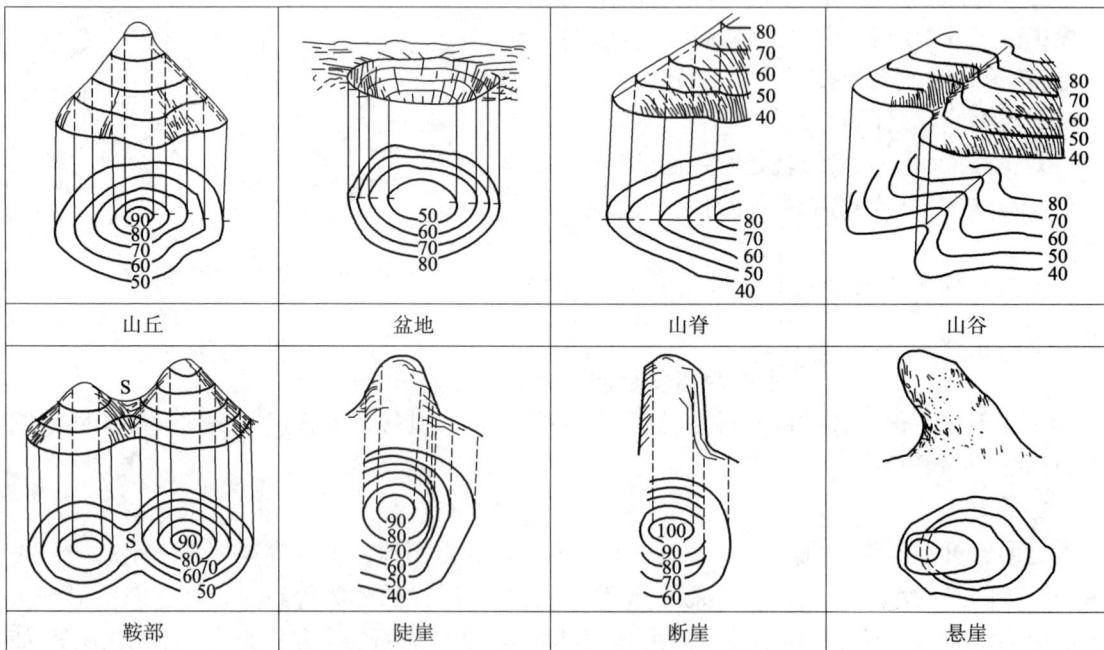

图 6-13　典型地貌在地形图上的特征

单元三　线路平面图识读

一、线路工程图的基础知识

线路工程图主要包括线路平面图和线路纵断面图等。如图 6-14 所示,路基横断面上距外轨半个轨距的铅垂线 AB 与路肩水平线 CD 的交点 O 在纵向上的连线,即为线路中心线。

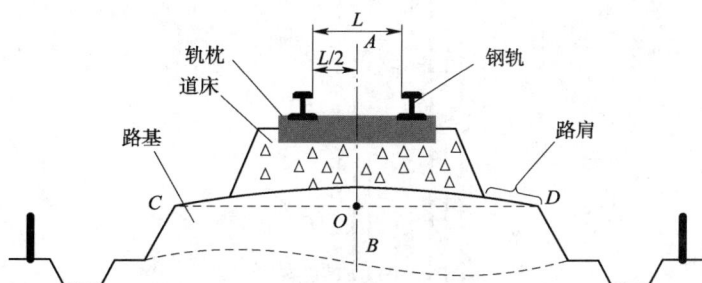

图 6-14　交点 O 所在的纵向连线——线路中心线

线路的空间位置是用线路的中线在水平面及铅垂面上的投影来表示的。线路中心线在水平面上的投影,称为线路的平面图,表示线路平面位置,如图 6-15 所示。线路中心线在铅垂面上的投影,表示线路起伏情况,其高程为路肩高程,即线路的纵断面图,如图 6-16 所示。垂直于线路中心线的横切面称为线路横断面,如图 6-14 所示。由于各种地形、地物和地质条件的限制,线路平面图主要由直线和曲线段组成,线路纵断面图主要由平坡、上坡、下坡和竖曲线组成。

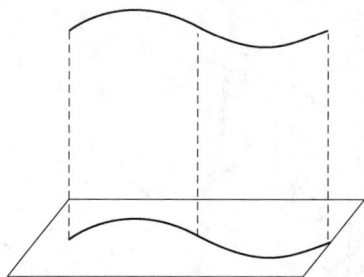

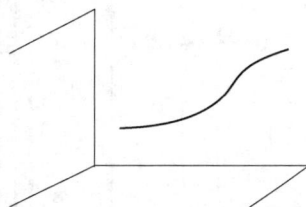

图 6-15　线路平面　　　　　　　　图 6-16　线路纵断面

二、线路平面图及其识读

线路平面图是指在绘有初测导线和坐标网的大比例带状地形图上绘出线路平面并标出有关资料的平面图。

1. 平面图的特点

线路平面图主要用于表示线路的位置、走向、长度、平面线形(直线和左、右弯道曲线)和沿线路两侧一定范围内的地形、地物状况,主要反映线路的曲直变化和走向,如图 6-17 所示。

85

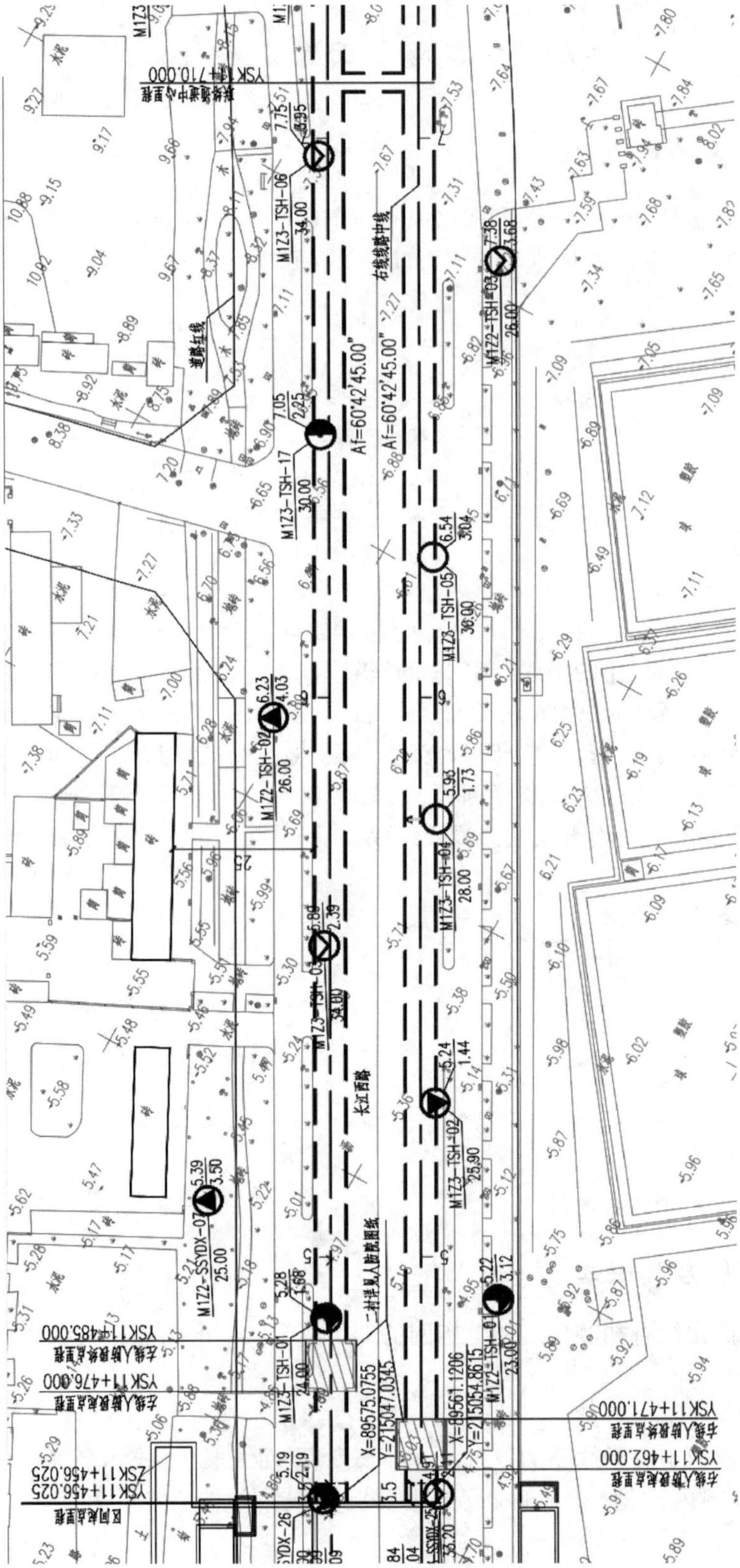

图 6-17　某地铁区间线路平面图

2.平面图的识读

（1）地形部分

线路平面图中的地形部分是线路布线设计的客观依据,应包括以下内容。

①绘图比例。

为了清晰合理地表达图样,不同的地形应采用不同的比例尺。一般在山岭地区采用 1∶2000,在丘陵和平原地区采用 1∶5000。

②指北针和坐标网表示线路所在地区的方位和走向。

图 6-17 采用的坐标网即测量坐标网,是由沿南北和东西方向间距相等的两组平行细实线构成相互垂直的方格网,并将坐标数值标注在网格道线上,字头朝数值增大方向,单位为 m。坐标值表示网线的位置,通过两网线的交点确定点的平面位置。

③地形地貌。

地形的起伏变化状况用等高线来表示。图 6-17 中每两根等高线之间的高差为 2m,每隔四条等高线画出一条粗等高线,称为计曲线,并标有相应的高程数值。等高线越密集,地势越陡峭;等高线越稀疏,地势越平坦。

④地物。

常见的地物有河流、房屋、道路、桥梁、电力线、植被以及供测量用的导线点、水准点等。地物应用统一的图例来表示(表 6-1)。桥梁、隧道、车站等建筑物还要在图中标注其所在位置的中心里程、类型、大小和长度等,如有改移道路、河道时,应将其中线绘出。

线路平面图常用图例　　　　表 6-1

序号	名　称	图　例	序号	名　称		图　例
1	平面高程控制点	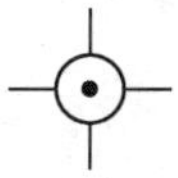	8	大、中桥	既有	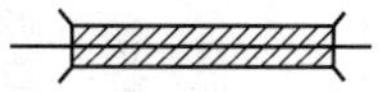
2	铁路水准点				设计	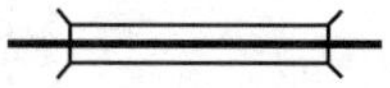
3	导线点		9	小桥	既有	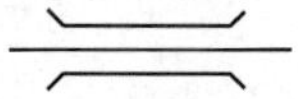
4	河流				 改建	
5	高压电线 低压电线	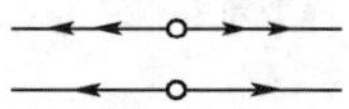	10	隧道	既有	
6	普通房屋				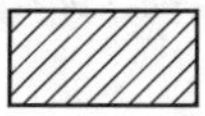 设计	
7	断链标	长链	105.26	11	涵洞	既有	
		短链	89.81			改建	

（2）线路部分

初测导线用细折线表示，线路中心线用粗线画出。该部分内容主要用来表示线路的水平走向、里程及平面要素等。

①线路的走向。

图6-17中线路的走向为西北至东南。

②线路里程及百米标。

为表示线路的总长度及各路段的长度，在线路上从起点到终点每隔1km设千米标一个。千米标里程前的符号初步设计用CK，施工设计用DK，可行性研究用AK。千米标中间整百米处设百米标，数字标注在线路右侧，面向线路起点书写。

③平曲线。

铁路线路在平面图上是由直线段和曲线段组成的，在线路的转折处应设平曲线。如图6-18所示，铁路曲线包括圆曲线和缓和曲线。在曲线段，主要的参数有5个，分别是曲线偏角 $\alpha(°)$、曲线半径 $R(m)$、切线长度 $T(m)$、曲线长度 $L(m)$ 和外距 $E(m)$，这5个要素称为曲线五要素。铁路曲线上，有6个点是控制曲线位置的重要点，分别是两直线段的交点（JD）、第一缓和曲线起点即直缓点（ZH）、第一缓和曲线终点即缓圆点（HY）、圆曲线中点（QZ）、第二缓和曲线起点即圆缓点（YH）和第二缓和曲线终点即缓直点（HZ）。这6个控制点在线路平面图中应当明确标注出来，并标明该点的里程。

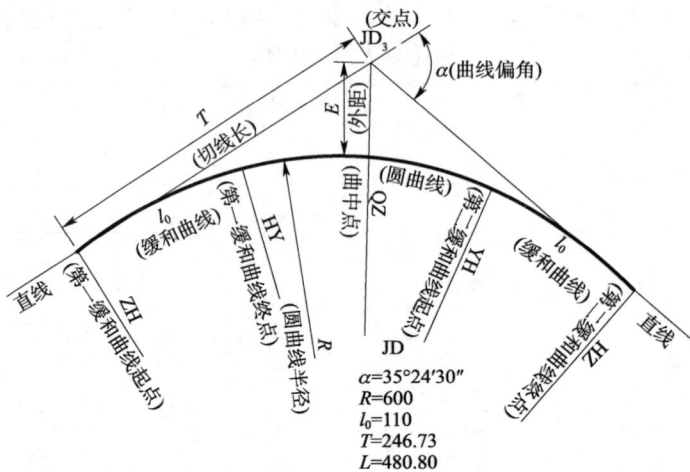

图6-18 平曲线要素

单元四 区间线路纵断面图

铁路线路是根据地形而设计，而地形起伏曲折，变化很大，要画出清晰的线路正立面图是不可能的。因此，以线路纵断面图来代替一般图示中的正立面图。将线路沿中心线剖开，正对着剖切面看过去，把所看到的线路中心线上地面高低变化情况及所设计的坡道、平道，用一定的比例尺把它画在纸上，就是线路纵断面图。

线路纵断面图是全局性的重要施工文件，在图上不但可以看出填挖方的情况，而且对桥涵、隧道、车站等主要工程可做全面的了解。结合图6-19说明线路纵断面图的主要内容。

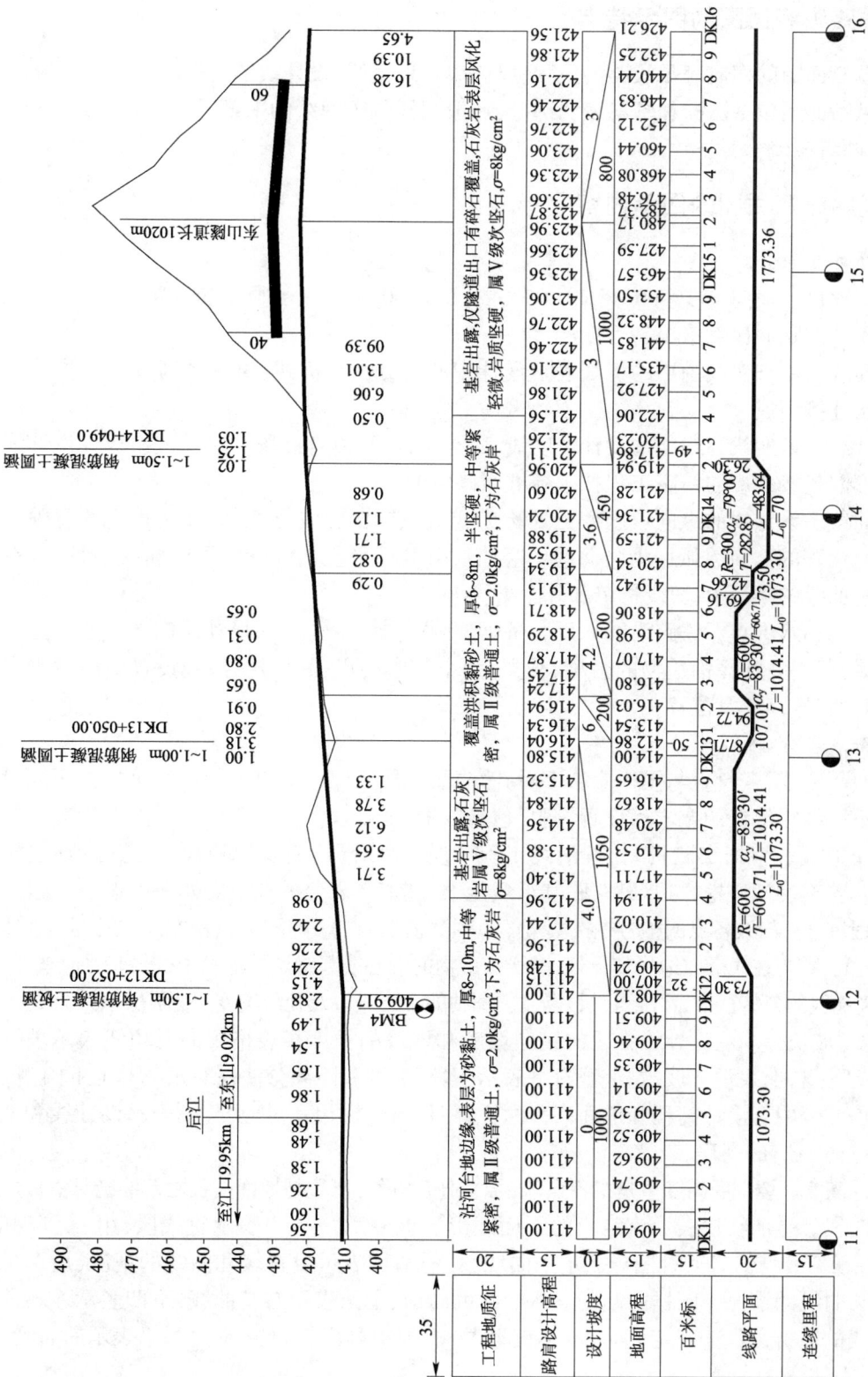

图 6-19　线路纵断面图

一、线路纵断面图的图示特点

线路纵断面图的横向表示线路的里程,纵向表示地面线、设计线的高程。

线路纵断面图包括图样和资料表两部分,一般图样位于图纸的上部,资料表布置在图纸的下部,且两者应严格对正。

二、线路纵断面图的图示内容

1. 图样部分

①绘图比例。横向1:10000、竖向1:500或1:1000为了便于画图和读图,一般应在纵断面图的左侧按竖向比例量出高程标尺。

②地面线。用细实线画出的折线表示设计中心线处的地面线,由一系列的中心桩的地面高程顺次连接而成。

③设计线。粗实线为线路的设计坡度线,简称设计线,由直线段和竖曲线组成。设计线是根据地形起伏按相应的线路工程技术标准而确定的。

④竖曲线。设计线的纵向坡度变更处称为变坡点。在变坡点处,为确保车辆的行驶安全和平顺而设置的竖向圆弧称为竖曲线。竖曲线分为凸形竖曲线和凹形竖曲线两种,并在其上标注竖曲线的半径 R、切线长 T 和外距 E。

⑤构造物和水准点。铁路沿线如设有桥梁、涵洞等构造物,应在设计线的上方或下方用竖直引出线标注,并注释构造物的名称、种类、大小和中心里程桩号。沿线设置的测量水准点应标注其编号、高程及位置。

2. 资料表部分

为了便于阅读,资料表与图样应上下对齐布置,不能错位。资料表的内容可根据不同设计阶段和不同线路等级的要求而设置,通常包括以下内容:

①地质概况。根据实测资料,按沿线工程地质条件分段,简要说明地形、地貌、地层岩性、地质构造、不良地质挖方边坡率、路基承载能力、隧道围岩分类和主要处理措施。

②里程桩号。沿线各点的桩号是按测量的里程数值填入的,单位为m,从左向右排列。在线路整桩号之间,需要在线形或地形变化处、沿线构造物的中心或起终点处加设中桩,即为加桩。一般对于平竖曲线的各特征点,水准点,桥、涵、隧、车站的中心点以及地形突变点,需增设桩号。

③坡度/坡长。标注设计线各段的纵向坡度和该段的长度。表格中的对角线表示坡度方向,左在下至右上表示上坡,左上至右下表示下坡,坡度和距离分注在对角线的上下两侧。

④高程。表中有设计高程和地面高程两栏,高程与图样相互对应,分别表示设计线和地面线上各点(桩号)的高程。

⑤填挖高度。填挖的高度值是指各点(桩号)对应的设计高程与地面高程之差的绝对值。

⑥平曲线。平曲线栏表示该路段的平面线形。该栏用"——"表示直线段;用"⌒"和"⌣"或"└┘"和"┌┐"四种图样表示平曲线段,前两种表示设置缓和曲线的情况,后两种表示只设圆曲线的情况。图样的凸凹表示曲线的转向,上凸表示右转曲线,下凹表示左转曲线。当路线的转折角小于规定值时,可不设平曲线,但须画出转折方向,"∧"表示右转弯,"∨"表示左转弯。

复习思考题

1. 点的高程投影应怎样表示?
2. 直线的高程投影有哪几种表示方法?
3. 线路工程图的平面图和纵断面图分别表示什么内容?
4. 为什么线路纵断面图的横向与竖向采用不同的比例尺?

模块七　桥涵工程图识读

学习指南

　　桥涵工程是轨道交通工程中重要的一部分,本项目主要介绍桥梁和涵洞的基本概念,通过实例对钢筋混凝土结构图、桥梁工程图和涵洞工程图的识读进行了剖析,为识读桥涵工程图奠定基础。

单元一　桥梁概述

一、桥梁的基本组成

　　1. 桥梁的定义

　　根据《铁路桥涵设计规范》(TB 10002—2017)规定,铁路桥梁即铁路跨越天然障碍物或人工设施的架空建筑物。

　　2. 桥梁的基本组成

　　桥梁一般由五大部件和五小部件组成。五大部件是指桥梁承受车辆运输荷载的桥跨上部结构与下部结构,是桥梁结构安全的保证,五大部分包括:桥跨结构上部结构、支座系统、桥墩、桥台、墩台基础,五小部件是指直接与桥梁服务功能有关的部件(桥面构造),包括桥面铺装、防排水系统、栏杆、伸缩缝、灯光照明,如图7-1、图7-2所示。

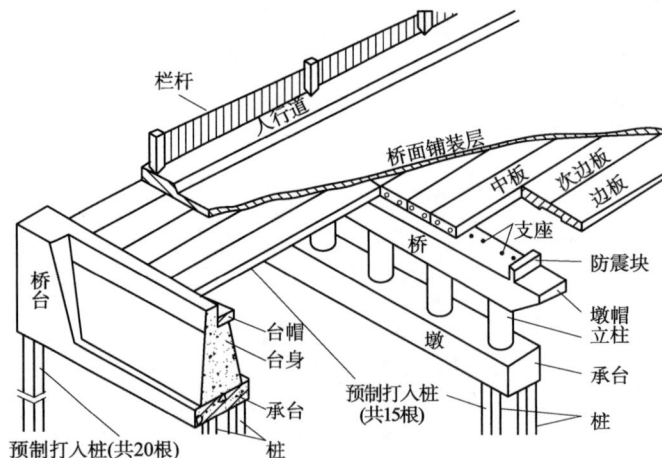

图 7-1　桥梁各组成部分示意图

　　①桥跨结构。在线路中断时跨越障碍的主要承载结构,也叫上部结构。

　　②桥墩和桥台通称墩台。支承桥跨结构并将恒载和车辆等活载传至地基的构筑物,也称下部结构。设置在桥两端的称为桥台,它除了上述作用外,还与路堤相衔接,抵御路堤土

压力;防止路堤填土的滑坡和塌落。桥墩和桥台中使全部荷载传至地基的部分,通常称为基础。

③支座。在桥跨结构与桥墩或桥台的支承处所设置的传力装置。它不仅要传递很大的荷载,并且还要保证桥跨结构能产生一定的变位。

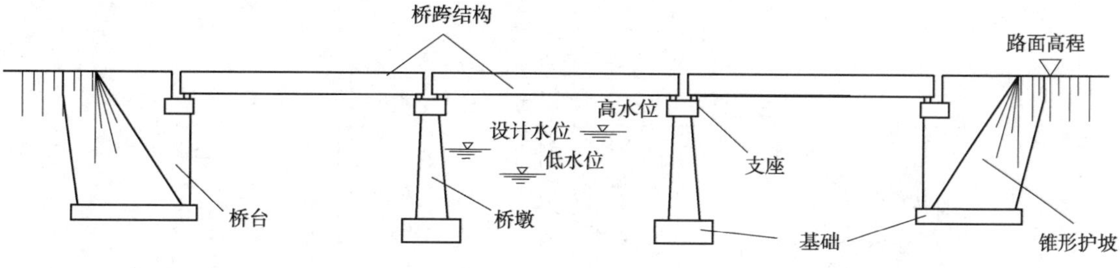

图 7-2　桥梁的基本组成

3. 相关常用术语

①净跨径:相邻两个桥墩或桥台之间的净距。对于拱式桥是每孔拱跨两个拱脚截面最低点之间的水平距离。

②总跨径:多孔桥梁中各孔净跨径的总和,也称桥梁孔径。

③计算跨径:对于具有支座的桥梁,是指桥跨结构相邻两个支座中心之间的距离;对于拱式桥,是指两相邻拱脚截面形心点之间的水平距离,即拱轴线两端点之间的水平距离。

④拱轴线:拱圈各截面形心点的连线。

⑤桥梁全长:是桥梁两端两个桥台的侧墙或八字墙后端点之间的距离,简称桥长。

⑥桥梁高度:指桥面与低水位之间的高差,或指桥面与桥下线路路面之间的距离,简称桥高。

⑦桥下净空高度:设计洪水位、计算通航水位或桥下线路路面至桥跨结构最下缘之间的距离。

⑧矢跨比:计算矢高与计算跨径之比,也称拱矢度,它是反映拱桥受力特性的一个重要指标。

⑨涵洞:用来宣泄路堤下水流的构造物。

二、桥梁的分类

桥梁分类的方式很多,通常从受力特点、建造材料、适用跨度、施工条件等方面来划分。

1. 按受力特点分

结构工程上的受力构件,总离不开拉、压、弯三种基本受力方式,由基本构件组成的各种结构物。在力学上也可归结为梁式、拱式、悬吊式三种基本体系以及它们之间的各种组合。

(1)梁式桥

梁式桥是一种在竖向荷载作用下无水平反力的结构。由于外力(恒载和活载)的作用方向与承重结构的轴线接近垂直,故与同样路径的其他结构体系相比,梁内产生的弯矩最大,通常需用抗弯能力强的材料(钢、木、钢筋混凝土、预应力混凝土等)来建造。

（2）拱式桥

拱式桥（图7-3）的主要承重结构是拱圈或拱肋。这种结构在竖向荷载作用下，桥墩或桥台将承受水平推力，同时这种水平推力将显著抵消荷载所引起的在拱圈或拱肋内的弯矩作用。拱桥的承重结构以受压为主，通常用抗压能力强的圬工材料（砖、石、混凝土）和钢筋混凝土等来建造。

图7-3　拱式桥

（3）刚架桥

刚架桥（图7-4）的主要承重结构是梁或板和立柱或竖墙整体结合在一起的刚架。梁和柱的连接处具有很大的刚性，在竖向荷载作用下，梁部主要受弯，而在柱脚处也具有水平反力，其受力状态介于梁桥和拱桥之间。同样的跨径在相同荷载作用下，刚架桥的正弯矩比梁式桥要小，刚架桥的建筑高度就可以降低。但刚架桥施工比较困难，用普通钢筋混凝土修建，梁柱刚结处易产生裂缝。

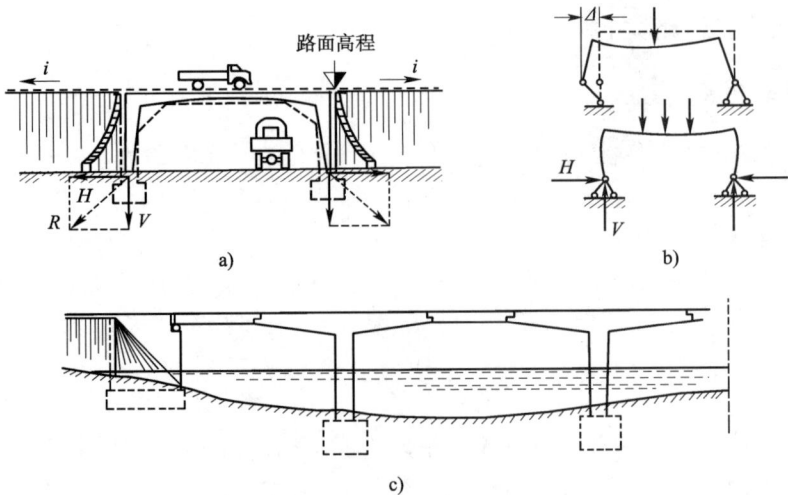

图7-4　刚架桥

（4）悬索桥

悬索桥(图 7-5)以悬索为主要承重结构,结构自重较轻,构造简单,受力明确,能以较小的建筑高度经济合理地修建大跨度桥。由于这种桥的结构自重轻,刚度差,在车辆动荷载和风荷载作用下有较大的变形和振动。

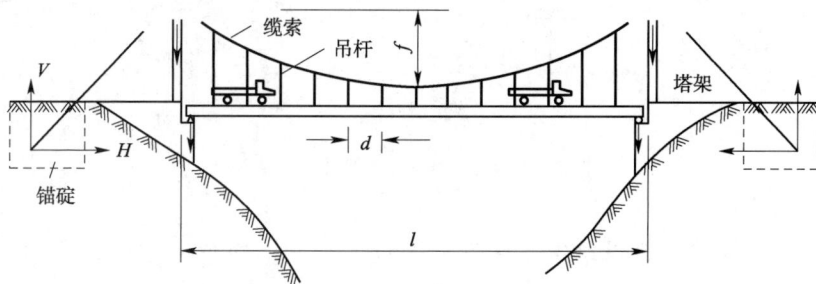

图 7-5　悬索桥

（5）组合体系桥

组合体系桥由几个不同体系的结构组合而成,最常见的为连续刚构,梁、共组合等。斜拉桥也是组合体系桥的一种。

2. 其他分类方式

①按用途划分,有公路桥、铁路桥、公铁两用桥、农用桥、人行桥、运水桥(渡槽)及其他专用桥梁(如通过管路、电缆等)。

②按桥梁全长和跨径的不同分,有特大桥、大桥、中桥、小桥。

③按主要承重结构所用的材料来分,有圬工桥、钢筋混凝土桥、预应力混凝土桥、钢桥、钢混凝土结合梁桥和木桥等。

④按跨越障碍的性质来分,有跨河桥、跨线桥(立体交叉桥)、高架桥和栈桥。

⑤按上部结构的行车道位置来分,有上承式桥(桥面结构布置在主要承重结构之上)、下承式桥、中承式桥。

单元二　钢筋混凝土结构识读

一、钢筋混凝土结构的基本知识

1. 钢筋混凝土构件

混凝土是由水泥、砂子、石子和水按一定的比例,经浇筑、振捣、养护硬化后形成的一种人造材料。混凝土的抗压强度较高,而抗拉强度很低,因此受拉容易产生裂缝甚至断裂,如图 7-6a)所示。但混凝土的可塑性强,容易制成各种类型的构件。为了提高混凝土构件的抗拉能力,往往在混凝土构件的受拉区域内加入一定数量的钢筋,使之与混凝土黏结成一个整体共同承受外力,这种配有钢筋的混凝土称为钢筋混凝土,如图 7-6b)所示。由钢筋混凝土制成的构件如(梁、板、柱)称为钢筋混凝土构件。

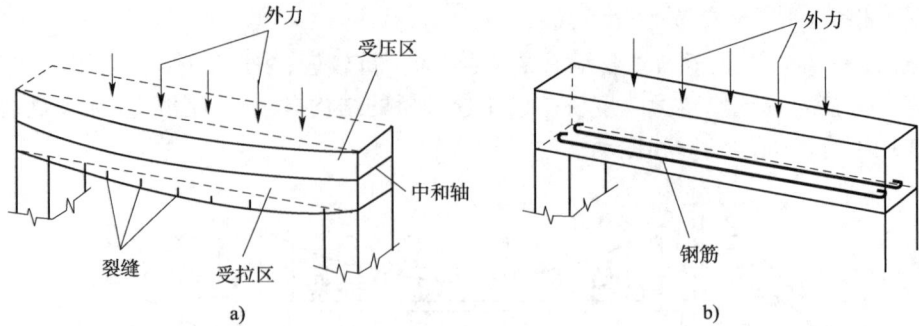

图 7-6　钢筋混凝土简支梁受力示意图

2. 钢筋混凝土受力特性

钢筋混凝土是由钢筋和混凝土这两种力学性能不同的材料结合成整体,共同承受作用的一种建筑材料。

混凝土是一种人造石料,其抗压强度很高,而抗拉强度很低(约为抗压强度的 $1/18 \sim 1/8$)。采用素混凝土做成的构件,例如素混凝土梁,当它承受竖向作用时,在梁的垂直截面(正截面)上将产生弯矩,中性轴以上受压,以下受拉。当作用达到某一数值 P 时,梁的受拉区边缘混凝土的拉应变达到极限拉应变,即出现竖向弯曲裂缝,这时,裂缝截面处的受拉区混凝土退出工作,该截面处的受压区高度减小,即使作用不增加,竖向弯曲裂缝也会急速向上发展,导致梁骤然断裂。这种破坏是很突然的,也就是说,当作用达到 P 的瞬间,梁立即发生破坏。P 为素混凝土梁受拉区出现裂缝时的作用(荷载),一般称为素混凝土梁的抗裂荷载,也是素混凝土梁的破坏荷载。由此可见,素混凝土梁的承载能力是由混凝土的抗拉强度控制的,而受压区混凝土的抗压强度远未被充分利用。在制造混凝土梁时,倘若在梁的受拉区配置适量的抗拉强度高的纵向钢筋,就构成钢筋混凝土梁。试验表明,和素混凝土梁有相同截面尺寸的钢筋混凝土梁承受竖向作用时,作用略大于 P 时梁的受拉区仍会出现裂缝。在出现裂缝的截面处,受拉区混凝土虽退出工作,但配置在受拉区的钢筋几乎承担了全部的拉力。这时,钢筋混凝土梁不会像素混凝土梁那样立即断裂,仍能继续工作,直至受拉钢筋的应力达到屈服强度,继而受压区的混凝土也被压碎,梁才被破坏。因此,钢筋混凝土梁中混凝土的抗压强度和钢筋的抗拉强度都能得到充分的利用,承载能力较素混凝土梁提高很多。

混凝土的抗压强度高,常用于受压构件。若在构件中配置抗压强度高的钢筋来构成钢筋混凝土受压构件,试验表明,和素混凝土受压构件截面尺寸及长细比相同的钢筋混凝土受压构件,不仅承载能力大为提高,而且受力性能得到改善。在这种情况下,钢筋主要是协助混凝土来共同承受压力。

综上所述,根据构件受力状况配置钢筋构成钢筋混凝土构件后,可以充分发挥钢筋和混凝土各自的材料力学特性,把它们有机地结合在一起共同工作,提高了构件的承载能力,改善了构件的受力性能。钢筋用来代替混凝土受拉(受拉区混凝土出现裂缝后)或协助混凝土受压。

钢筋和混凝土这两种受力力学性能不同的材料之所以能有效地结合在一起共同工作,主要机理是:

①混凝土和钢筋之间有良好的黏结力,使两者能可靠地结合成一个整体,在荷载作用下能够很好地共同变形,完成其结构功能。

②钢筋和混凝土的温度线膨胀系数也较为接近(钢筋为$1.2 \times 10^{-5}/℃$,混凝土为$1.0 \times 10^{-5}/℃ \sim 1.5 \times 10^{-5}/℃$),因此,当温度变化时,不致产生较大的温度应力面破坏两者之间的黏结。

③混凝土包裹在钢筋的外围,可以防止钢筋的锈蚀,保证了钢筋与混凝土的共同工作。

二、钢筋的基本知识

1.钢筋的分类

钢筋的分类和作用钢筋按其在整个构件中所起的作用不同,可分为下列几种。

①受力钢筋(主筋)。用来承受拉力或压力的钢筋,用于梁、板、柱等各种钢筋混凝土构件。

②箍筋(钢箍)。用以固定受力钢筋的位置,并承受一部分剪力或扭力。

③架立钢筋。一般用于钢筋混凝土梁中,用来固定箍筋的位置,并与梁内的受力筋、箍筋一起构成钢筋骨架。

④分布钢筋。一般用于钢筋混凝土板或高梁结构中,用以固定受力钢筋的位置,使荷载分布给受力钢筋,并防止混凝土收缩和温度变化出现的裂缝。

⑤构造筋。因构件的构造要求和施工安装需要配置的钢筋,如箍筋、预埋锚固筋、吊环等,如图7-7、图7-8所示。

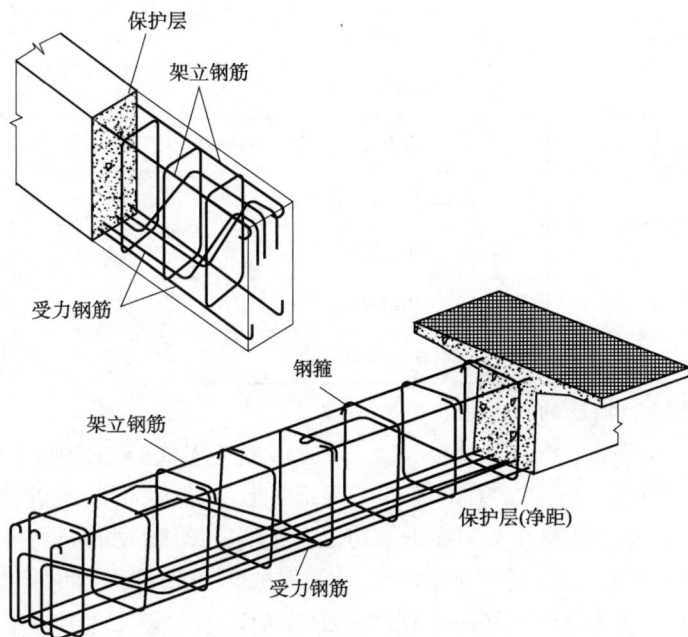

图 7-7　钢筋混凝土梁配筋示意图

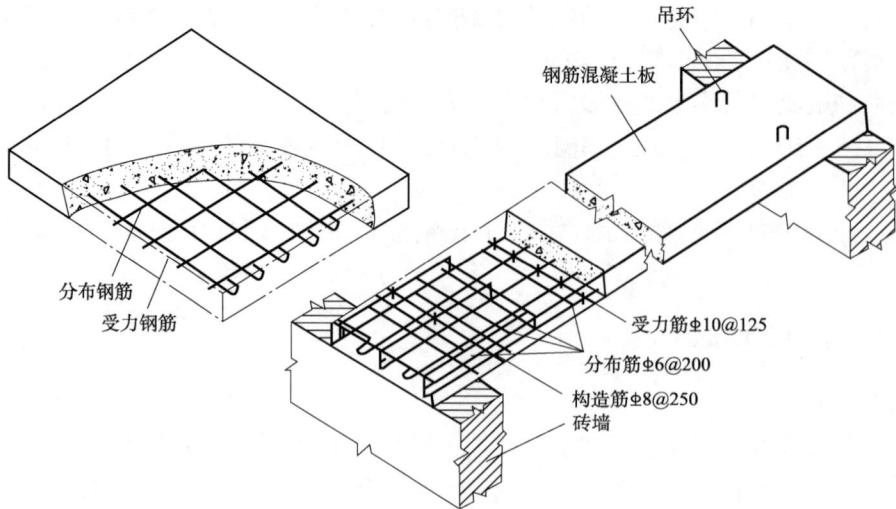

图 7-8　钢筋混凝土板配筋示意图

2. 钢筋的级别和符号

《钢筋混凝土用钢》(GB 1499)中,常用钢筋按照屈服强度特征值和品种不同分类见表 7-1。

钢筋的级别和符号　　　　　　　　　　　　表 7-1

种　类	牌号(原级别)	符　号	代　号
热轧光圆钢筋	HPB235(Ⅰ级)	Φ	2
普通热轧带肋钢筋	HRB335(Ⅱ级)	Φ	3
	HRB400(Ⅲ级)	Φ	4
	HRB500(Ⅳ级)	Φ	5
余热处理钢筋	RRB400	Φ^R	—
钢绞线	1×2;1×3;1×7 等	Φ^S	—
细晶粒热轧钢筋	HRBF335	Φ^F	C3
	HRBF400	Φ^F	C4
	HRBF500	Φ^F	C5

3. 混凝土的等级和钢筋的保护层

混凝土按其抗压强度分为不同的等级,普通混凝土分 C15、C20、C25、C30、C35、C40、C45、C50、C55、C60、C65、C70、C75、C80 十四个等级。数字越大,混凝土的抗压强度越高。

为了保护钢筋,防止钢筋锈蚀及加强钢筋与混凝土的黏结力,钢筋必须全部包在混凝土中,因此钢筋边缘至混凝土表面应保持一定的厚度,称为保护层,此厚度称为净距,如图 7-9 所示。

普通钢筋及预应力直线形钢筋最小保护层厚度(钢筋外缘或管道外缘至混凝土表面的距离),后张法构件预应力直线形钢筋最小保护层厚度不应小于其管道直径的 1/2,见表 7-2。

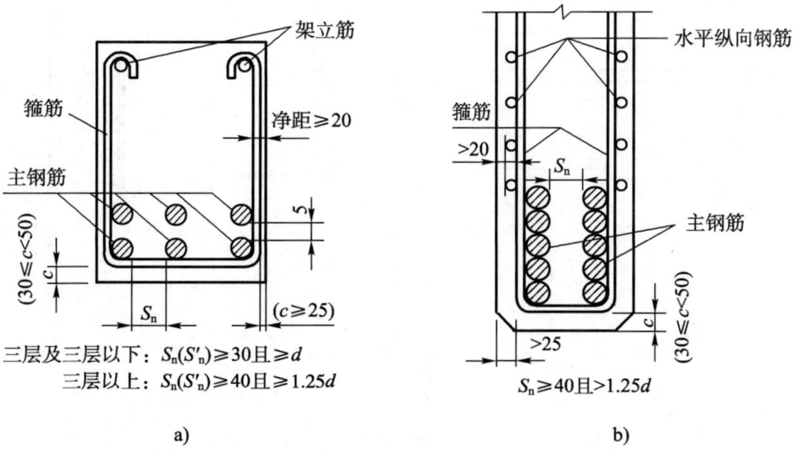

a)   b)

图 7-9 梁内钢筋净距(尺寸单位:mm)

普通钢筋及预应力直线形钢筋最小保护层厚度(mm)   表 7-2

序号	构 件 类 型		环 境 条 件		
			I	II	III、IV
1	基础、桩基承台	基坑底面有垫层或侧面模板(受力主筋)	40	50	60
		基坑底面无垫层或侧面模板(受力主筋)	60	75	85
2	墩台身、挡土结构、涵洞、梁、板、拱圈、拱上建筑(受力主筋)		30	40	45
3	人行道构件、栏杆(受力主筋)		20	25	30
4	箍筋		20	25	30
5	缘石、中央分隔带、护栏等国道构件		30	40	45
6	收缩、温度、分布、防裂等表层钢筋		15	20	25

注:环境条件中,I-温暖或寒冷地区的大气环境与无侵蚀性的水或土接触的环境;II-严寒地区的大气环境、使用除冰盐环境、滨海环境;III-海水环境;IV-受侵蚀性物质影响的环境。

当受拉区主筋的混凝土保护层厚度大于 50mm 时,应在保护层内设置直径不小于 6mm、间距不大于 100mm 的钢筋网。

4. 钢筋的弯钩和弯起

对于光圆外形的受力钢筋,为了增加它与混凝土的黏结力,在钢筋的端部做成弯钩,弯钩的形式有半圆、直弯钩和斜弯钩三种,如图 7-10 所示。加工时,其断料长度要比钢筋平直段端点长出一段,这段长度即为钢筋弯钩的增长值。一般为 $6.25d$、$4.9d$ 或 $3.5d$(d 为钢筋直径)。

受力钢筋中有一部分需要在梁内向上弯起称为钢筋的弯起,如图 7-11 所示。弯起时弧长比两切线之和短些,其计算长度应减去折减数值。

为了简化计算,钢筋弯钩的增长数值和弯起的折减数值均编有表格备查,如表 7-3、表 7-4 所示。

a)钢筋弯钩的画法

b)半圆形弯钩   c)斜弯钩   d)直角形弯钩

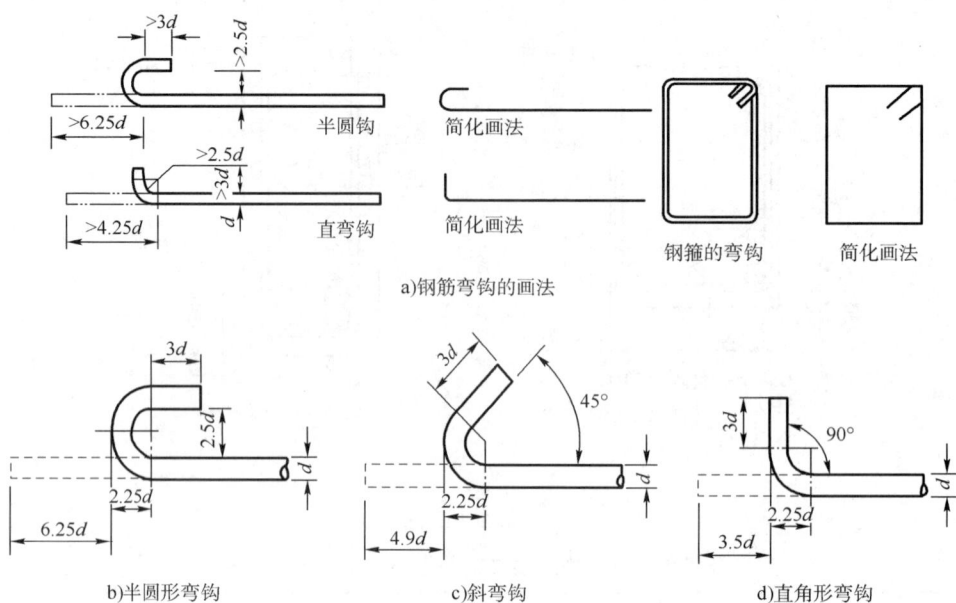

图 7-10   钢筋的弯钩

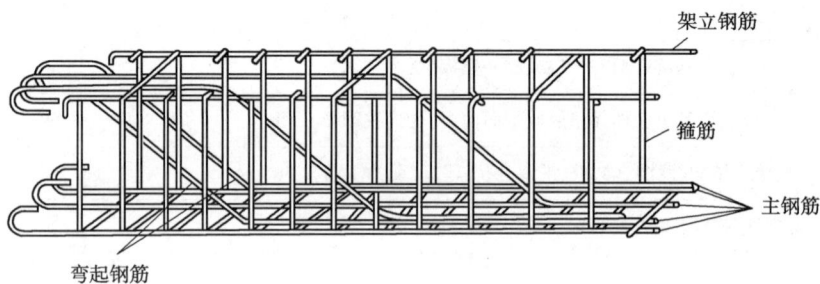

图 7-11   钢筋的弯起

光圆钢筋弯钩增长数值(单位:mm)   表 7-3

钢筋直径 d	180°弯钩	135°弯钩	90°弯钩
6	38	29	21
8	50	39	28
10	63	49	35
12	75	59	42
14	88	68	49
16	100	78	56
18	113	88	63
19	119	93	67
20	125	98	70
22	138	107	77
24	150	117	84

光圆钢筋弯转长度折减数值(单位:mm)　　　表7-4

钢筋直径 d	45°弯起	90°弯转
6	3	6
8	3	9
10	4	11
12	5	13
14	6	15
16	7	17
18	8	19
19	8	20
20	9	21
22	9	24
24	10	26

如图 7-12 所示,4 号 3ϕ22 钢筋长度为 728 + 65 × 2,查表 2-3 得弯钩增长长度为 138mm,90°弯转长度为 24mm,728 + 65 × 2 + 2 × (13.8 - 2.4) = 880.8 ≈ 881mm。

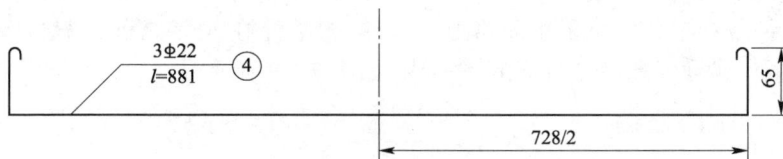

图 7-12　钢筋长度的计算

三、钢筋混凝土结构图识读

1.钢筋混凝土结构图的内容

钢筋混凝土结构图包括两类图样:一类称为构件构造图(或模板图),即对于钢筋混凝土结构,只画出构件的形状和大小,不表示内部钢筋的布置情况。另一类称为钢筋结构图,即主要表示构件内部钢筋的布置情况,也称为钢筋构造图或钢筋布置图,简称钢筋图。

2.钢筋结构图的特点

(1)钢筋结构图的图示特点

①将混凝土当作透明体,使其内部的钢筋清晰可见。

②当钢筋间距和净距太小时,若严格按比例画图,则线条会重叠不清,这时可适当夸大绘制,以清楚为度。在立面图中遇到钢筋重叠时,亦要放宽尺寸使图面清晰。

③钢筋结构图,不一定将三个投影图都画出来,而是根据需要来决定。例如画钢筋混凝土梁的钢筋图,一般不画平面图,只用立面图和断面图来表示。

(2)钢筋的编号和尺寸标注格式

在钢筋结构图中为了区分各种类型和不同直径、不同长度、不同形状的钢筋,要求对各种钢筋加以编号,并标注其数量、直径、长度和间距等,编号用阿拉伯数字表示,如图 7-13 所示。

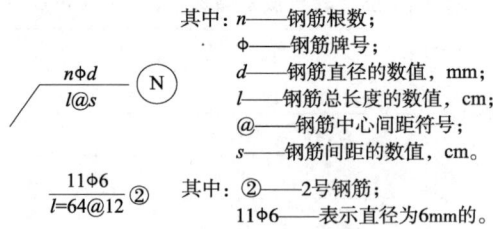

其中：n——钢筋根数；
ϕ——钢筋牌号；
d——钢筋直径的数值，mm；
l——钢筋总长度的数值，cm；
@——钢筋中心间距符号；
s——钢筋间距的数值，cm。

$$\frac{11\phi6}{l=64@12}②$$

其中：②——2号钢筋；
$11\phi6$——表示直径为6mm的。

图7-13 钢筋编号和尺寸标注

对钢筋编号时,宜先编主、次部位的主筋,后编主、次部位的构造筋。在桥梁构件中,钢筋编号及尺寸标注的一般格式如下：

①编号 N 标注在引出线右侧的细实线圆圈内,圆圈的直径为 4 ~ 8mm,格式如下：HPB300 钢筋(Ⅰ级筋)共 2 根,"$l=64$"表示每根钢筋的断料长度为 64cm,"@ 12"表示钢筋轴线之间的距离为 12cm。即表示直径为 6mm 的 HPB300 钢筋共 2 根,每根钢筋的断料长度为 64cm,钢筋轴线之间的距离为 12cm。

②尺寸单位。在路桥工程图中,钢筋直径的尺寸单位采用 mm,其余尺寸单位均采用 cm,图中无须注出单位。

③钢筋的编号和根数也可采用简略形式标注,根数注在 N 字之前,编号注在 N 字之后。在钢筋断面图中,编号可标注在对应的方格内,如图 7-14 所示。

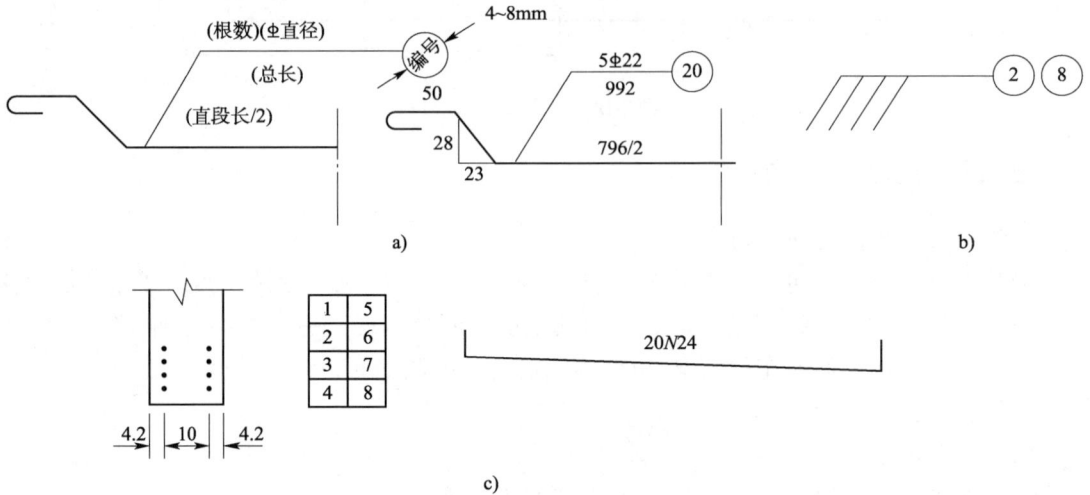

图7-14 钢筋编号的标注

(3)钢筋成型图

在钢筋结构图中,为了能充分表明钢筋的形状以便于断料和加工,还必须画出每种钢筋加工成型图(钢筋详图),图上应注明钢筋的符号、直径、根数、弯曲尺寸和断料长度等。有时为了节省图幅,可把钢筋成型图画成示意略图放在钢筋数量表内。

(4)钢筋数量表

在钢筋结构图中,还附有钢筋数量表,其内容包括钢筋的编号、直径、每根长度、根数、总长及质量等,必要时可加画略图,如表 7-5 所示。

钢筋混凝土梁钢筋数量表　　　　　表7-5

编号	钢号和直径(mm)	长度(m)	根　数	总长(m)	每米质量(kg/m)	总重(kg)
1	Φ22	528	1	5.28	2.984	15.76
2	Φ22	708	2	14.16	2.984	42.25
3	Φ22	892	2	17.84	2.984	53.23
4	Φ22	881	3	26.43	2.984	78.87
5	Φ12	745	2	14.90	0.888	13.23
6	Φ6	198	24	47.52	0.222	10.55
总计						213.89
绑扎用铅丝0.5%						1.07

读者练习识读图7-15所示钢筋混凝土配筋图。

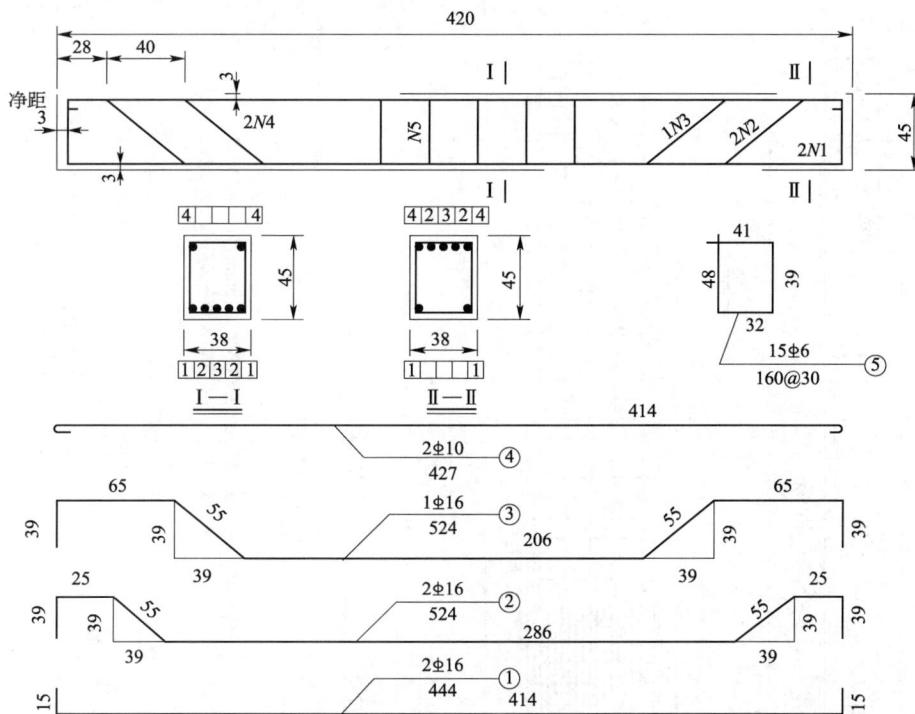

图7-15　钢筋混凝土配筋图

3. 钢筋混凝土结构图的识读

钢筋结构图在识读时,应该将各个图形与钢筋成型图和钢筋数量表结合起来。

(1)空心板钢筋结构图识读

图7-16、图7-17为桥梁用的空心板中板、边板钢筋结构图。读者练习识读,并分析边板与中板的不同之处。

(2)桥墩墩帽及挡块钢筋结构图识读

图7-18为该桥桥墩墩帽的钢筋结构图,包括立面图、平面图、钢筋成型图、钢筋数量表等内容。

(3)桥台、桥墩承台钢筋结构图识读

图7-19为桥台承台结构图。

图7-20为桥墩承台钢筋结构图,请读者分析其与桥台承台钢筋结构图的不同之处。

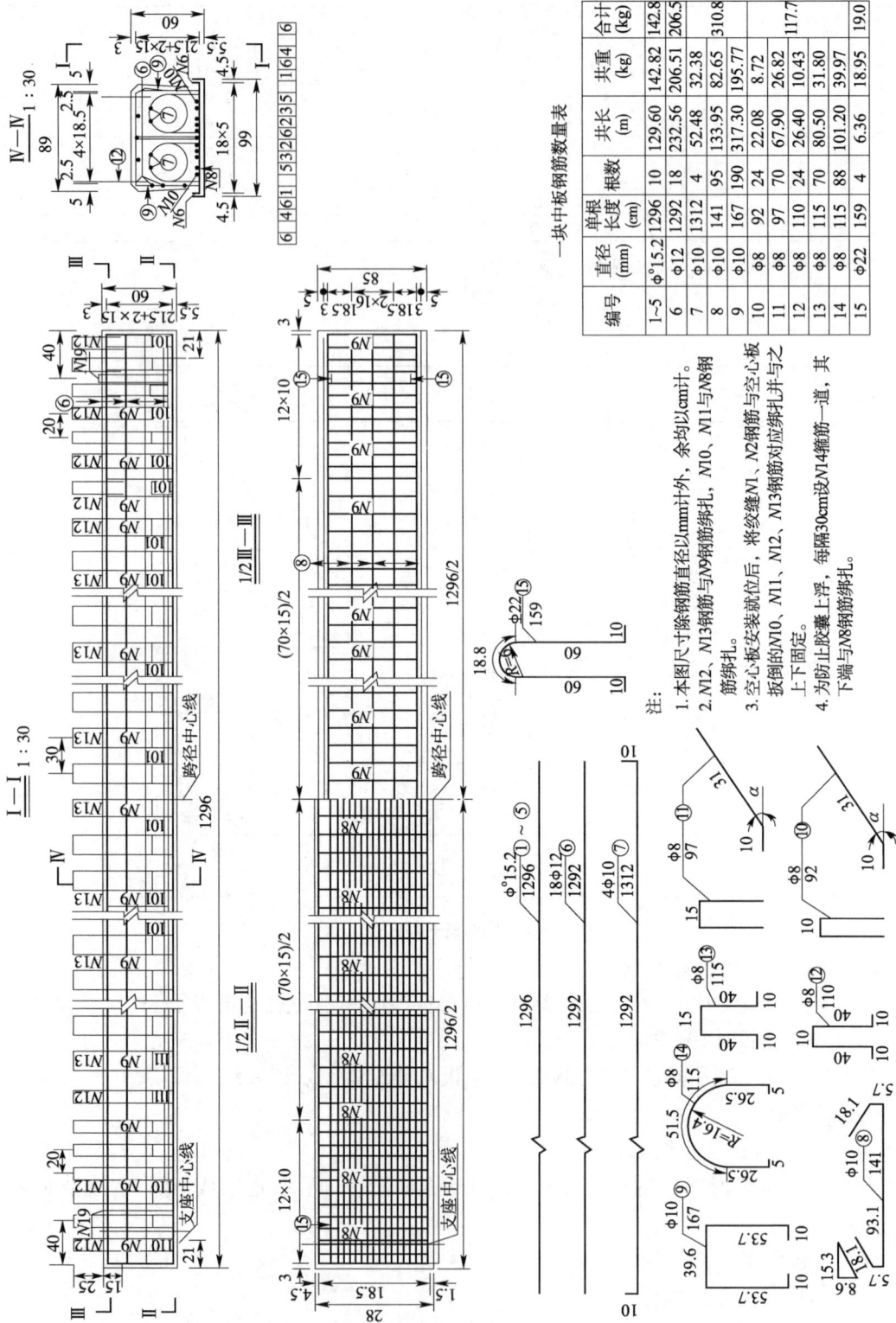

一块中板钢筋数量表

编号	直径 (mm)	单根 长度(cm)	根数	共长 (m)	共重 (kg)	合计 (kg)
1~5	Φ°15.2	1296	10	129.60	142.82	142.8
6	Φ12	1292	18	232.56	206.51	206.5
7	Φ10	1312	4	52.48	32.38	
8	Φ10	141	95	133.95	82.65	310.8
9	Φ10	167	190	317.30	195.77	
10	Φ8	92	24	22.08	8.72	
11	Φ8	97	70	67.90	26.82	
12	Φ8	110	24	26.40	10.43	117.7
13	Φ8	115	70	80.50	31.80	
14	Φ8	115	88	101.20	39.97	
15	Φ22	159	4	6.36	18.95	19.0

注:
1. 本图尺寸除钢筋直径以mm计外,余均以cm计。
2. N12、N13钢筋与N9钢筋绑扎,N10、N11与N8钢筋绑扎。
3. 空心板安装就位后,将纵缝N1、N2钢筋与空心板板侧的N10、N11、N12、N13钢筋对应绑扎并与之上下固定。
4. 为防止胶囊上浮,每隔30cm设N14箍筋一道,其下端与N8钢筋绑扎。

图7-16 中板钢筋结构图

一块边板钢筋数量表

编号	直径(mm)	单根长度(cm)	根数	共长(m)	共重(kg)	合计(kg)
1~6	φ*15.2	1296	11	142.56	157.10	157.1
7	φ12	1292	24	310.08	275.35	275.4
8	φ10	1312	4	52.48	32.38	
9	φ10	181	95	171.95	106.09	277.4
10	φ10	237	95	225.15	138.92	
11	φ8	65	95	61.75	24.39	
12	φ8	92	12	11.04	4.36	
13	φ8	97	35	33.95	13.41	
14	φ8	110	12	13.20	5.21	102.5
15	φ8	115	35	40.25	15.9	
18	φ8	114	88	100.32	39.63	
19	φ22	159	4	6.36	18.95	19.0

注:
1. 本图尺寸除钢筋直径以mm计外, 余均以cm计。
2. N12、N13、N14、N15钢筋与N10钢筋绑扎。
3. 空心板安装就位后, 将纵缝N1、N2钢筋与空心板钢筋绑扎。N12、N13、N14、N15钢筋扎固定并与相邻板固定钢筋绑扎。
4. 为防止胶囊上浮, 每隔30cm设N18箍筋一道其下端与N9钢筋绑扎。

图7-17　边板钢筋结构图

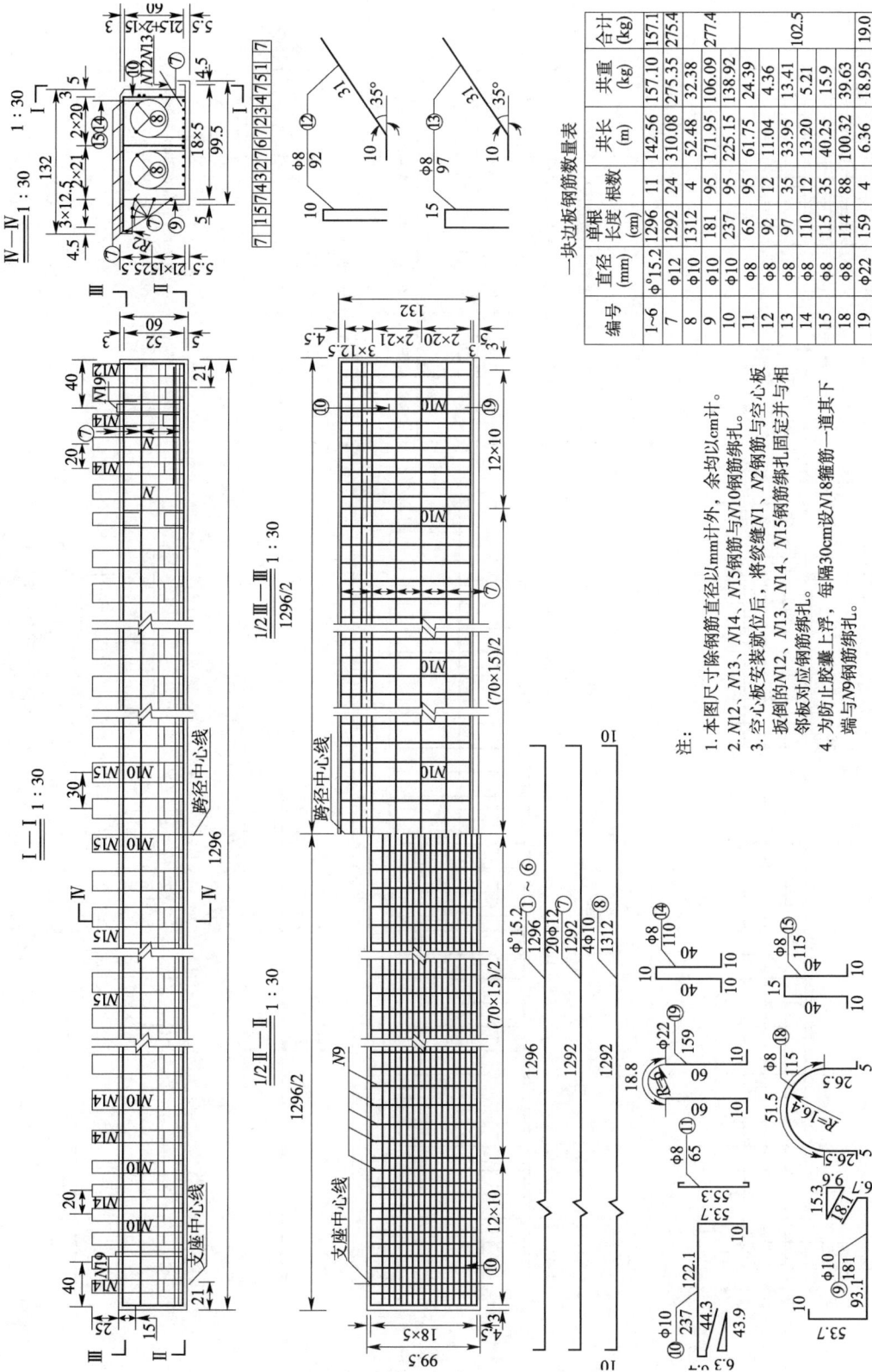

一座桥墩帽材料数量表

编号	直径 (mm)	单根长度 (cm)	根数	共长 (m)	共重 (kg)	合计 (kg)
1	Φ12	65	24	15.60	13.85	13.9
2	Φ8	1362	10	136.20	53.80	171.9
3	Φ8	1338	2	26.76	10.57	
4	Φ8	190	6	11.40	4.50	
5	Φ8	160	2	3.20	1.26	
6	Φ8	293	4	11.72	4.63	
7	Φ8	372	64	238.08	94.04	
8	Φ8	99	8	7.92	3.13	
C30混凝土 (m³)					12.2	

注: 1. 图中尺寸除钢筋直径以mm计, 余均以cm为单位。
2. 混凝土数量包括墩帽12.0m³, 挡块0.2m³。

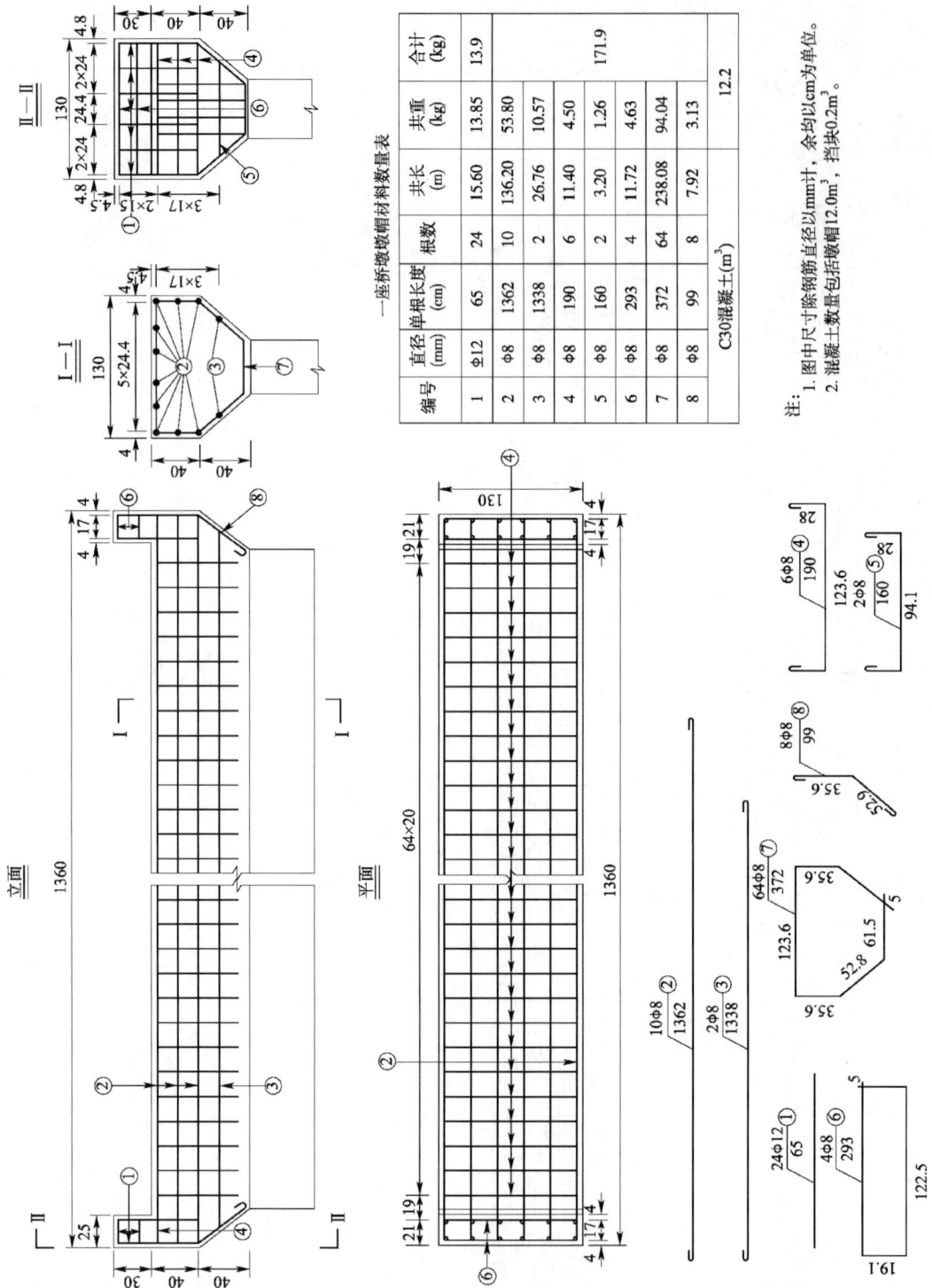

图 7-18 桥墩帽及挡块钢筋结构图

立面

平面

I—I

II—II

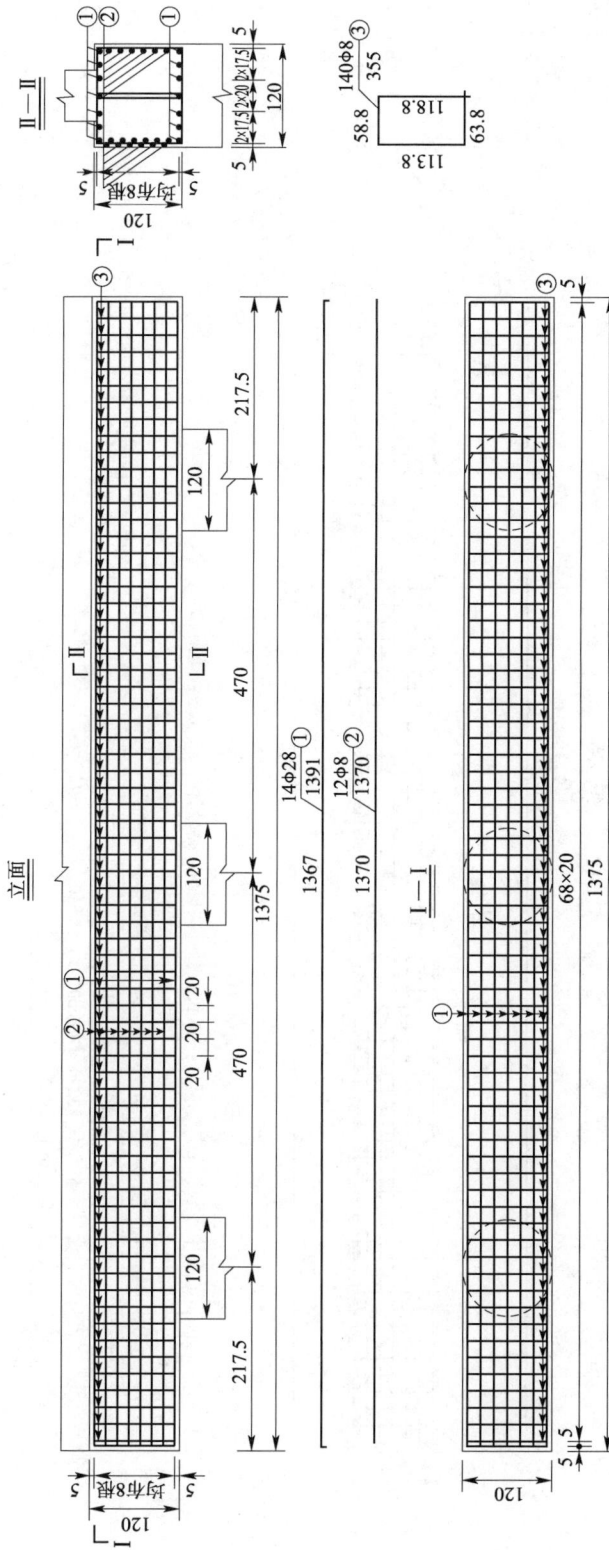

编号	直径 (mm)	单根长度 (cm)	根数	共长 (m)	共重 (kg)	合计 (kg)
1	Φ28	1391	14	194.74	940.59	940.6
2	Φ8	1370	12	164.40	64.94	261.3
3	Φ8	355	140	497.00	196.32	
C30混凝土(m³)					19.80	

一座桥台承台材料数量表

图 7-19　桥台承台钢筋结构图

注：
1. 图中尺寸除钢筋直径以mm计，余均以cm为单位。
2. 注意预埋台身钢筋。

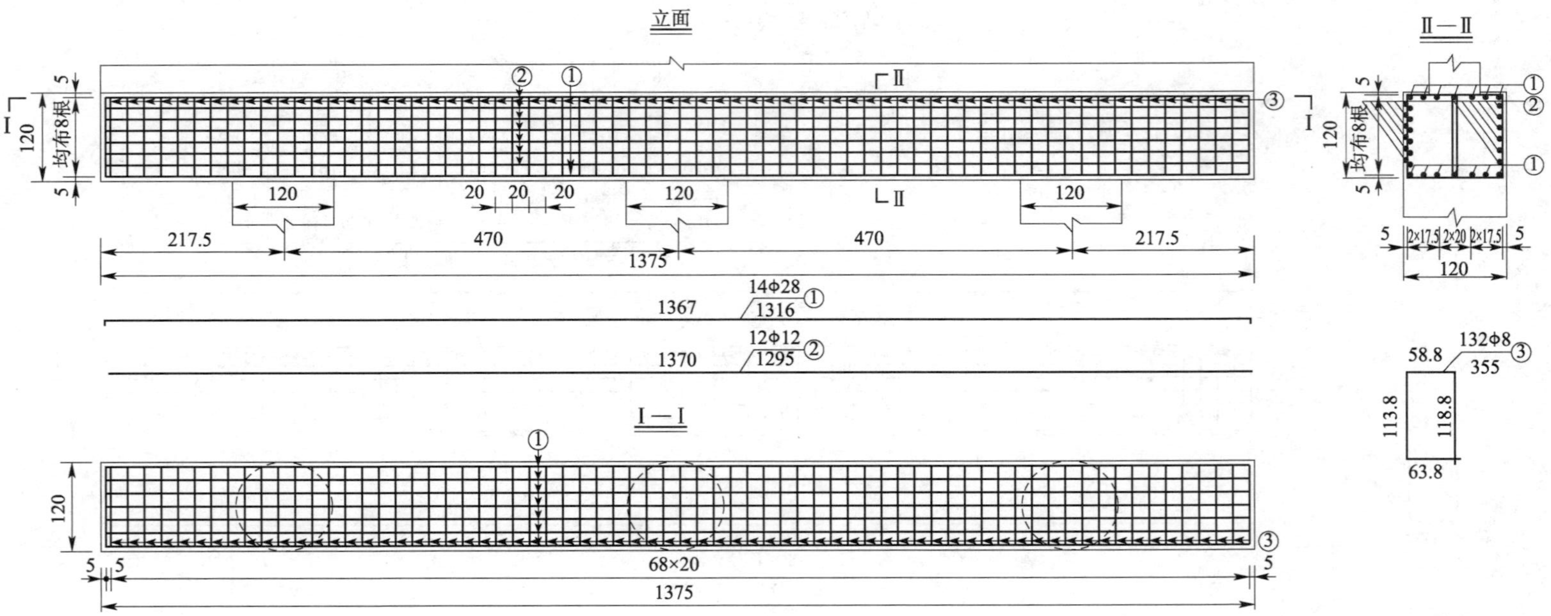

一座桥墩承台材料数量表

编号	直径(mm)	单根长度(cm)	根数	共长(m)	共重(kg)	合计(kg)
1	Φ28	1316	14	184.24	889.88	889.9
2	Φ12	1295	12	155.40	138.00	138.0
3	Φ8	355	132	468.60	185.10	185.1
C25混凝土(m³)					18.72	

注:
1. 图中尺寸除钢筋直径以mm计,余均以cm为单位。
2. 注意预埋墩身钢筋。

图 7-20 桥墩承台钢筋结构图

单元三　桥梁工程图识读

一、桥位平面图的识读

桥位平面图是通过地形测量绘出桥位处的道路、河流、水准点、钻孔及附近的地形和地物，以便作为桥梁设计、施工定位的依据。其作用是表示桥梁与路线所连接的平面位置，以及桥位处的地形、地物等情况，其图示方法与路线平面图相同，只是所用的比例较大。如图7-21所示，为某桥的桥位平面图。

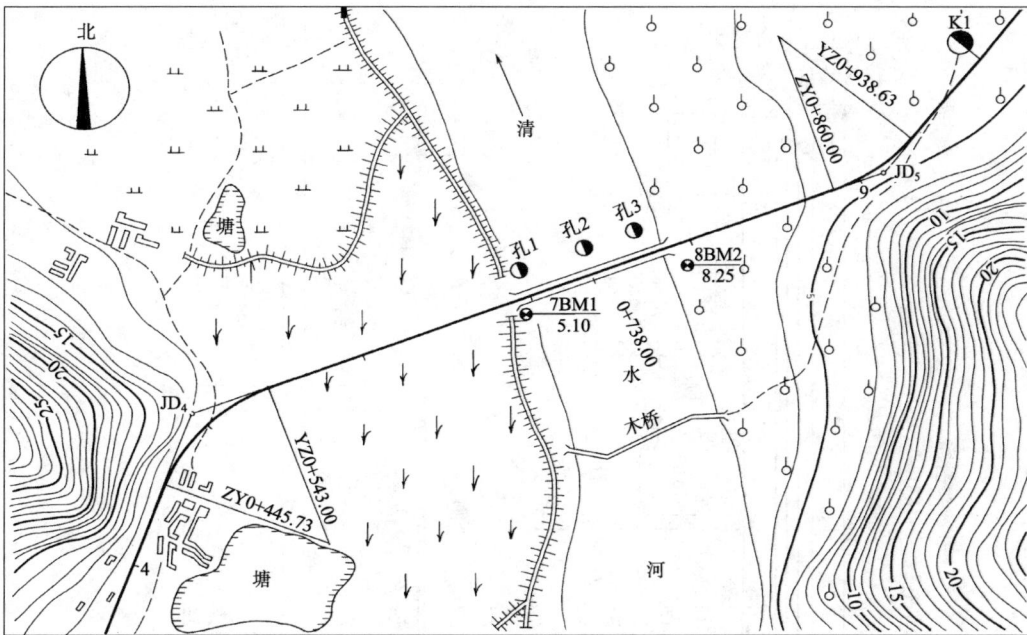

图7-21　桥位平面图

二、桥位地质断面图的识读

桥位地质断面图是根据水文调查和地质钻探所得的资料，绘制的河床地质断面图，用以表示桥梁所在位置的地质水文情况，包括河床断面线、地质分界线，特殊水位线（最高水位、常水位和最低水位），如图7-22所示。

地质断面图为了显示地质和河床深度变化情况，特意把地形高度（高程）的比例较水平方向比例放大数倍画出。如图7-23所示，地形高度的比例采用1∶200，水平方向比例采用1∶500。

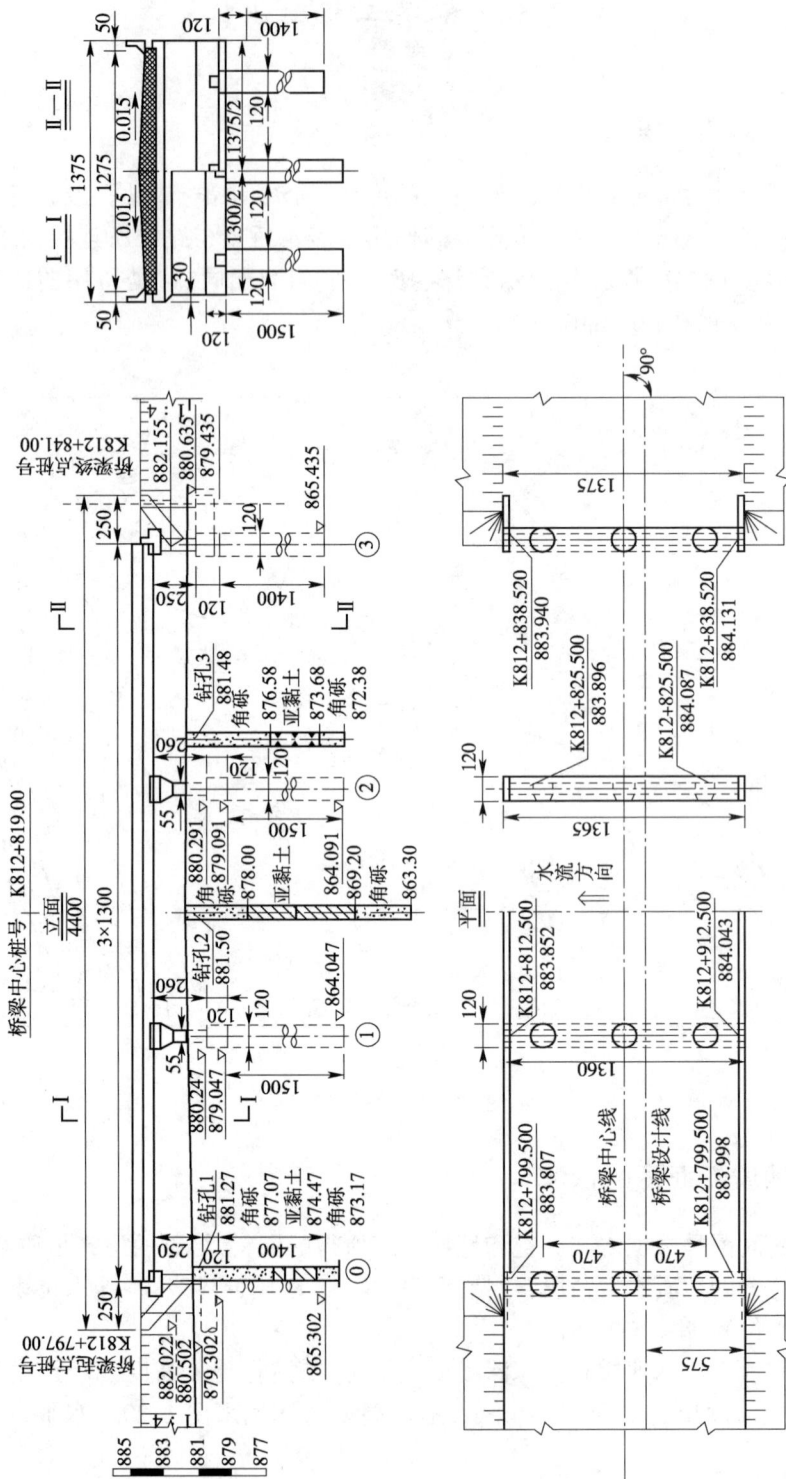

图 7-22　某桥的总体布置图（尺寸单位:cm;高程单元:m）

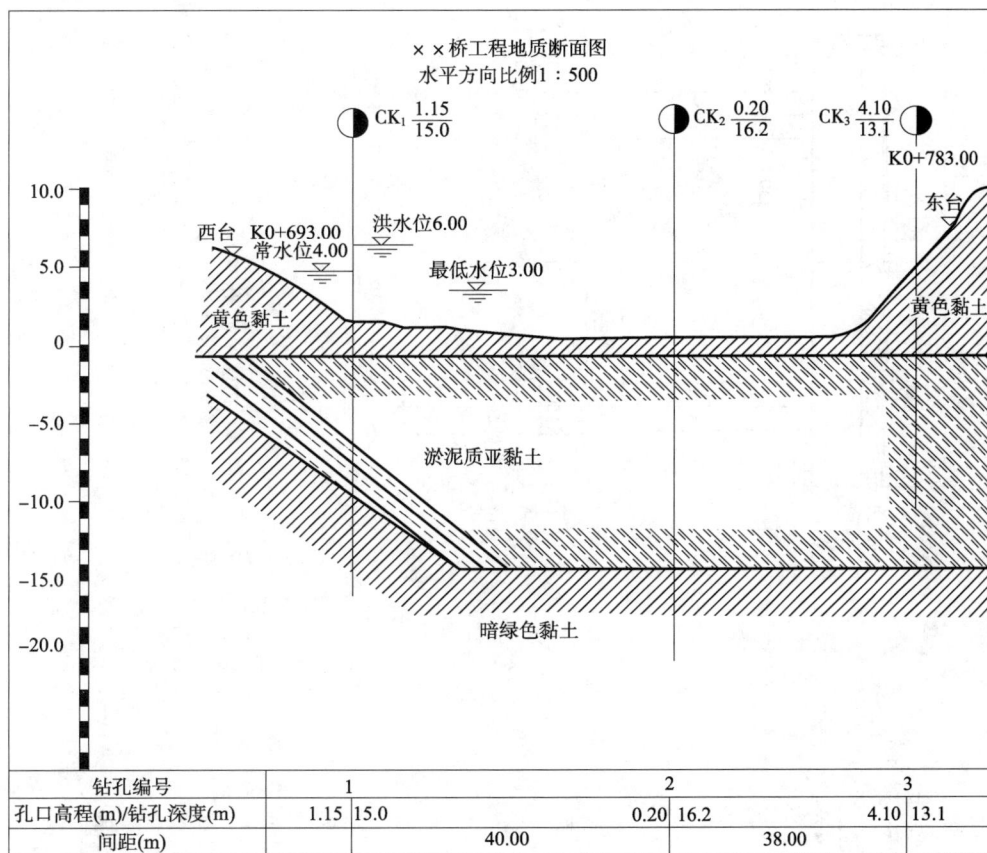

图 7-23 桥位地质断面图(尺寸单位:mm;高程单位:m)

三、桥梁总体布置图的识读

桥梁总体布置图是指导桥梁施工的主要图样,它主要表明桥梁的形式、跨径、孔数、总体尺寸、桥面宽度、桥梁各部分的高程、各主要构件的相互位置关系及总的技术说明等,作为施工时确定墩台位置、安装构件和控制标高的依据,如图 7-24 所示。它一般由立面图(或纵断面图)、平面图和剖面图组成。

1. 立面图

立面图主要表示桥梁的特征和桥型,若桥梁左右对称,立面图常采用半立面图和半纵剖面图合并而成。图 7-24 所示桥梁的纵坡为 0.34%,立面采用全立面图。

2. 平面图

桥梁的平面图是从上向下投影得到的桥面俯视图。

3. 横剖面图

桥梁的横剖面图由中跨Ⅰ—Ⅰ剖面图和边跨Ⅱ—Ⅱ剖面图各取一半合成的。

4. 资料表

资料表反映桥梁起终点、墩台中心处的桩号、地面高程、设计高程、坡度及坡长等。

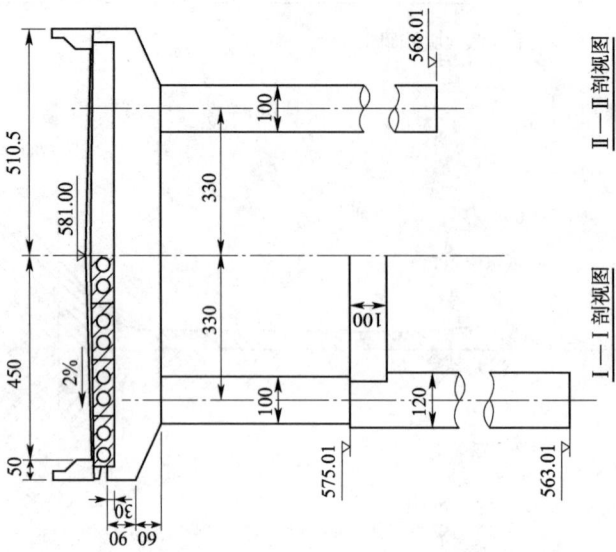

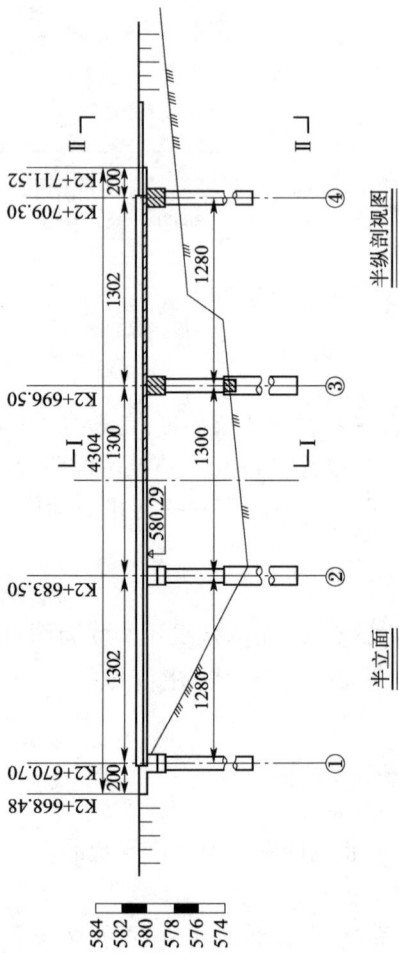

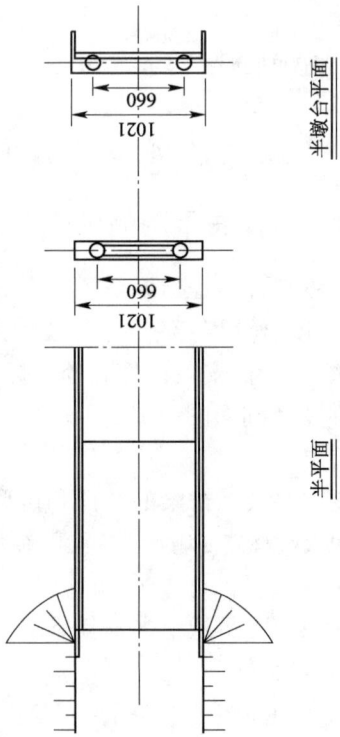

注：
1. 本图尺寸除高程以m计外，余均以cm计。
2. 各水位高程参见桥位地质断面图。
3. ②号墩和③号墩各位置高程相同，①号台和④号台各位置高程相同。

图 7-24　桥梁总体布置图

四、桥梁构件图的识读

在总体布置图中,桥梁构件的尺寸无法详细完整地表达,因此需要根据总体布置图采用较大的比例把构件的形状、大小完整表达出来,以作为施工的依据,这种图称为构件结构图,简称构件图或构造图。

1.桥台结构图

桥台属于桥梁的下部结构,主要是支承上部的板梁,并承受路堤填土的水平推力,如图 7-25 所示。

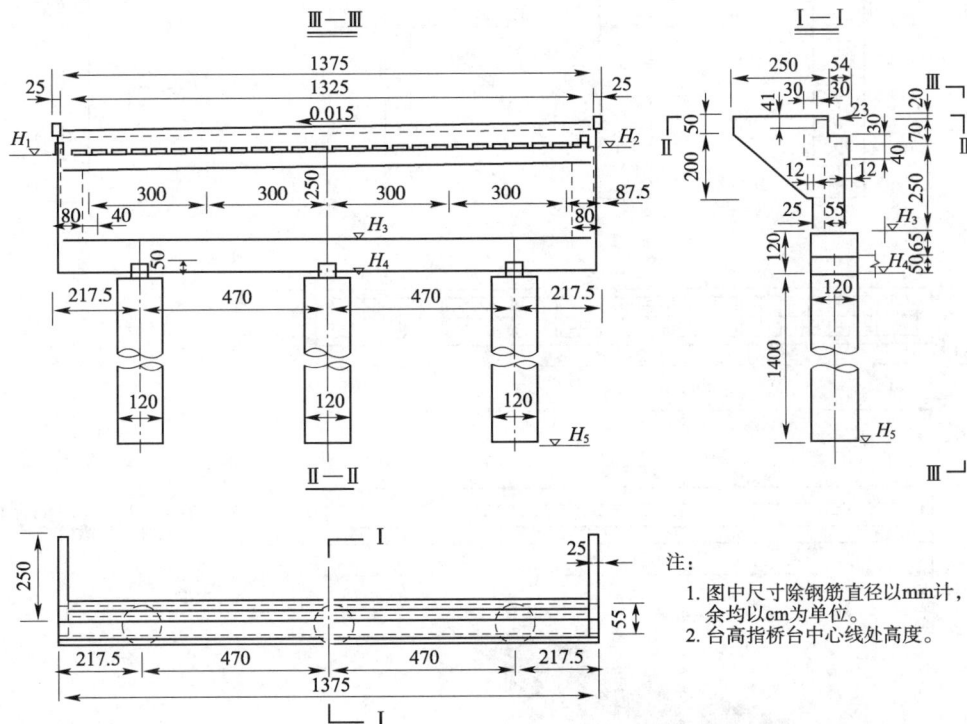

注:
1. 图中尺寸除钢筋直径以 mm 计,余均以 cm 为单位。
2. 台高指桥台中心线处高度。

图 7-25　桥台结构图及立体示意图

2.桥墩构造图

桥墩和桥台一样同属桥梁的下部结构,其作用是将相邻两孔的桥跨连接起来,如图 7-26 所示为该桥所用的轻型钢筋混凝土薄壁桥墩,该桥墩由墩帽及挡块、支座垫石、墩身、承台、桩基等组成。

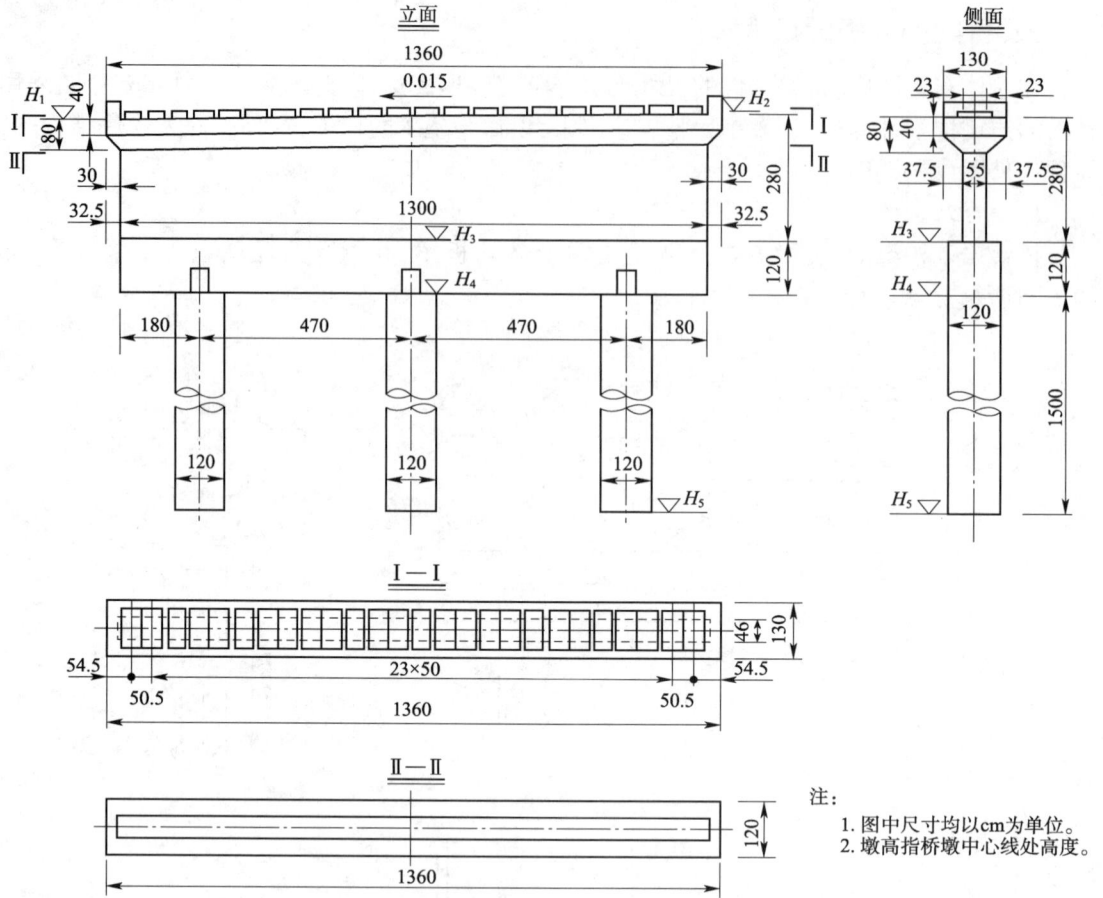

图 7-26　桥墩结构图及桥墩与桥台立体示意图

3.预应力钢筋混凝土空心板构造图

预应力钢筋混凝土空心板是该桥梁上部结构中最主要的受力构件,它两端搁置在桥墩和桥台上,如图 7-27 所示。

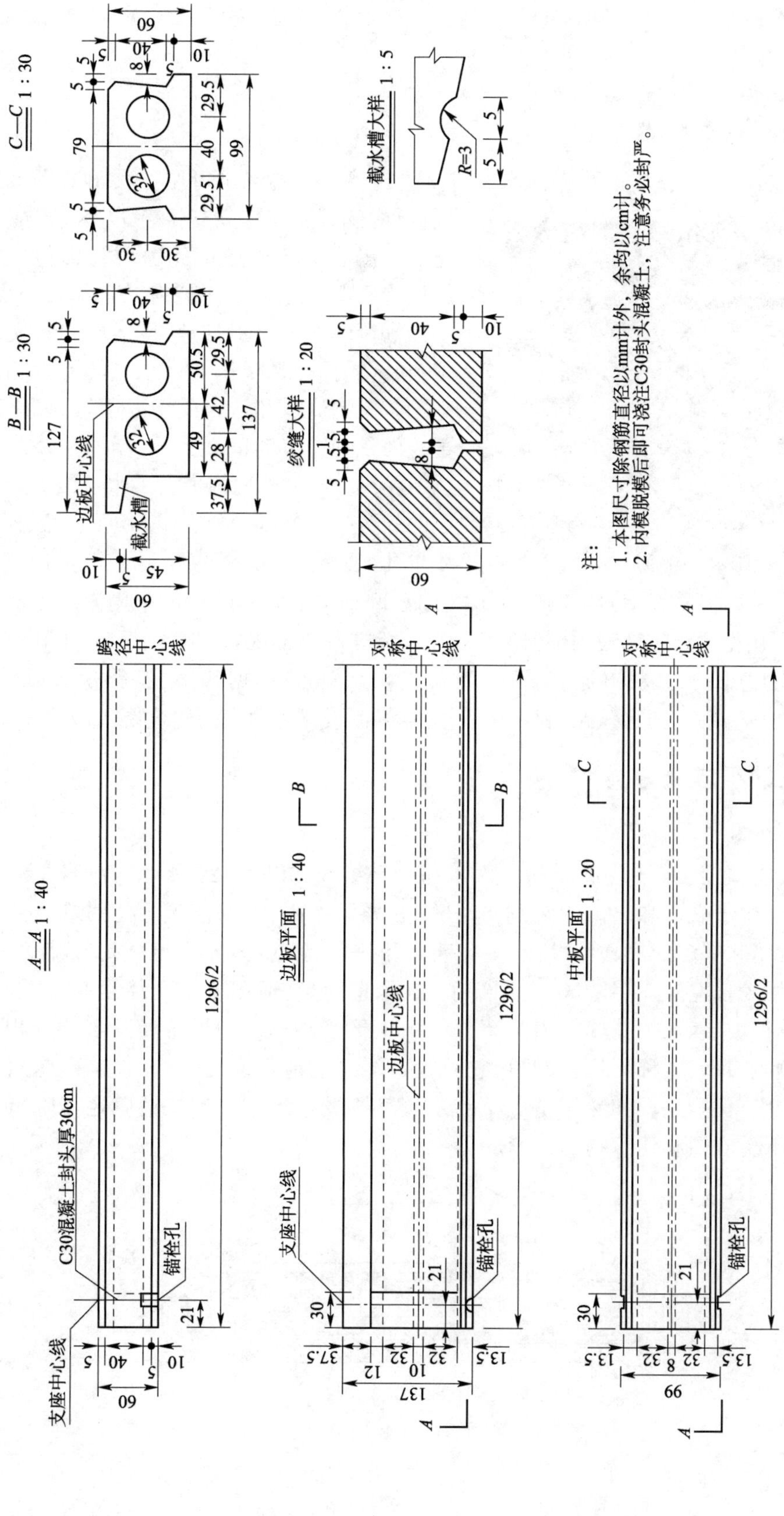

注：

1. 本图尺寸除钢筋直径以mm计外，余均以cm计。
2. 内模脱模后即可浇注C30封头混凝土，注意务必封严。

图 7-27　预应力钢筋混凝土空心板的结构图

单元四 涵洞概述

一、涵洞的基本概念

涵洞是横贯路基或路堤的小型泄水和排洪构筑物。有的涵洞可用作农田灌溉水渠的通

图 7-28 涵洞

道;有的涵洞还兼作立交桥,作为人、蓄或车辆的通道。涵洞从广义上可称为涵渠,即包括明渠和倒虹吸管等小型过水建筑物,如图 7-28 所示。

涵洞的设置是根据地形、地质和水文情况确定,涵洞的孔径是根据通过水流的流量和流速确定的。影响流量和流速的主要因素是暴雨强度、覆盖面积和持续时间。因此,涵洞孔径一般是根据 100 年内可能出现的最大洪水流量确定的。涵洞的孔数是根据流量和水位确定的。涵洞一般采用单孔或双孔,很少超过四孔,在流量稳定的河沟

可设置多孔。一些地质水文条件复杂的沟谷,当采取治沟措施不经济或采用涵洞不能保证水流畅通时,可采用桥梁跨越。我国《公路工程技术标准》(JTG B01—2014)规定,单孔跨径小于 5m,多孔跨径的总长小于 8m 的为涵洞。而对于铁路而言,根据我国《铁路桥涵设计规范》(TB 10002—2017)规定,横穿铁路路基,用以排洪、灌溉或作为通道的建筑物,即为铁路涵洞。

二、涵洞的组成及分类

1. 涵洞的组成

涵洞主要由洞身、端墙或翼墙和出入口铺砌等组成,如图 7-29 所示。洞身是涵洞的主体;端墙或翼墙位于入口和出口的两侧,起挡土和导流作用,是保证涵洞处路基或路堤稳定的构筑物。端墙和翼墙的形式,常用八字翼墙式和一字墙式。八字翼墙式对水流阻力小,工程量也小,采用较普遍。一字墙式,又称端墙式,构造简单,适用于小孔径涵洞,一般在洞口两侧砌筑锥体护坡,以保护路堤伸出端墙外的填土不受冲刷。如果将涵洞入口及相邻的一段洞身做成喇叭口形,则称流线型洞口,它可提高涵洞的泄水能力;出入口铺砌是对涵洞前后沟底进行加固,保护路堤和涵洞基础不受水流冲刷的构筑物。出口铺砌还能降低出口流速,起到保护下游农田和建筑物的作用。

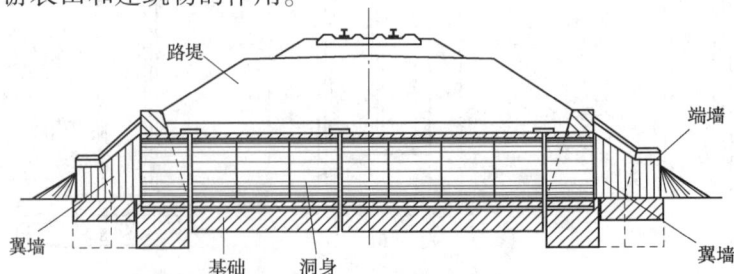

图 7-29 涵洞的组成

2. 涵洞的分类

涵洞按其用途可分为铁路涵洞和公路涵洞;按建筑材料可分为砖涵、石涵、混凝土涵、钢筋混凝土涵等;按其顶上填土情况可分为顶上有填土的暗涵和无填土的明涵;按其水力性能可分为无压力式涵洞(水面都低于洞顶),半压力式涵洞(水面淹没入口),压力式涵洞(流水充满整个洞身);按其构造类型可分为拱涵、盖板式涵、箱涵、圆形涵等。

单元五 涵洞工程图识读

一、涵洞的图示方法

①涵洞工程图以水流方向为纵向,即与路线前进方向成一定的角度,并以纵剖面图代替立面图。

②平面图不考虑涵洞上方的填土,假想土层是透明的;平面图与侧面图可以以半剖形式表达,平面图一般沿基础顶面剖切,侧面图垂直于纵向剖切。

③洞口正面图布置在侧面图的位置,当进出水洞口形状不一样时,则需分别画出进出水洞口侧面图。

④涵洞的进出水洞口间应有一定的纵坡,画图时,可不考虑洞底的纵坡而画成水平的,只图示出其纵坡,但进出水洞口的高度可能不同,应进行计算。

二、涵洞工程图识图

1. 圆管涵构造图识读

图 7-30 所示为圆管涵洞立体分解图,图 7-31 所示为一端墙式单孔圆管涵构造图。该涵洞的进出水洞口一样,构造对称,所以图示采用了半纵剖面图、半平面图和洞口正面图(Ⅱ—Ⅱ)。

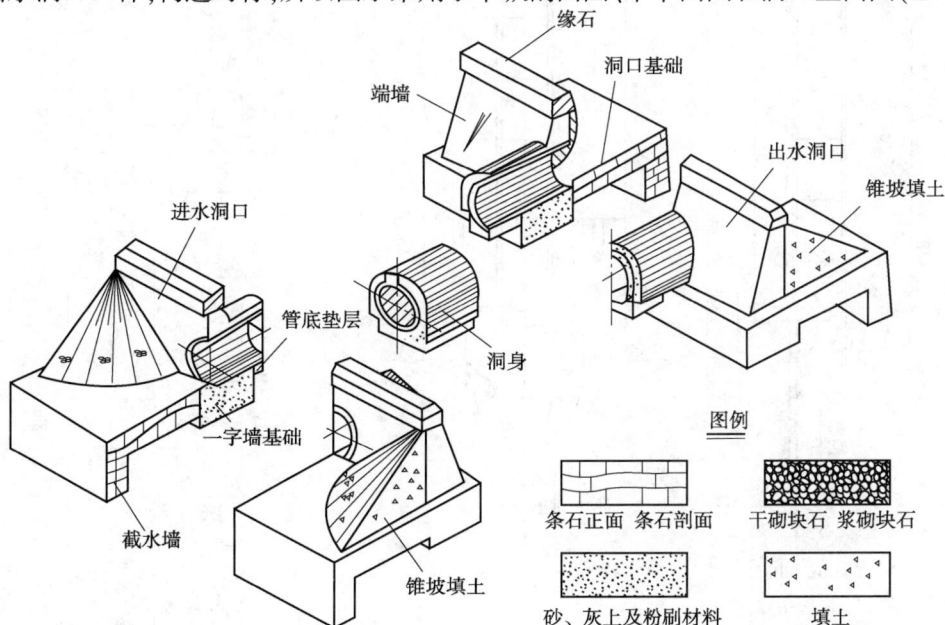

图 7-30 圆管涵洞立体分解图

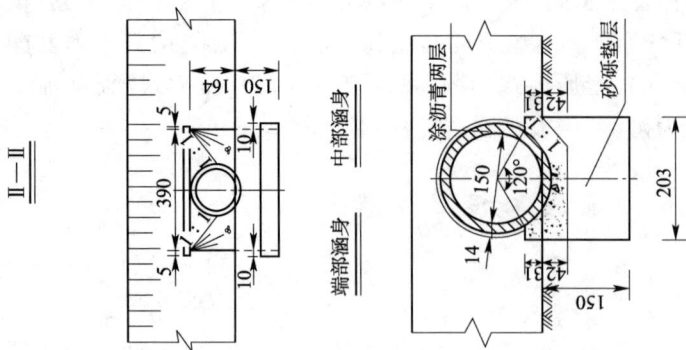

II—II

中部涵身
端部涵身
涂沥青两层
砂砾垫层

注：
1. 本图尺寸除高程以m计外，余均以cm计。
2. 本涵采用2m管节17个，0.5m正管节1个，施工时注意在涵洞全长范围内。
3. 图中沉降缝未示，施工时注意在涵洞中心垂直，每4~6m设一道（与涵洞中心垂直），缝宽1~1.5cm，缝内用沥青麻絮填塞。

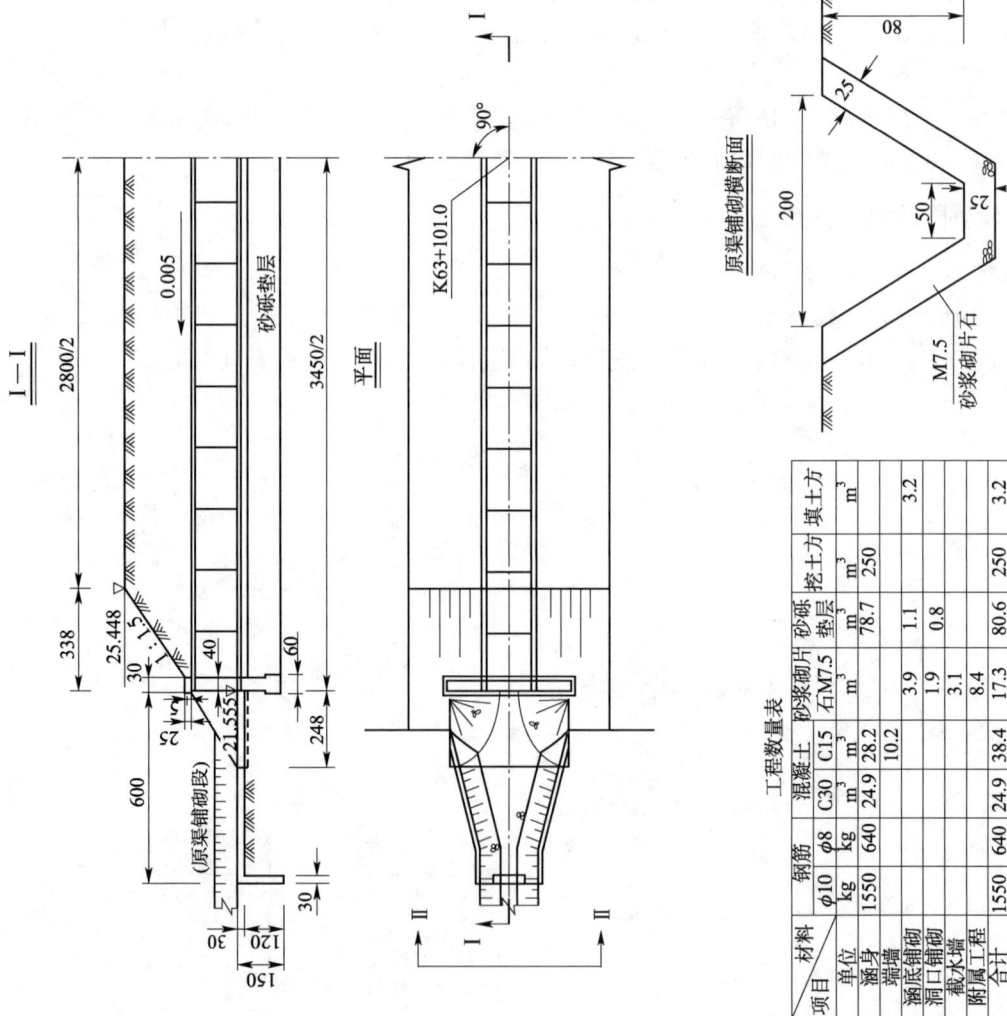

I—I

0.005
砂砾垫层
2800/2
3450/2
平面
K63+101.0

（原渠铺砌段）
原渠铺砌横断面
M7.5
砂浆砌片石

图 7-31 端墙式单孔圆管涵构造图

工程数量表

材料 项目	单位	钢筋 φ10	钢筋 φ8	混凝土 C30	混凝土 C15	砂浆砌片石 M7.5	砂砾垫层	挖土方	填土方
		kg	kg	m³	m³	m³	m³	m³	m³
涵身		1550	640	24.9	28.2		78.7	250	
端墙					10.2	3.9	1.1		3.2
涵底铺砌						1.9	0.8		
洞口铺砌						3.1			
截水端						8.4			
附属工程						17.3			
合计		1550	640	24.9	38.4		80.6	250	3.2

2. 盖板涵构造图识读

图 7-32 所示为单孔钢筋混凝土盖板涵的立体图,图中标示出了各组成部分的名称。

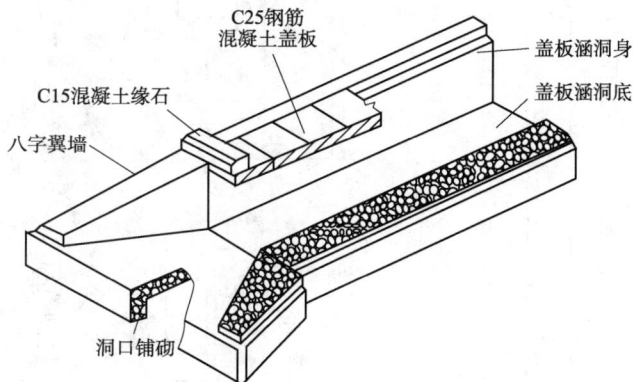

图 7-32　单孔钢筋混凝土盖板涵的立体图

图 7-33 为单孔钢筋混凝土盖板涵的构造图。

3. 石拱涵构造图识读

图 7-34 所示为石拱涵示意图及组成部分的名称。

（1）纵剖面图

涵洞的纵向是指水流方向即洞身的长度方向。纵剖面图是沿涵洞的中心位置纵向剖切的,纵剖面图图示了路基宽度、填土厚度、路基横坡,翼墙的坡度(一般与路基边坡相同)、端部高度,缘石的长和高,沉降缝的设置距离、宽度,涵台高度,防水层厚度,涵身长度等内容,并画出相应的材料图例。如果进水洞口和出水洞口的构造和形式基本相同,整个涵洞是左右对称的,则纵剖面图可只画一半,如图 7-35 所示。

图 7-35 所示为翼墙式单孔石拱涵构造图(标准图)。

（2）平面图

由于该涵洞左右对称,平面图采用了长度和宽度两个方向的半平面图,前边一半是沿涵台基础的上面(襟边)作水平剖切后画出的剖面图,主要图示翼墙和涵台的基础宽度。后边一半为涵洞的外形投影图,是移去了顶面上的填土和防水层以及护拱等后画出的,拱顶的圆柱面部分也是用一系列疏密有致的细线(素线)表示的,拱顶与端墙背面交线为椭圆曲线。八字翼墙与涵洞纵向成30°。

（3）侧面图

侧面图采用了半剖画法。

左半部为洞口的外形投影,主要反映洞口的正面形状和翼墙、端墙、缘石、基础等的相对位置,所以习惯上称为洞口正面图;右半部为洞身横断面图,主要表达洞身的断面形状,主拱、护拱和涵台的连接关系及防水层的设置情况等。

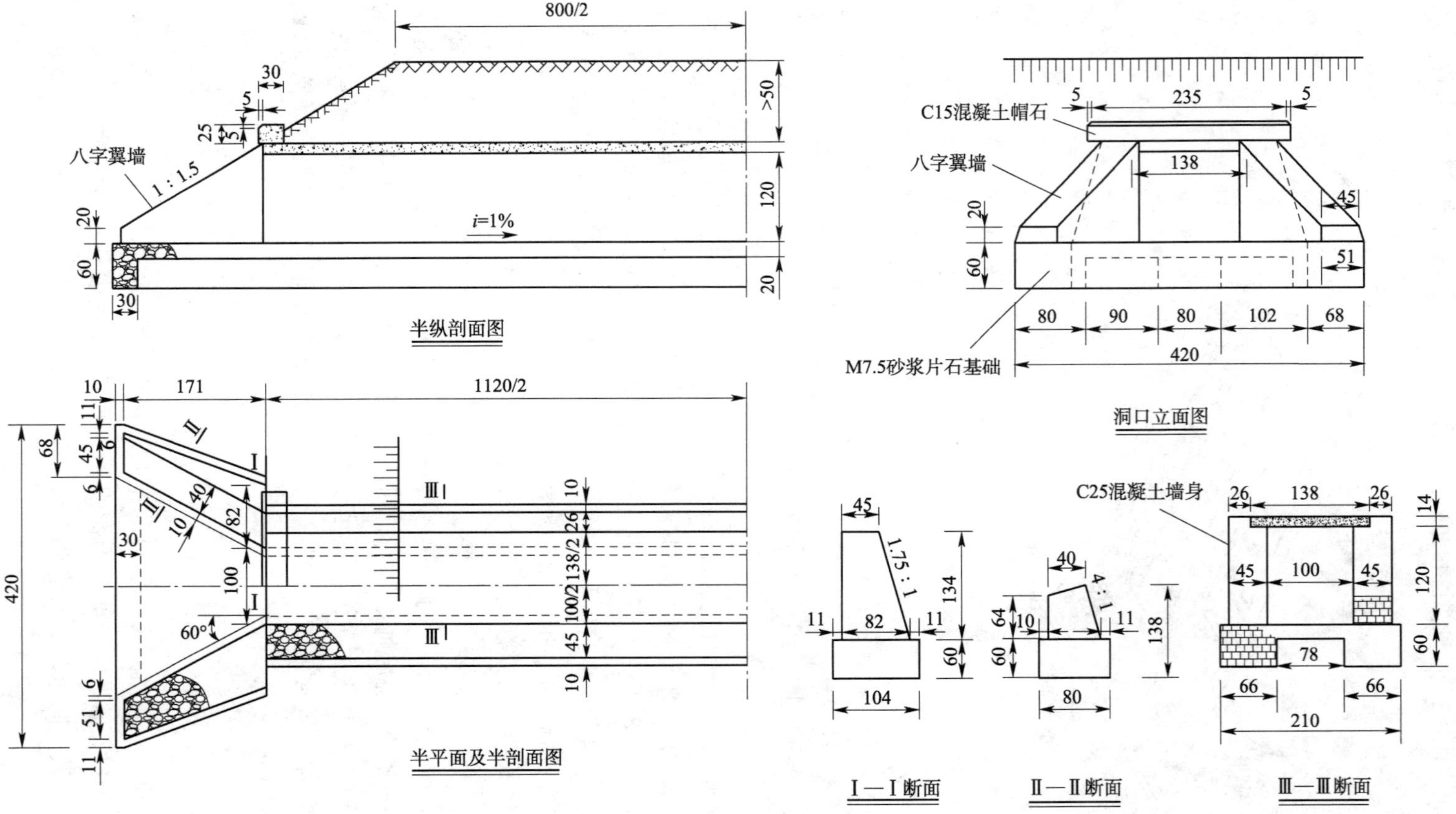

洞口立面图

C15混凝土帽石

M7.5砂浆片石基础

八字翼墙

C25混凝土墙身

Ⅲ—Ⅲ断面

Ⅱ—Ⅱ断面

Ⅰ—Ⅰ断面

半纵剖面图

i=1%

八字翼墙

1:1.5

半平面及半剖面图

Ⅰ

Ⅱ

Ⅲ

60°

注：
1. 本图尺寸均以cm计。
2. 洞底铺砌用M5砂浆砌筑，盖板用C20钢筋混凝土。
3. 基础深度应视实际情况确定，但是最小不得小于60cm。
4. 本工程施工时，必须安装好上部构造后才能填土。

图7-33 单孔钢筋混凝土盖板涵构造图

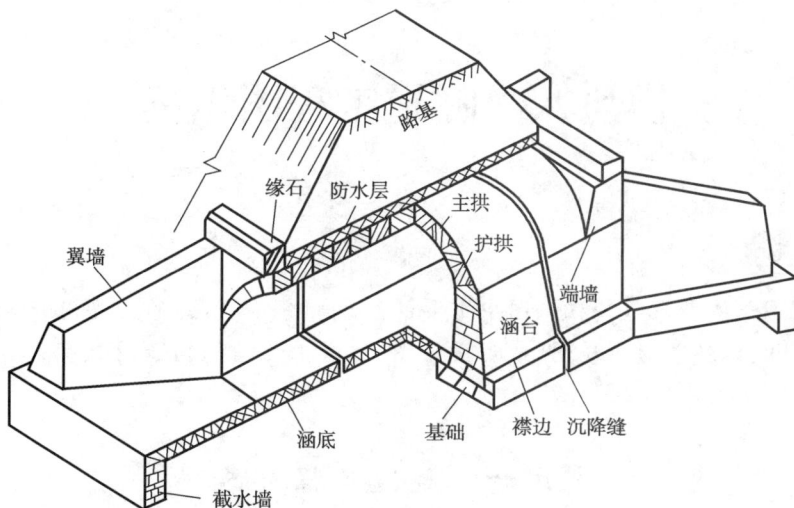

图 7-34 石拱涵示意图

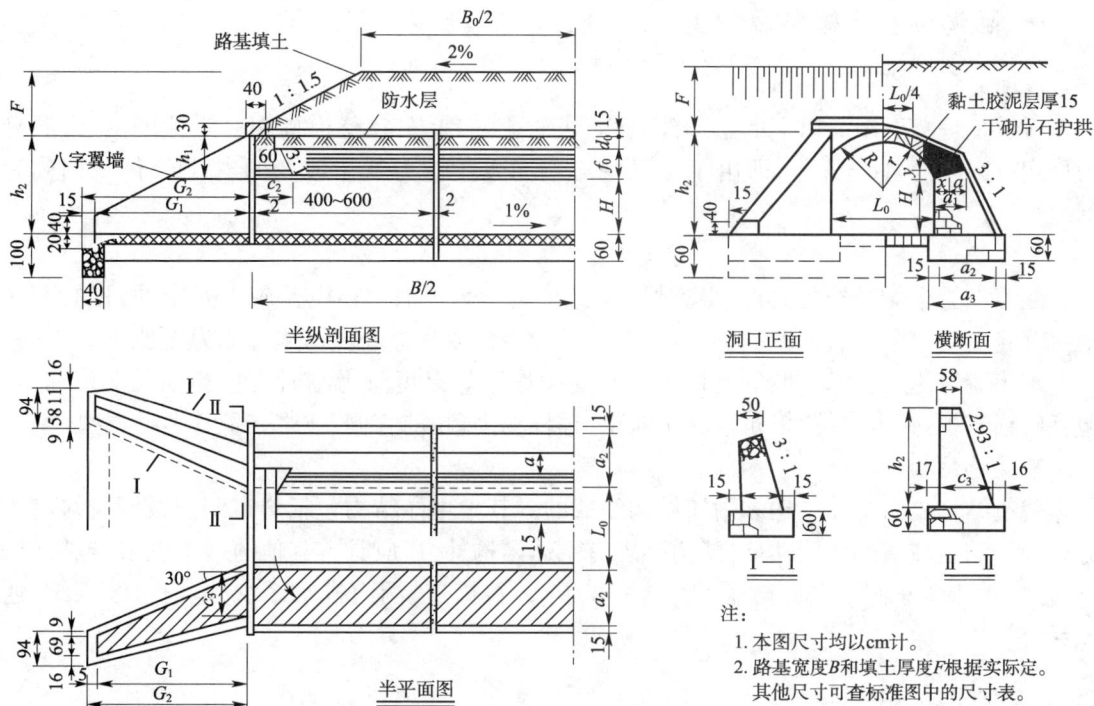

注:
1. 本图尺寸均以 cm 计。
2. 路基宽度 B 和填土厚度 F 根据实际定。其他尺寸可查标准图中的尺寸表。

图 7-35 翼墙式单孔石拱涵构造图

复习思考题

1. 简述桥梁由哪几部分组成? 桥梁如何分类?

2. 热轧光圆钢筋的符号和级别怎样表示?

3. 桥梁总体布置图的特点有哪些?

4. 涵洞由哪些部分组成? 简述涵洞的分类?

模块八　隧道工程图识读

📖 **学习指南**

　　隧道工程图识图是轨道工程识图中重要的组成部分,本项目的主要内容是了解隧道工程图的基本知识,以及掌握地质图、线形设计图、隧道工程结构构造图及有关附属工程图的识读方法。

单元一　隧道工程概述

一、隧道的基本概念及分类

1. 围岩

　　隧道是埋藏于地面以下的条形建筑物,被岩土体围绕,在隧道周围一定范围内,对洞身的稳定有影响的岩(土)体,即由于受开挖影响而发生应力状态改变的岩(土)体我们称为围岩。

2. 支护

　　隧道在岩土体开挖后,自身很难保持稳定,为了达到硐室稳定及施工安全的目的,而在硐室开完后对硐室围岩采取的支撑、加强作用的构件或其他处理措施总称为支护。

　　现代隧道施工技术采取的支护手段按支护作用效果可分为临时支护和永久支护两类,包括喷锚支护、钢木支撑、模筑混凝土衬砌、锚杆加固,超前管棚、注浆支护等多种类型。

3. 隧道结构

　　隧道结构是由主体结构和附属结构组成的。其中主体结构包括隧道洞门及洞身衬砌部分。为了满足隧道的使用功能,隧道处理有主体结构外,还应具有其他的一些设施,包括(铁路隧道)大小避车洞、(公路隧道)紧急停车带、人行横道、洞内排水系统、电力电缆系统、通风系统等。

二、隧道的分类

　　隧道包括的范围很大,从不同的作用角度出发,可以分为不同的种类。工程中常见的隧道分类方法如下。

　　①按照隧道所处的地质条件:土质隧道和石质隧道。

　　②按照隧道的长度:短隧道(铁路隧道规定:$L \leqslant 500$m;公路隧道规定:$L \leqslant 500$m)、中长隧道(铁路隧道规定:500m $< L \leqslant 3000$m;公路隧道规定:500m $< L \leqslant 1000$m)、长隧道(铁路隧道规定:3000m $< L \leqslant 10000$m;公路隧道规定 1000m $< L \leqslant 3000$m)和特长隧道(铁路隧道规定:$L > 10000$m;公路隧道规定:$L > 3000$m)。

③按照国际隧道协会(ITA)定义的隧道的横断面积的大小划分标准:极小断面隧道(2~3m²)、小断面隧道(3~10m²)、中等断面隧道(10~50m²)、大断面隧道(50~100m²)和特大断面隧道(大于100m²)。

④按照隧道所在的位置:山岭隧道、水底隧道和城市隧道。

⑤按照隧道埋置的深度:浅埋隧道和深埋隧道。

⑥按照隧道的用途:交通隧道、水工隧道、市政隧道和矿山隧道。

三、隧道工程图概述

隧道工程图。一般包括四大部分,即隧道工程地质图、隧道线形设计图、隧道工程结构构造图及隧道附属工程图。

①隧道工程地质图。包括隧道地区工程地质图、隧道地区区域地质图、工程地质剖面图、垂直隧道轴线的横向地质剖面图和洞口工程地质图。

②隧道线形设计图。包括平面设计图、纵断面设计图及接线设计图。它是隧道总体布置的设计图样。

③隧道工程结构构造图。包括隧道洞门图、横断面图(表示洞身形状和衬砌及路面的构造)和避车洞图、行人或行车横洞等。

a.隧道横断面图主要包括限界标准、横断面形式、人行道布置和路面结构等内容。隧道的横断面形式,即衬砌内轮廓线。

b.隧道建筑限界是为保证隧道内各种交通的正常运行与安全,在规定的一定宽度和高度的空间限界内不得有任何部件或障碍物。

c.隧道的洞门形式很多,常用的有端墙式、翼墙式等。因此,洞口构造是隧道工程图的最主要的图样之一,如图8-1所示。

a)端墙式　　　　　　　　b)翼墙式

图8-1　隧道洞门立体图

区间正洞及附属设施总平面图

区间隧道右线地质纵断面图

④隧道附属工程图,包括通风、照明与供电设施和通信、信号及消防救援设施工程图样等。

单元二　隧道洞身衬砌断面图识读

隧道洞身有不同的形式和尺寸,主要用横断面图来表示,称为隧道衬砌断面图。图8-2

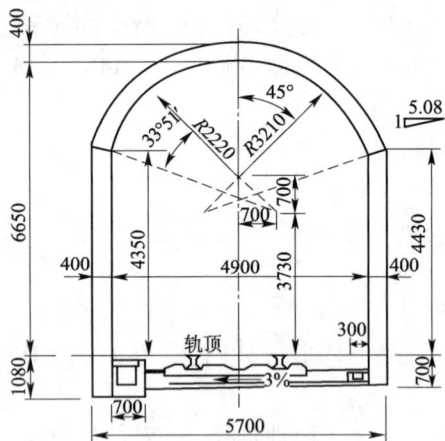

图 8-2　隧道衬砌断面图(尺寸单位:mm)

所示为直边墙式隧道衬砌。隧道衬砌主要由两部分组成,即拱圈和边墙。由图 8-2 可知,拱圈由三段圆弧组成。从中心线两侧各 45°范围内,其半径为 2200mm,圆心在中心线上,距轨顶 4430mm;其余两段在圆心角为 33°51′范围内,半径为 3210mm,圆心分别在中心线左右两侧 700mm,高度距轨顶 3730mm 处。拱圈厚 400mm。边墙墙厚 400mm,左侧边墙高 1080 + 4350 = 5430mm,右侧边墙高 700 + 4430 = 5130mm,起拱线坡度为 1:5.08。

轨顶线以下为线路部分,可知钢轨及枕木的位置,以及道床底部为 3%的单面排水坡。因此左侧底部没

横断面二次衬砌配筋图

有排水沟,右侧为电缆槽。该隧道衬砌的总宽为 5700mm,总高为 8130mm。

单元三　隧道洞身结构图识读

隧道主体结构包括洞门和洞身衬砌,洞身衬砌可分为整体式混凝土衬砌、拼装式衬砌、喷射混凝土衬砌和复合式衬砌等,附属结构有防排水设施、电力及通信设施、避车洞等。本任务主要介绍复合式衬砌断面图的识读。

现以图 8-3 为例,介绍复合式衬砌的图示方法与要求。复合式衬砌把衬砌分成两层或两层以上,可以是同一种形式、方法、时间和材料施作的,也可以是不同形式、方法、时间和材料施作的。

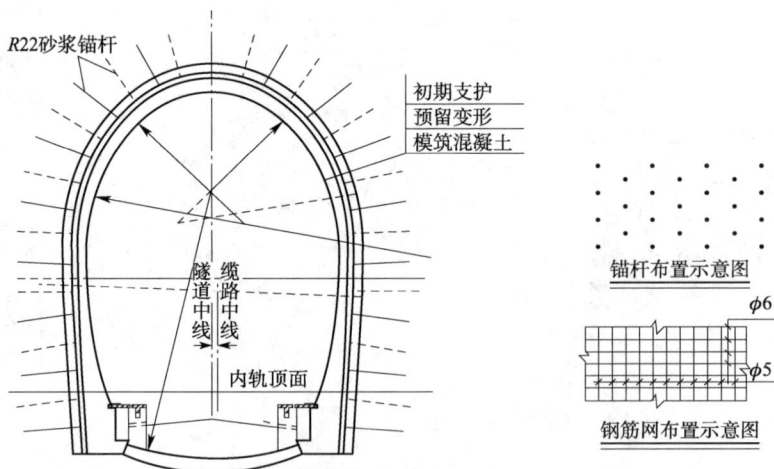

图 8-3　复合式衬砌结构示意图

目前最通用的是外衬(初期支护)为锚喷支护,内衬为整体式混凝土衬砌,在两者之间设置防水层。由图可见锚喷支护是锚杆、钢架、钢筋网、喷射混凝土及其他的组合。锚杆采用了 R22 砂浆锚杆,梅花形布置;钢拱架采用型钢,加工成隧道断面轮廓形状。钢筋网采用 $\phi6$

钢筋焊接而成;喷射混凝土采用早强混凝土,结构厚度一般为 20~30cm;内衬则一般为模筑整体式混凝土,结构厚度一般为 30~60cm。

区间隧道横断面
初期支护格栅图

区间正洞及附属
设施防水断面图

单元四　隧道洞门及避车洞结构图识读

一、隧道洞门的图示方法与要求

现以图 8-4 为例,介绍隧道洞门图的图示方法与要求。隧道洞门的视图一般采用三面投影图来表达。

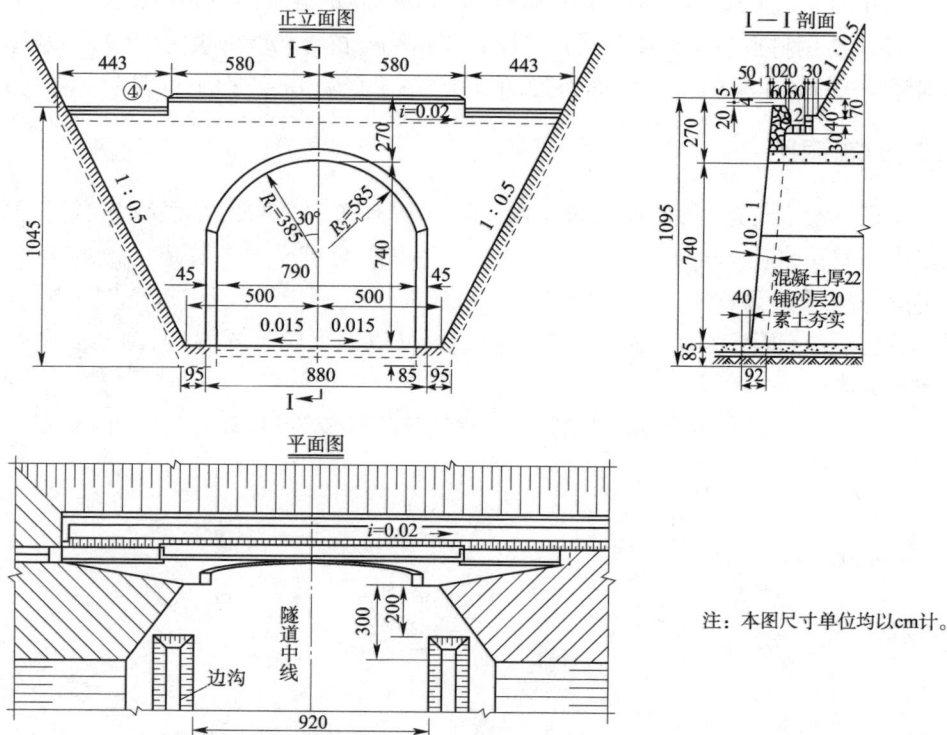

图 8-4　隧道洞门工程图

1.立面图

在视图配置上以洞门正面作为立面图,反映出洞口墙的式样和各细部尺寸。如端墙的高度、长度,端墙与衬砌的相互关系,端墙顶水沟的坡度,洞门排水沟的位置和形状。

2.平面图

采用折断画法,仅画出洞门外露部分的投影,用示坡线表示各坡面的倾斜方向,同时将各坡面间交线也画出。由于洞门墙向后倾斜,水平投影图中没有产生积聚。

3. I—I 剖面图

用折断线截去其他部分,只画靠近洞口的小段,表示出了端墙顶水沟的侧面形状及大小,端墙的倾斜状态和厚度。

4. 隧道洞门图的识读

现以图 8-4 为例,介绍端墙式隧道洞门图的图示方法与要求。从正立面图中可以看出,洞门墙顶高的凸起部分称为顶帽,墙顶部的倾斜虚线从左往右下坡表达的是设在墙顶的洞口顶部排水口,注以 0.02 加箭头表示排水沟底的纵坡大小及流水方向;洞口衬砌断面采用直墙坦顶三心圆拱,它是由两个不同的半径($R_1 = 385\text{cm}$ 和 $R_2 = 585\text{cm}$)的三段圆弧和两直边墙组成,边墙及圈拱厚均为 45cm,洞口净空尺寸高为 740cm,宽为 790cm;洞内路面采用 0.015 的双向横坡,路面各分层采用虚线分隔,洞口中堑段两边侧上边坡为 1:0.5 的斜面,其坡脚距洞中心线每边为 500cm,其他虚线反映了洞门墙和隧道底面的不可见轮廓线,它们被洞门前两侧路堑边坡和路面所遮挡,故用虚线表示。

由平面图可以看出,洞门顶帽的宽度、洞顶排水沟的平面构造及洞门口两外侧边沟的位置。由 I—I 剖面图可知,洞顶上部面墙仰坡为 1:0.5,洞顶排水沟及顶帽的断面尺寸得以充分表达,其施工所用材料为浆砌片石,洞身衬砌为混凝土材料,端墙仰坡为 10:1,端墙厚 60cm,端墙基础底宽 92cm,埋深 85cm。路面为 22cm 厚的混凝土及 20cm 厚的铺砂层,其下为夯实素土。

二、避车洞图

当隧道不设人行道时,应设置避车洞。避车洞有大、小两种,是供行人和隧道维修人员及维修小车避让来往车辆而设置的,它们沿线路方向交错设置在隧道两侧的边墙上。通常小避车洞每隔 30m 设置一个,大避车洞每隔 150m 设置一个,为表达清楚大小避车洞的相互位置,采用位置布置图表示。而避车洞详图则另外以剖面图形式表达,图 8-5 所示为某隧道避车洞布置图。

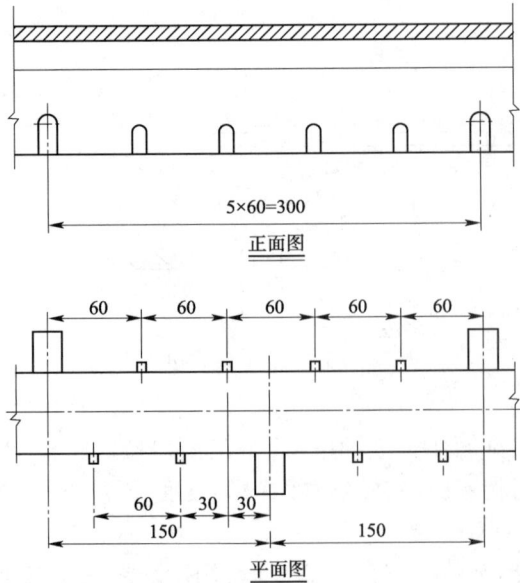

图 8-5 避车洞布置图(尺寸单位:cm)

由图可见,这种布置图图形简单,为节省图幅,纵横方向可采用不同比例,纵方向常用1:2000,横方向常用1:200比例。视图中平面图表示了避车洞在隧道左右两侧的布置情况,立面图则用纵剖面表达一侧避车洞的排列情况。

图8-6所示为大避车洞示意图,图8-7是大避车洞的构造详图,图8-8是小避车洞的构造详图。视图处理上采用剖面或断面图来表达,并用折断线截去其他部分,突出表达避车洞细部构造。通过图8-7和图8-8可以知道大、小避车洞的构造和各部分的详细尺寸。

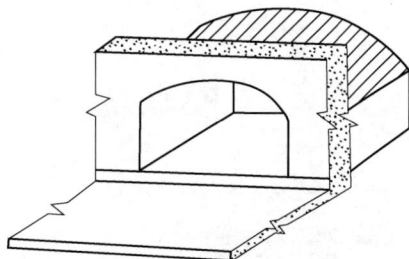

图8-6　大避车洞示意图

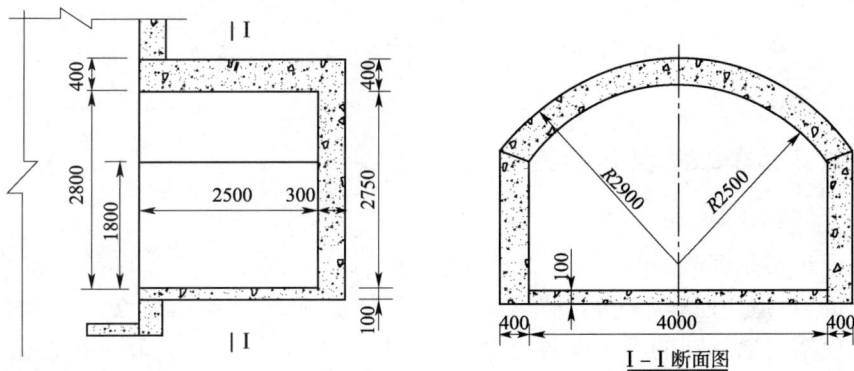

图8-7　大避车洞的构造详图(尺寸单位:mm)

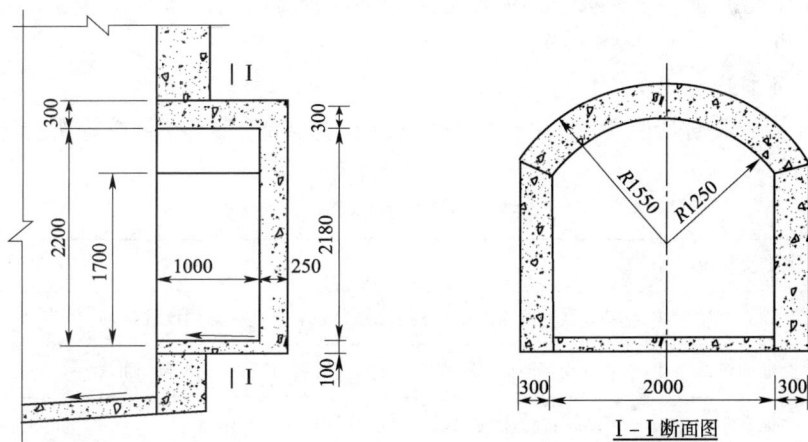

图8-8　小避车洞的构造详图(尺寸单位:mm)

复习思考题

1.常见隧道洞门分为哪几类?

2.隧道洞门图、衬砌断面图、避车洞图分别用哪些图示方法来表示?

模块九　轨道交通车站结构图识读

🔖 **学习指南**

　　轨道交通车站的概念、分类及组成,识别不同轨道交通车站的结构图、各种不同车站的结构形式、如何进行分类、车站内各部分的作用等,将在本项目中一一讲解,为轨道交通工程的系统学习打下基础。

单元一　轨道交通车站概述

一、轨道交通车站的概念和类型

　1.轨道交通车站的概念

　　轨道交通车站是客流的节点,车站是乘客出行的基地,旅客上下车以及相关的作业都是在车站进行的,轨道交通车站也是列车到发、通过、折返、临时停车的地点。

　　车站是轨道交通线路的电气设备、信号设备、控制设备等集中的场所,也是运营、管理人员工作的场所。

　　车站的作用是便于旅客乘降、货物承运、列车到发及解编、机车和乘务组的整备和换乘、列检和货物检查。

　2.轨道交通车站的分类

　　轨道交通车站根据其位置、埋深、运营性质、结构横断面、站台形式等进行不同分类,分类见表9-1。

轨道交通车站的分类　　　　　　　　　　　　　　　　表 9-1

分类方式	分类情况	备　　注
车站与地面相对位置	高架车站	车站位于地面高架结构上,分为路中设置和路侧设置两种
	地面车站	车站位于地面,采用岛式或侧式均可,路堑式为其特殊形式
	地下车站	车站结构位于地面以下,分为浅埋、深埋车站
运营性质	中间站	仅供乘客上、下乘降用,是最常用、数量最多的车站形式
	区域站	在一条轨道交通线路中,由于各区段客流的不均匀性,行车组织往往采取长、短交路(亦称大、小交路)的运营模式。设于两种不同行车密度交界处的车站,称之为区域站(即中间折返站,短交路车在此折返)
	换乘站	位于两条及两条以上线路交叉点上的车站。具有中间站的功能外,还可以让乘客在不同线上换乘
	枢纽站	枢纽站是由此站分出另一条线路的车站。该站可接、送两条线路上的列车

续上表

分类方式	分类情况	备　　注
运营性质	联运站	指车站内设有两种不同性质的列车线路进行联运及客流换乘。联运站具有中间站及换乘站的双重功能
	终点站	设在线路两端的车站。就列车上、下行而言，终点站也是起点站（或称始发站）。终点站有可供列车全部折返的折返线和设备，也可供列车临时停留检修
结构横断面	矩形	矩形断面是车站中常用的形式。一般用于浅埋、明挖车站。车站可设计成单层、双层或多层;跨度可选用单跨、双跨、三跨及多跨形式
	拱形	拱形断面多用于深埋或浅埋暗挖车站，有单拱和多跨连拱形式。单拱断面由于中部起拱较高，而两侧拱脚较低，中间无柱，因而建筑空间显得高大宽阔。如建筑处理得当，常会得到理想的建筑艺术效果。明挖车站采用单跨结构时也有采用拱形断面
	圆形	为盾构法施工时常用的形式
	其他	如马蹄形、椭圆形等
站台形式	岛式站台	站台位于上下行线路之间，具有站台面积利用率高、提升设施共用，能灵活调剂客流、使用方便、管理集中等优点。常用于较大客流量的车站。其派生形式有曲线式、双鱼腹式、单鱼腹式、梯形式和双岛式等
	侧式站台	站台位于上、下行线路的两侧。侧式站台的高架车站能使高架区间断面更趋合理。常见于客流不大的地下站和高架站的中间站。其派生形式有曲线式、单端喇叭式、双端喇叭式、平行错开式和上下错开式等
	岛、侧混合站台	将岛式站台及侧式站台同设在一个车站内。常见的有一岛一侧，或一岛两侧形式。此种车站可同时在两侧的站台上、下车。共线车站往往会采用此种形式

二、轨道交通车站的组成与布置

1.车站构造组成

地铁车站通常有车站主体（站台、站厅、设备用房、生活用房）、出入口及通道、通风道及地面通风亭三大部分组成。

车站主体是列车在线路上的停车点，其作用既是供乘客疏散、候车、换车及上下车，又是地铁运营设备设施的中心和办理运营业务的地方。

出入口及通道是供乘客进、出车站的建筑设施。

通风道及地面通风亭的作用是保证地下车站有一个舒适的地下环境。

不同分类下的站场平面图及布置特点:

（1）按照车站与地面相对位置分类的车站

地下车站、地面车站和高架车站，其构造组成如图9-1所示。

①地下车站，如图9-1a）所示。

空间封闭、狭长，节约城市用地，有良好的防护功能;站内噪声大，站内温度高，发生火灾后扑救困难，机械通风、人工照明施工比较复杂。

②地面车站,如图9-1b)所示。

车站简易,工程量小,布置灵活,乘客进出车站方便,可自然通风和天然采光,节约费用和能源,安全疏散较易,造价较低。

③高架车站,如图9-1c)所示。

有行车噪声干扰,根据情况采取封闭或不封闭隔离噪声,有永久性的阴影区,少占城市地面用地,较地下车站施工容易。

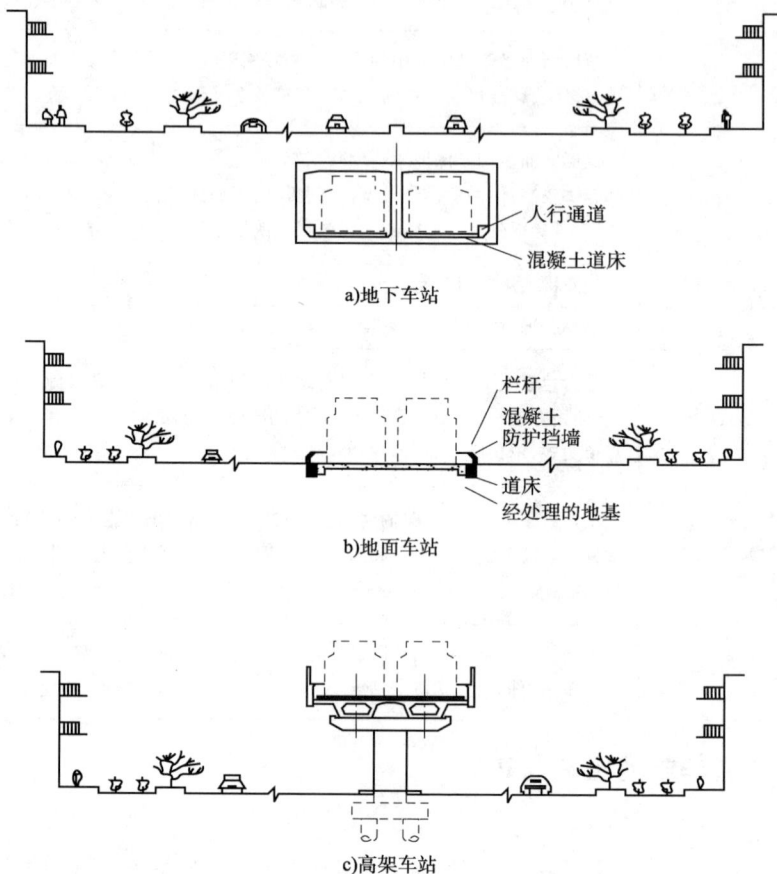

a)地下车站

b)地面车站

c)高架车站

图9-1 车站构造组成

(2)按照运营性质分类

①中间站及终点站,如图9-2所示。

中间站仅供乘客上下车。

终点站除了供乘客上下车外,还用于列车折返及停留。因此一般设有多股停车线,还可将线路延长作为中间站或区域站使用。

②区域站,如图9-3所示。

区域站能使列车在站内折返或停车有尽端折返设备的中间站。

③联运站,如图9-4所示。

车站内设有不同性质的列车线路,例如快车线,区域慢车线等,是单向具有一条以上停车线的中间站。

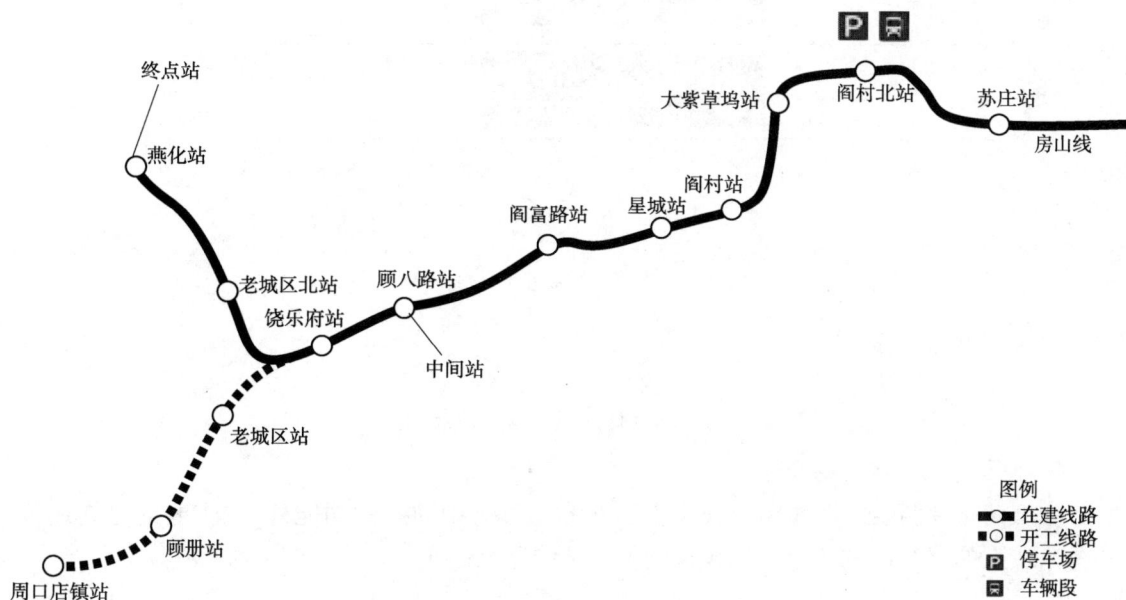

图 9-2　中间站及终点站

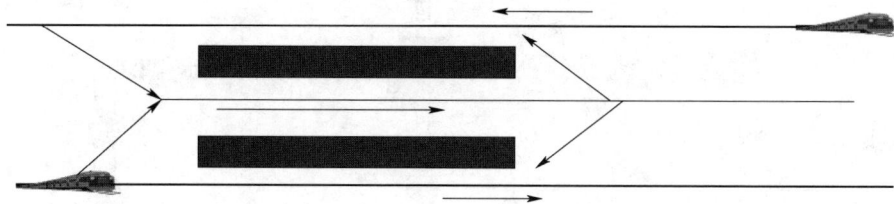

图 9-3　区域站

图 9-4　联运站

车站内设有两种不同性质的列车线路进行联运及客流换乘。联运站具有中间站及换乘站的双重功能。

④枢纽站,如图9-5所示。

由此站分出另一条线路的车站,轨道交通线路分岔的车站。枢纽站是设在两种不同行车密度交界处的车站。站内有折返线和设备。枢纽站兼有中间站的功能。

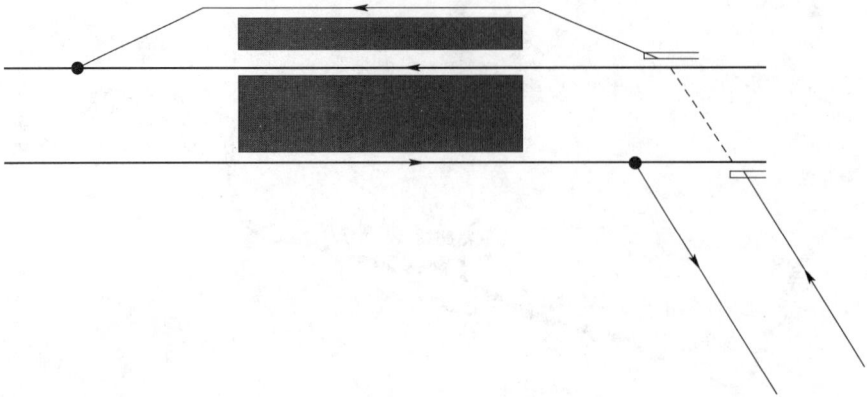

图 9-5　枢纽站

⑤换乘站,如图 9-6 所示。

位于两条及两条以上线路交叉点上的车站。具有中间站的功能外,更主要的是它还可从一条线上的车站通过换乘设施转换到另一条线路上的车站。

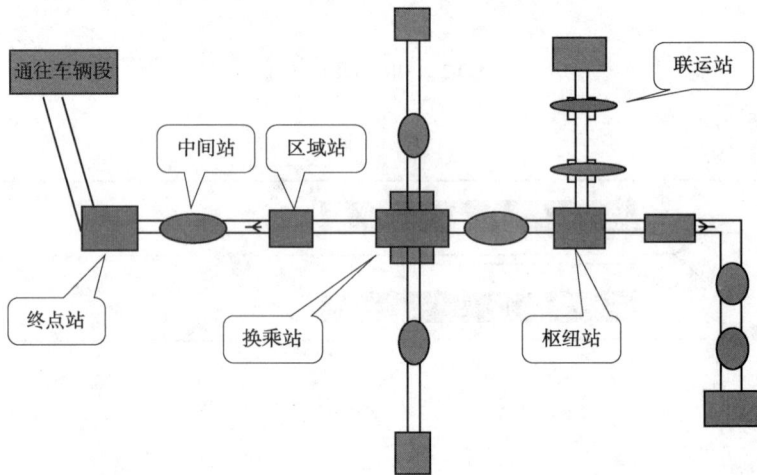

图 9-6　换乘站总体布局形式

（3）按照结构横断面分类

①矩形断面车站,如图 9-7 所示。

②拱形断面车站,如图 9-8 所示。

③圆形断面车站,如图 9-9 所示。

④其他断面车站。

广州越秀公园车站如图 9-10 所示。

（4）按照站台形式分类

①岛式站台,如图 9-11 所示。

②侧式站台,如图 9-12 所示。

③岛、侧混合站台,如图 9-13 所示。

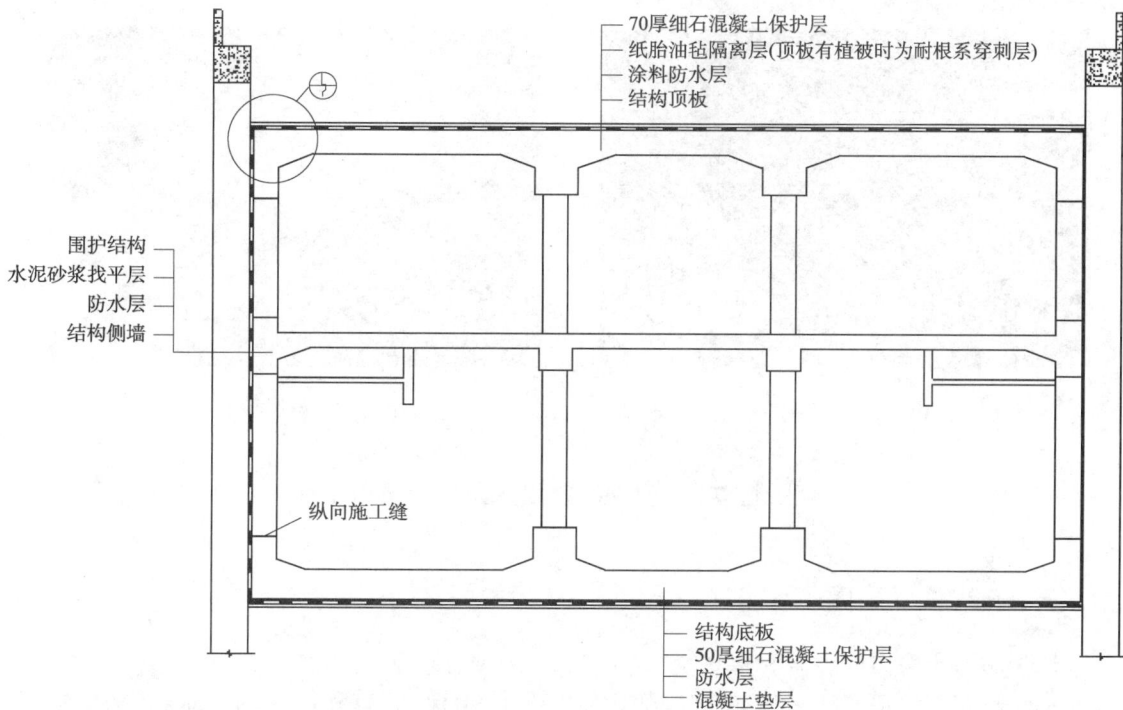

图 9-7　矩形断面车站

图 9-8　拱形断面车站

图 9-9　圆形断面车站

图 9-10　广州越秀公园站——马蹄形断面

图 9-11　岛式站台

133

图9-12 侧式站台

图9-13 岛、侧混合站台

单元二 轨道交通站场平面图

一、车站总平面图

1.车站总平面图的形成和用途

将新建城市轨道交通工程在一定范围内的新建、拟建、原有和拆除的建筑物、构筑物连同周围的地形、地物状况用水平投影方法和相应的图例画出的工程图样,称为车站总平面图,简称总平面图或总图。它表明了城市轨道交通车站的平面形状、位置、朝向、高程以及与周围环境(如原有建筑物、道路、绿化等)之间的关系。因此,总平面图是新建城市轨道交通车站施工定位和规划布置场地的依据,也是其他工种(如水、暖、电等)的管线总平面图规划布置的依据。

2.车站总平面的图示方法

总平面所表示的范围较大,一般采用较小的比例。工程实践中,由于有关部门提供的地形图一般为1:500的比例,因此总平面图也常用1:500的比例,如图9-14所示。

总平面图的图形主要是以图例的形式表示,一般采用标准图例,如图中采用不是标准中的图例,应在总平面图下面加以说明。

总平面图应以含有+0.000高程的平面作为总平面图,图中标注的高程应为绝对高程。总平面图中坐标、高程、距离宜以米(m)为单位,并保留至小数点后两位。

二、识读车站平面布置图

图9-15为某地铁车站的平面布置图,选用比例1:100,地铁车站功能复杂、涉及面广、设备及辅助设施多、专业性强。归纳起来,车站建筑由下列四部分组成。

1.乘客使用空间

乘客使用空间在车站建筑组成中占有很重要的位置,它是车站中的主体部分,此部分的面积占车站总面积50%左右。如图所示乘客使用空间主要包括站厅、站台、出入口、通道、售票处、检票口、问讯处、公用电话、小卖部、楼梯及自动扶梯等。

乘客使用区设有自动扶梯、楼梯、自动售检票设施、通风管道及建筑装修。

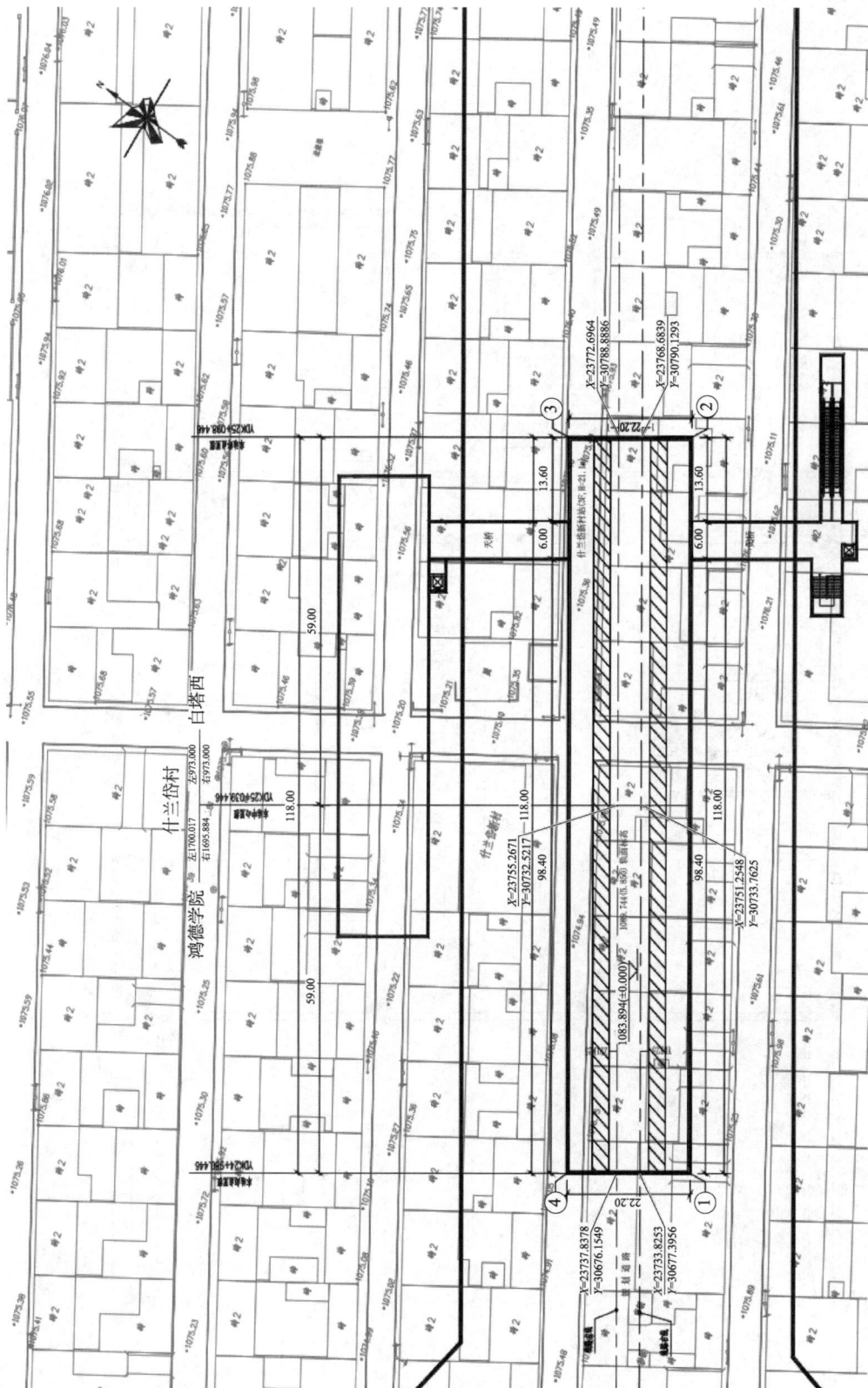

图 9-14 某车站主体结构总平面图

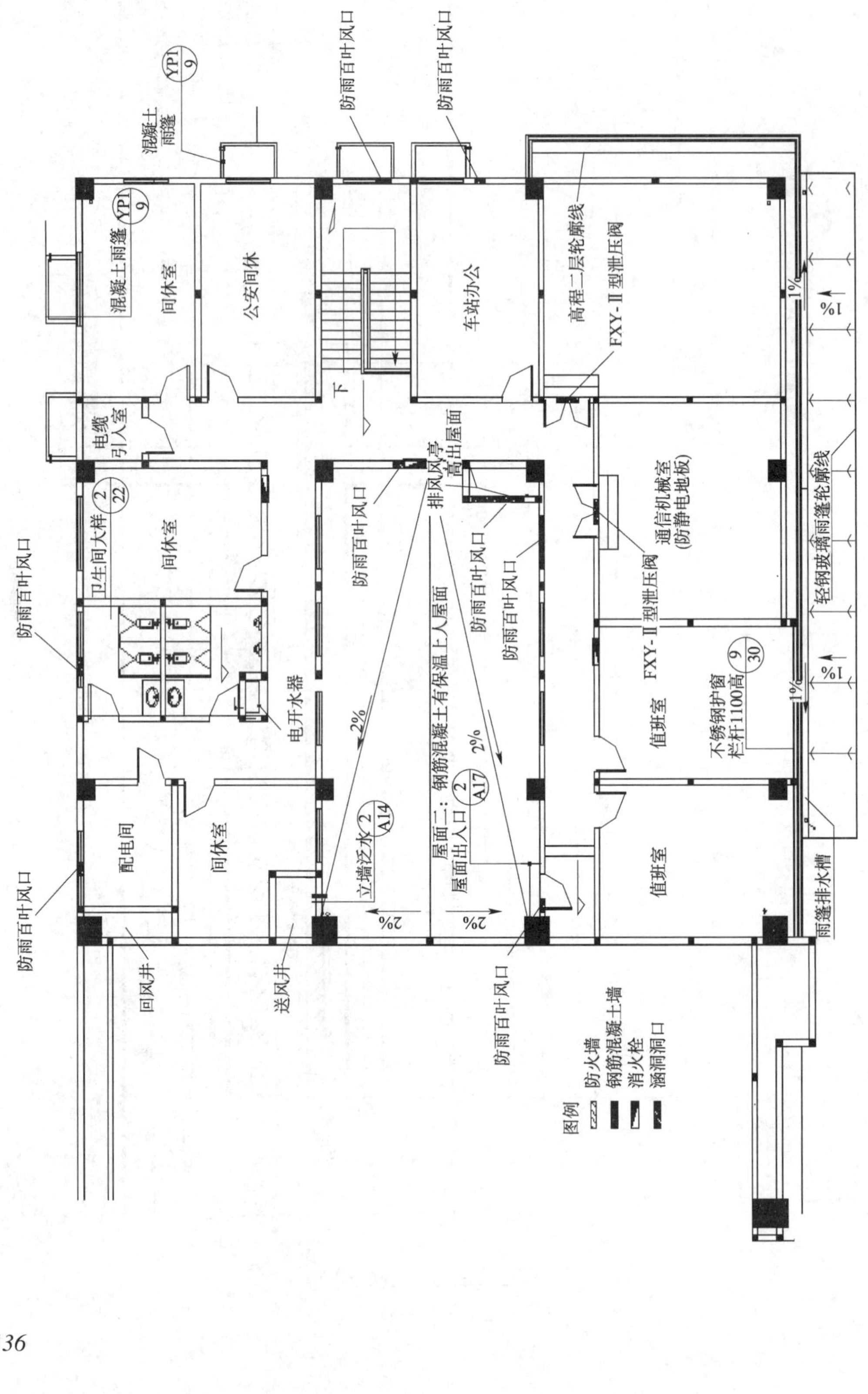

136

某车站主体结构平面布置图

图 9-15 某车站主体结构平面布置图

2.运营管理用房

运营管理用房是为了保证车站具有正常运营条件和营业秩序而设置的办公用房,由进行日常工作和管理的部门及人员使用,是直接或间接为列车运行和乘客服务的,运营管理用房与乘客关系密切,一般布置在临近乘客使用空间的地方。主要包括站长室、行车值班室、业务室、广播室、会议室、公安保卫室等。

3.技术设备用房

技术设备用房是为了保证列车正常运行、保证车站内具有良好环境条件及在事故灾害情况下能够及时排除灾害的不可或缺的设备用房。它是直接和间接为列车运行和乘客服务的,主要包括环控房、变电所、综合控制室、防灾中心、通信机械室、信号机械室、自动售检票室、泵房、冷冻站、机房、配电以及上述设备用房所属的值班室、工区用房、附属用房及设施等。

技术设备用房是整个车站的心脏所在地。由于这些用房与乘客没有直接联系,因此,一般布设在离乘客较远的地方。

4.辅助用房

辅助用房是为了保证车站内部工作人员正常工作生活所设置的用房,是直接供站内工作人员使用的,主要包括厕所、更衣室、休息室、茶水间、盥洗室、储藏室等,这些用房均设在站内工作人员使用的区域内。

📝 知识拓展

请扫描以下二维码,下载相关专业图纸进行识读。

某地铁车站标高板配筋图	某地铁车站一层盖梁悬挑端 及天桥牛腿配筋构造图
某地铁车站柱配筋详图	某地铁车站纵剖面图

🍎 复习思考题

1.城市轨道交通车站有哪些分类方式?分类情况?各类车站的特点如何?

2.城市轨道交通车站的组成部分有哪些?每部分的作用是什么?

3.车站建筑有哪几部分组成?布置原则是什么?

模块十 AutoCAD 绘图

🎯 学习指南

目前主流的绘图方式已经从手工绘图发展到计算机绘图。本项目主要介绍目前国际上应用较为广泛的绘图软件 AutoCAD(以 2017 版为例)的主要功能及操作,并结合轨道工程图说明如何综合运用 AutoCAD 来完成工程图的绘制。

传统的绘图方式是人们使用常规作图工具三角板、圆规、图板等在图样上进行手工绘图。近几十年来,随着计算机科学技术的发展,计算机硬件和软件功能不断增强和完善,计算机辅助设计(Computer Aided Design)作为其最重要最基本的应用进入实用化阶段,并在诸如土木工程、道路与桥梁、建筑、机械、汽车、电子、航空、造船、化工等领域和行业取得了广泛的应用。CAD 成为各行各业的工程技术人员必须掌握的重要工具。

单元一 AutoCAD 2017 基础知识

一、AutoCAD 2017 工作界面和工作空间

在学习 AutoCAD 2017 之前,首先要了解该软件的操作界面,该版软件非常人性化,提供便捷的操作工具,可以帮助用户快速熟悉操作环境,从而提高工作效率。AutoCAD 2017 还提供了几种工作空间供用户选择使用。

1. AutoCAD 的工作界面

在启动 AutoCAD 2017 后,软件将默认进入"草图与注释"工作空间,如图 10-1 所示。

图 10-1 草图与注释工作空间

2. AutoCAD 的工作空间

AutoCAD 2017 提供"草图与注释"、"三维基础"、"三维建模"和"自定义"等多种工作空间模式。要在各种工作空间模式中进行切换,只需单击快速访问工具栏中的空间名称,然后在弹出的下拉列表中选中相应的工作空间即可(图 10-2)。

图 10-2　工作空间选择

二、AutoCAD 文件基本操作

在 AutoCAD 2017 中,图形文件管理一般包括创建新文件、打开和关闭已有的图形文件、保存图形文件、加密文件等。

1. 创建图形文件

创建新图形的方法有很多种,包括使用向导创建图形或使用样板文件创建图形(图 10-3)。无论采用哪种方法,都可以选择测量单位和其他单位格式。

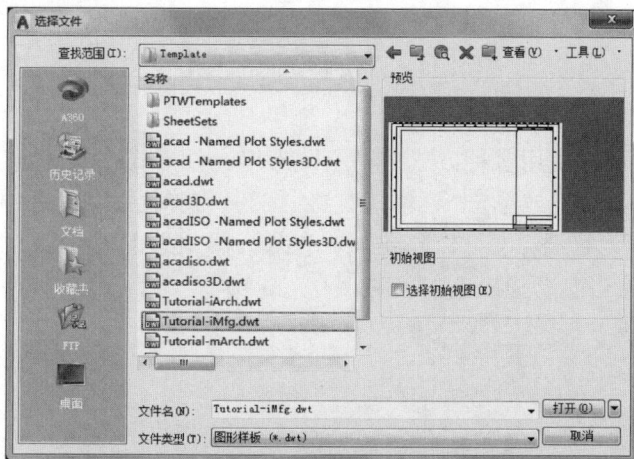

a)

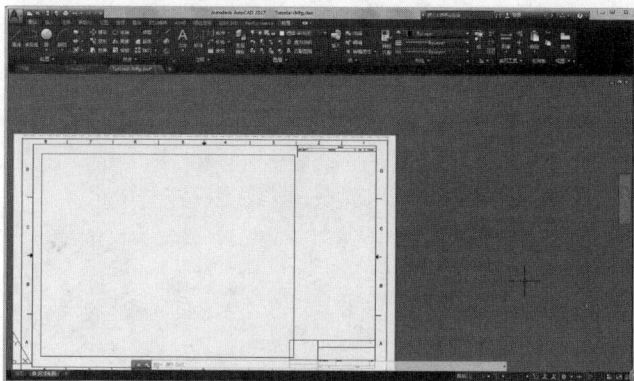

b)

图 10-3　创建图形文件

2. 打开和关闭图形文件

在 AutoCAD 2017 中,创建完成图形文件后,可以进行打开和关闭文件的操作(图 10-4)。

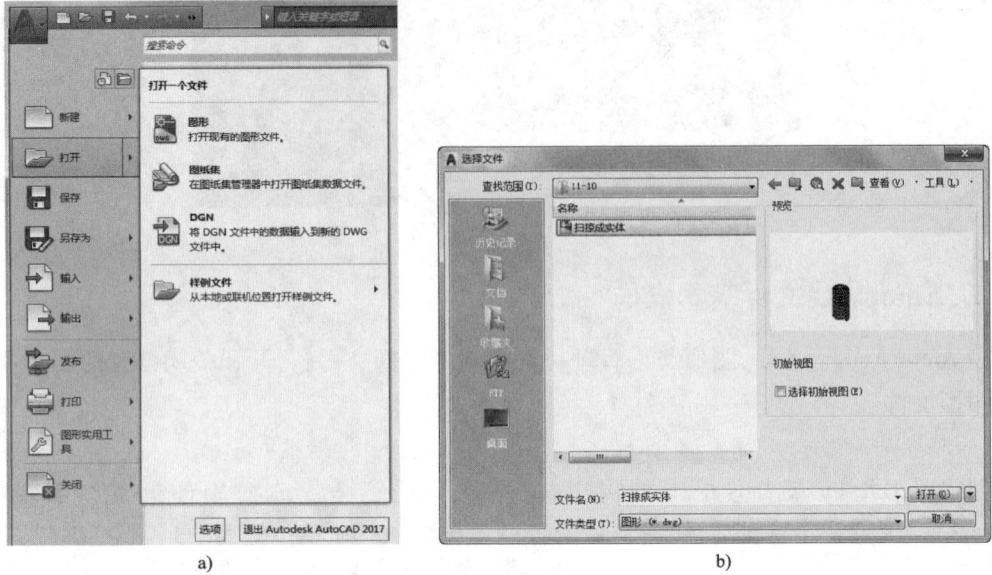

a)   b)

图 10-4　打开和关闭图形文件

3. 保存图形文件

在 AutoCAD 中,可以使用多种方式将所绘图形以文件形式存入磁盘。例如,在快速访问工具栏中单击"保存"按钮,或单击"菜单浏览器"按钮,在弹出的菜单中选择"保存"命令,以当前使用的文件名保存图形;也可以单击"菜单浏览器"按钮,在弹出的菜单中选择"另存为"→"图形"命令,将当前图形以新的名称保存(图 10-5)。

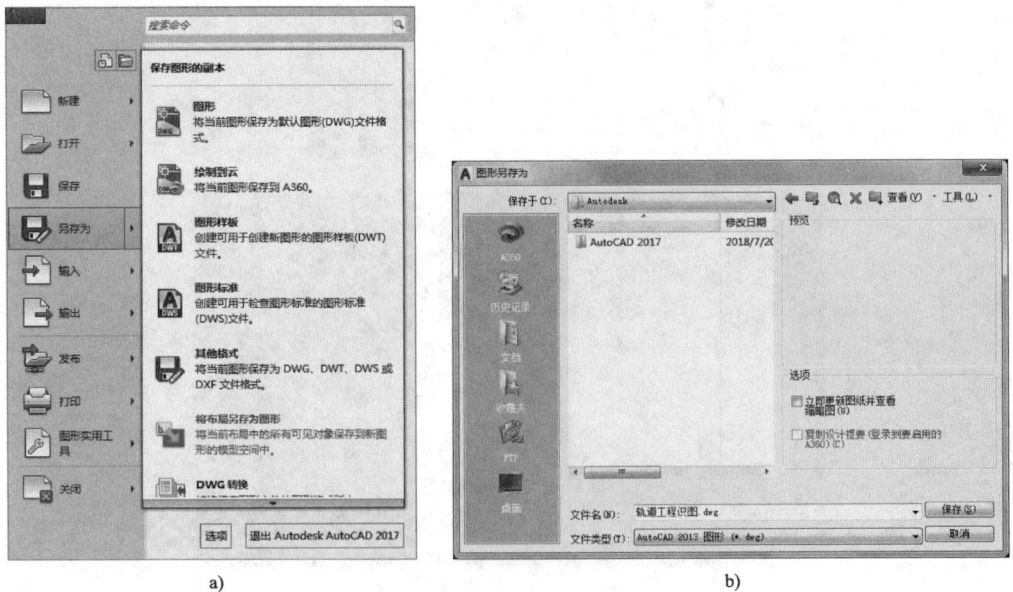

a)   b)

图 10-5　保存图形文件

三、设置 AutoCAD 绘图环境

在使用 AutoCAD 2017 绘图前,用户需要对参数选项、绘图单位和绘图界限等进行必要的设置。

1.设置参数选项

单击"菜单浏览器"按钮,在弹出的菜单中单击"选项"按钮,打开"选项"对话框。在该对话框中包含"文件"、"显示"、"打开和保存"、"打印和发布"、"系统"、"用户系统配置"、"绘图"、"三维建模"、"选择集"、"配置"选项卡(图 10-6)。

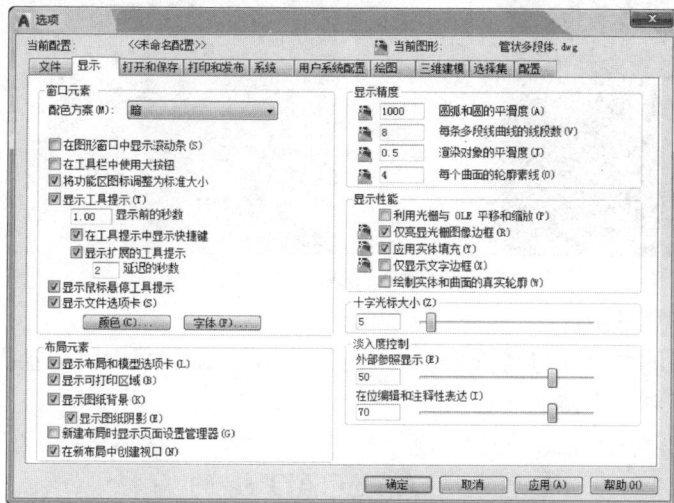

图 10-6　参数选项设置

2.设置图形单位

在 AutoCAD 中,可以采用1:1的比例因子绘图,因此,所有的直线、圆和其他对象都可以以真实大小来绘制(图 10-7)。

图 10-7　图形单位设置

3.设置图形界限

图形界限就是绘图区域,也称为图限。在 AutoCAD 2017 中,可以在快速访问工具栏中选择"显示菜单栏"命令(图10-8),在弹出的菜单栏中选择"格式"→"图形界限"命令(LIM-ITS)来设置图形界限。

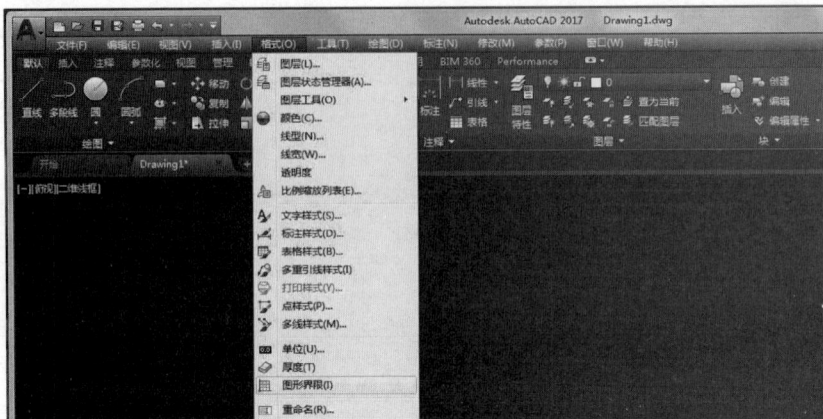

图 10-8　图形界限设置

4.设置命令窗口显示

AutoCAD 默认的命令窗口行数为3,字体为 Courier New,用户可以根据设计的需求更改命令窗口的显示行数和字体。

单元二　AutoCAD 绘图基础

使用 AutoCAD 2017 进行各种绘图及编辑操作之前,应首先掌握命令的基本调用方法、坐标系的设置方法,以及绘图的基本操作,掌握这些将有利于用户更好地管理图形文件、绘制及编辑图形。本部分主要介绍在 AutoCAD 中常用绘图的方法、使用命令与系统变量,以及坐标系的使用方法等知识。

一、AutoCAD 绘图的方法

为了满足不同用户的需要,使操作更加灵活方便,AutoCAD 2017 提供了多种方法来实现相同的功能。例如,可以使用菜单栏、工具栏、绘图命令、"菜单浏览器"按钮和选项板等方法来绘制基本图形对象。

1.使用菜单栏

绘制图形时,最常用的菜单是"绘图"和"修改"菜单(图10-9)。

2.使用工具栏

工具栏中的每个按钮都与菜单栏中的菜单命令对应,单击按钮即可执行相应的绘图命令(图10-10)。

3.使用"菜单浏览器"按钮

单击"菜单浏览器"按钮,在弹出的菜单中选择相应的命令,同样可以执行相应的绘图命令 (图10-11)。

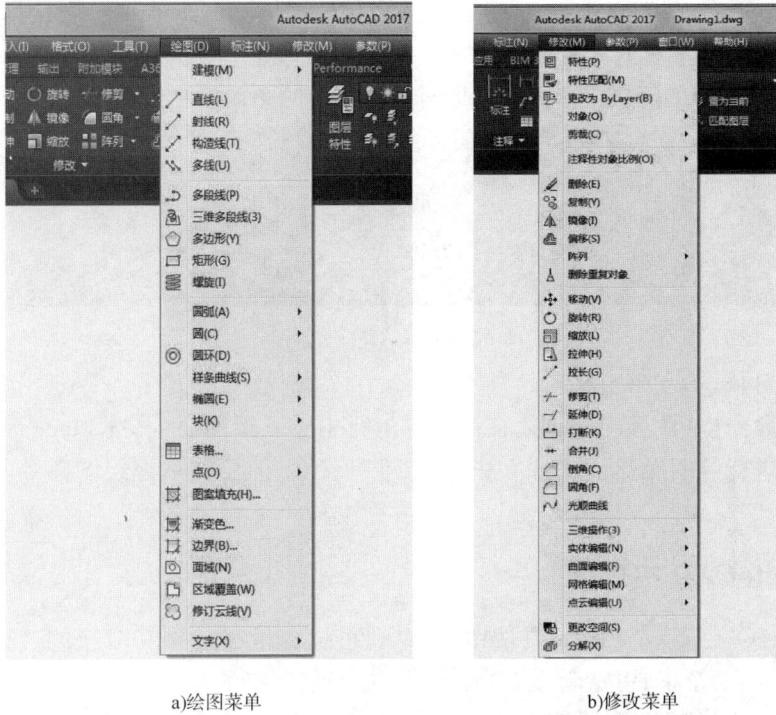

a)绘图菜单 b)修改菜单

图 10-9 绘图和修改菜单

图 10-10 工具栏

图 10-11 使用"菜单浏览器"

4.使用"功能区"选项板

"功能区"选项板集成了"默认"、"插入"、"注释"、"参数化"、"视图"、"管理"和"输出"等选项卡,在这些选项卡的面板中单击按钮即可执行相应的图形绘制或编辑操作(图10-12)。

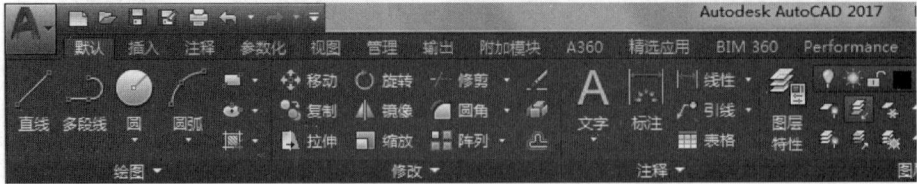

图10-12 "功能区"选项版

5.使用绘图命令

使用绘图命令也可以绘制图形,在命令提示行中输入绘图命令,按 Enter 键,并根据命令行的提示信息进行绘图操作。这种方法快捷,准确性高,但要求掌握绘图命令及其选择项的具体功能。

二、在 AutoCAD 中执行命令

在 AutoCAD 中,菜单命令、工具按钮、命令和系统变量都是相互对应的。可以选择某一菜单命令,或单击某个工具按钮,或在命令行中输入命令和系统变量来执行相应命令。命令是 AutoCAD 绘制与编辑图形的核心。

1.使用鼠标执行命令

在绘图窗口,光标通常显示为"十"字线形式。当光标移至菜单选项、工具栏或对话框内时,它会变成一个箭头。无论光标是"十"字线形式还是箭头形式,当单击或者按动鼠标键时,都会执行相应的命令或动作。

2.使用命令窗口

通过在命令窗口中输入命令的方法来执行 AutoCAD 命令,是一种快捷的命令执行方法,其具体的做法是:在命令窗口中输入 AutoCAD 命令的英文全称或缩写,然后按下 Enter 键。例如,执行"直线"命令,可以在命令窗口中输入 line 或 L 然后下 Enter 键即可。

3.使用按钮和菜单栏

在 AutoCAD 功能区中,每个选项卡中都有多个对应的面板,在这些面板中设置有相关的命令按钮。单击其中某一个按钮,将执行与其对应的命令,随后在命令窗口中将提示用户执行相应的操作。例如单击"默认"选项卡中的"多段线"按钮,执行"多段线"命令。按照命令窗口中的文字提示,在绘图窗口中单击指定起点,接下来,根据命令窗口中的操作提示即可完成"多段线"命令的操作。

4.使用系统变量

在 AutoCAD 中,系统变量用于控制某些功能和设计环境、命令的工作方式,它可以打开或关闭捕捉、栅格或正交等绘图模式,设置默认的填充图案,或存储当前图形和 AutoCAD 配置的有关信息。

5.使用透明命令

如果用户在执行某个命令的过程中需要用到其他的命令,而又不希望退出当前执行

的命令,可以通过透明命令实现操作。透明命令多为辅助功能,例如正交、极轴和对象捕捉等,执行此类命令时应在输入命令前输入单引号"'",执行透明命令后将继续执行原命令。

6. 重复、撤销和重做命令

在 AutoCAD 中,可以方便地重复执行同一条命令,或撤销前面执行的一条或多条命令。此外,撤销前面执行的命令后,还可以通过重做来恢复前面执行的命令。

三、使用 AutoCAD 的坐标系

在绘图过程中常常需要使用某个坐标系作为参照,拾取点的位置,以便精确定位某个对象。AutoCAD 提供的坐标系可以用来准确地设计并绘制图形。

1. 世界坐标系与用户坐标系

在 AutoCAD 2017 中,坐标系分为世界坐标系(WCS)和用户坐标系(UCS),如图 10-13、图 10-14 所示。这两种坐标系下都可以通过坐标(x,y)来精确定位点。

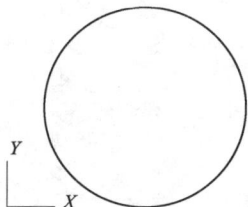

图 10-13 世界坐标系(WCS)的位置 图 10-14 用户坐标系(UCS)的位置

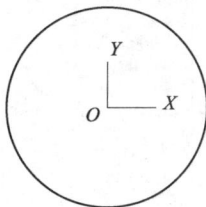

2. 坐标表示方法

在 AutoCAD 2017 中,点的坐标可以使用绝对直角坐标、绝对极坐标、相对直角坐标和相对极坐标 4 种方法表示。

3. 控制坐标的显示

在绘图窗口中移动光标的十字指针时,状态栏上将动态地显示当前指针的坐标。在 AutoCAD 2017 中,坐标显示取决于所选择的模式和程序中运行的命令,共有 3 种模式(图 10-15)。

模式0,关   模式1,绝对   模式2,相对极坐标

图 10-15 坐标的 3 种显示方式

4. 创建用户坐标系

在 AutoCAD 中,在快速访问工具栏中选择"显示菜单栏"命令,在弹出的菜单栏中选择"工具"→"新建 UCS"命令的子命令(图 10-16)。或者选择"功能区"选项板的"视图"选项卡,在 UCS 面板中单击相应的按钮,都可以方便地创建 UCS。

5. 选择和命名用户坐标系

在快速访问工具栏中选择"显示菜单栏"命令,在弹出的菜单栏中选择"工具"→"命名 UCS"命令,在"UCS"对话框(图 10-17)中选择"命名 UCS"选项卡,在"当前 UCS"列表中选择"世界"、"上一个"、"未命名"等选项,然后单击"置为当前"按钮,可将其置为当前坐标系,这时在该 UCS 前面将显示" "标记。也可以单击"详细信息"按钮,在"UCS 详细信息"

对话框(图10-18)中查看坐标系的详细信息。

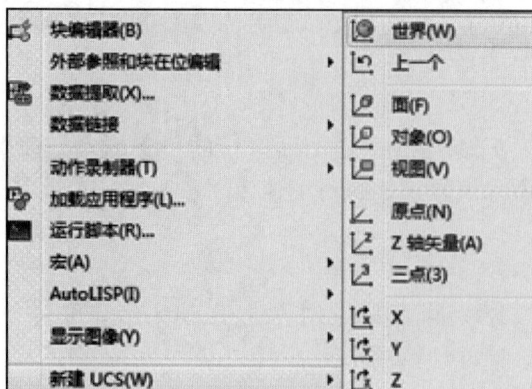

图10-16　选择子命令

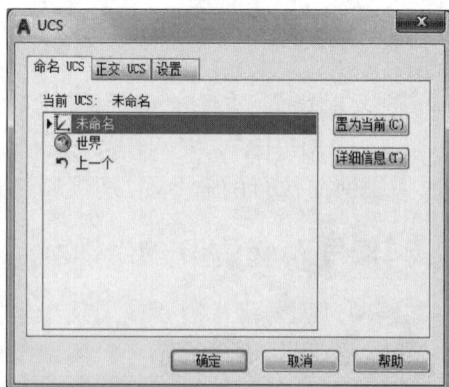

图10-17　"UCS"对话框

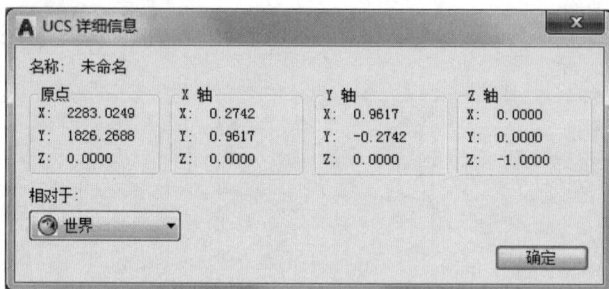

图10-18　"UCS详细信息"对话框

6.使用正交用户坐标系

在"UCS"对话框中选择"正交 UCS"选项卡,可以从"当前 UCS"列表中选择需要使用的正交 UCS 坐标系。

7.设置 UCS 选项

在 AutoCAD 2017 中,在快速访问工具栏中选择"显示菜单栏"命令,在弹出的菜单栏中选择"视图"→"显示"→"UCS 图标"子菜单中的命令,控制坐标系图标的可见性和显示方式。

四、修复和恢复图形文件

在绘图过程中图形文件损坏后或程序意外终止后,可以通过使用命令查找并更正错误或通过恢复为备份文件,修复部分或全部数据。

1.修复损坏的图形文件

如果在图形文件中检测到损坏的数据或者用户在程序发生故障后要求保存图形,那么该图形文件将标记为已损坏。如果只是轻微损坏,有时只需打开图形便可以修复它。要修复损坏的文件,可以在快速访问工具栏中选择"显示菜单栏"命令,在弹出的菜单栏中选择"文件"→"图形实用工具"→"修复"命令,可以打开"选择文件"对话框,从中选择一个需要修复的图形文件,并单击"打开"按钮。此时,AutoCAD 2017 将尝试打开图形文件,并在打开的对话框中显示核查结果。

2.创建和恢复备份文件

在快速访问工具栏选择"显示菜单栏"命令,在弹出的菜单中选择"工具"→"选项"命令,打开"选项"对话框,选择"打开和保存"选项卡,在"文件安全措施"选项区域中选择"每次保存时均创建备份副本"复选框,就可以指定在保存图形时创建备份文件(图 10-19)。

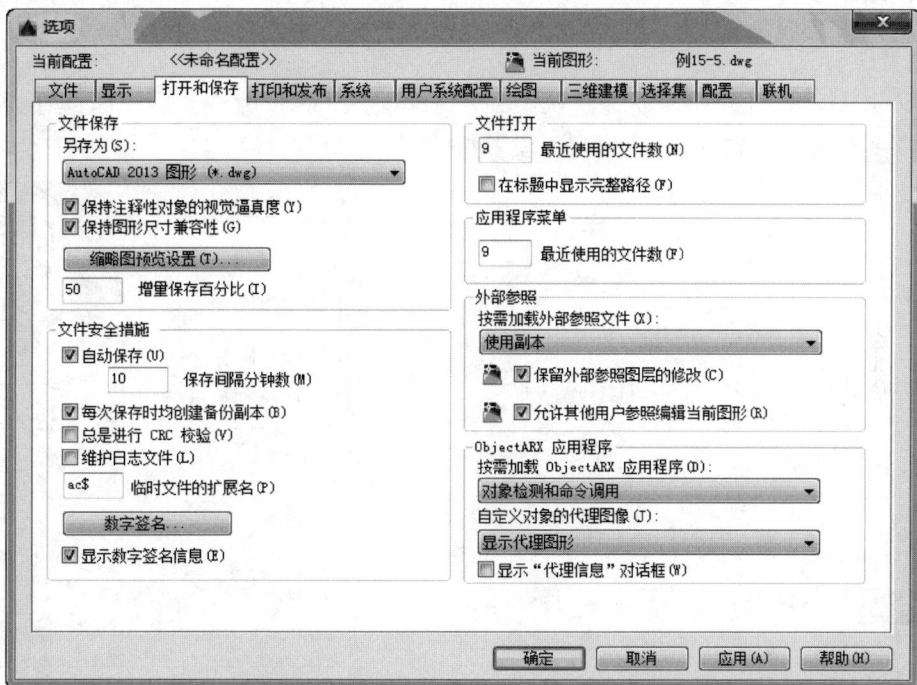

图 10-19　"创建和恢复备份文件"选项窗口

3.从系统恢复故障

如果由于系统原因,例如断电,而导致程序意外终止时,可以恢复已打开的图形文件。程序出现故障,可以将当前工作保存为其他文件。此文件使用的格式为 Drawing File Name_recover.dwg,其中 Drawing File Name 为当前图形的文件名 。

单元三　绘制二维图形

在 AutoCAD 中,用户不仅可以绘制点、直线、圆、圆弧、多边形和圆环等基本二维图形,还可以绘制多段线、多线和样条曲线这样的高级图形对象。二维平面图形的形状都很简单,创建起来也很容易,它们是整个 AutoCAD 的绘图基础。只有熟练掌握二维基本图形的绘制方法,才能够方便、快捷地绘制出其他复杂多变的图形。本部分主要介绍使用 AutoCAD 绘制二维图形的相关知识 。

一、绘制点

点是组成图形的最基本元素,通常用于作为对象捕捉的参考点,例如标记对象的节点、参考点和圆心点等。在 AutoCAD 中,点对象可用作捕捉和偏移对象的节点或参考点。掌握绘制点方法的关键在于灵活运用点样式,并根据需求制定各种类型的点 。

1. 绘制单点和多点

单点和多点是点常用的两种类型。所谓单点是在绘图区一次仅绘制一个点,主要用来指定单个特殊点的位置,例如指定中点、圆点和相切点等;而多点则是在绘图区可以连续绘制多个点,且该方式主要是用第一点为参考点,然后依据该参考点绘制多个点(图 10-20)。

2. 设置点样式

在 AutoCAD 中绘制点时,系统默认为一个小墨点,不便于用户观察。因此在绘制点之前,通常需要设置点样式,必要时自定义设置点的大小(图 10-21)。

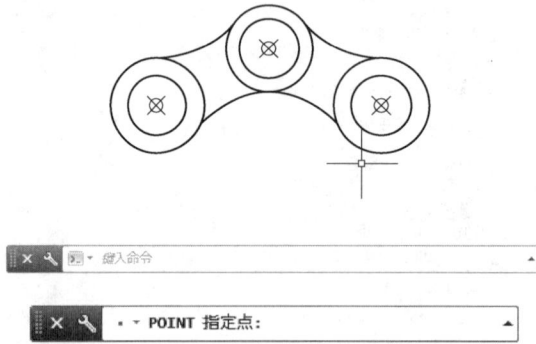

图 10-20　绘制单点和多点

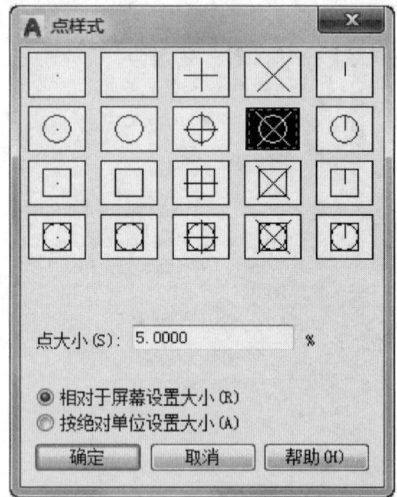

图 10-21　"点样式"绘图窗口

3. 绘制等分点

图 10-22　等分点绘制

等分点是在直线、圆弧、圆或椭圆以及样条曲线等几何图元上创建的等分位置点或插入的等间距图块。在 AutoCAD 中,用户可以使用等分点功能对指定对象执行等分间距操作,即从选定对象的一个端点划分出相等的长度,并使用点或块标记将各个长度间隔(图 10-22)。

二、绘制线

在 AutoCAD 中,直线、射线和构造线都是最基本的线性对象。这些线性对象和指定点位置一样,都可以通过指定起始点和终止点来绘制,或在命令行中输入坐标值以确定起始点和终止点位置,从而获得相应的轮廓线。

1. 绘制直线

AutoCAD 的直线是指两点确定的一条直线段(图 10-23),而不是无限长的直线。构造直线段的两点可以是图元的圆心、端点(顶点)、中点和切点等类型。根据生成直线的方式,主要分为以下几种类型。

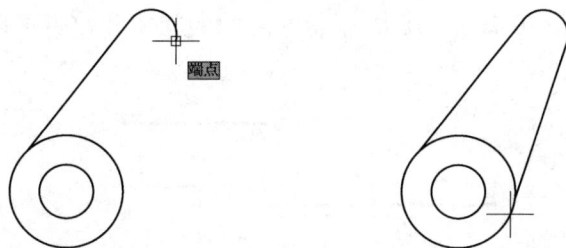

图 10-23　由两点绘制一条直线

2.绘制射线和构造线

射线和构造线都属于直线的范畴,上面介绍的直线狭义上称为直线段,而射线和构造线这两种线则是指一端固定一端延伸或两端延伸的直线,可以放置在平面或三维空间的任何位置,主要用于绘制辅助线(图 10-24)。

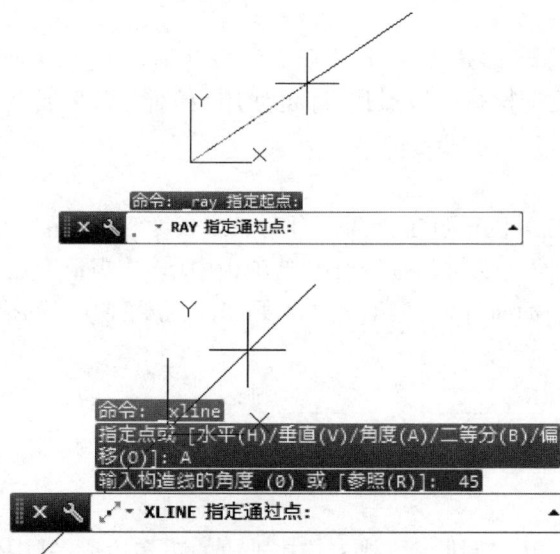

图 10-24　射线和构造线绘制

3.绘制多段线

多段线是作为单个对象创建的相互连接的线段组合图形。该组合线段作为一个整体,可以由直线段、圆弧段或两者的组合线段组成,并且可以是任意开放或封闭的图形(图 10-25)。此外为了区别多段线的显示,除了设置不同形状的图元及其长度外,还可以设置多段线中不同的线宽显示。

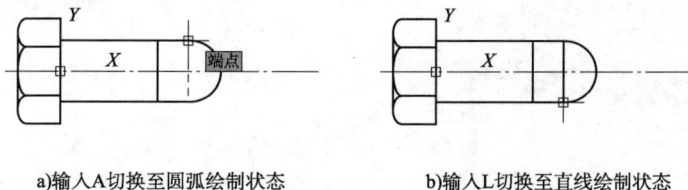

a)输入A切换至圆弧绘制状态　　　　　b)输入L切换至直线绘制状态

图 10-25　绘制直线和圆弧段组合多段线

4.绘制多线

多线是由多条平行线组成的一种复合型图形,主要用于绘制建筑图中的墙壁或电子图

149

中的线路等平行线段(图 10-26)。其中,平行线之间的间距和数目可以调整,并且平行线数量最多不可超过 16 条。

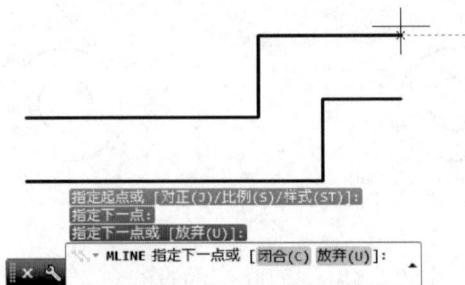

图 10-26　绘制多线

三、绘制多边形

矩形和正多边形同属于多边形,图形中所有线段并不是孤立的,而是合成一个面域。这样在进行三维绘图时,无须执行面域操作,即可使用"拉伸"或"旋转"工具将该轮廓线转换为实体。

1. 绘制矩形

在 AutoCAD 中,用户可以通过定义两个对角点或长度和宽度的方式来绘制矩形,同时可以设置其线宽、圆角和倒角等参数。在"绘图"选项板中单击"矩形"按钮,命令行将显示"指定第一个角点或[倒角(C)/标高(E)/圆角(F)/厚度(T)/宽度(W)]"的提示信息(图 10-27)。

图 10-27　矩形的各种样式

2. 绘制正多边形

利用"正多边形"工具可以快速绘制 3~1024 边的正多边形,其中包括等边三角形、正方形、五边形和六边形等(图 10-28)。在"绘制"选项板中单击"多边形"按钮,即可按照内切圆、外接圆、边长 3 种方法绘制正多边形。

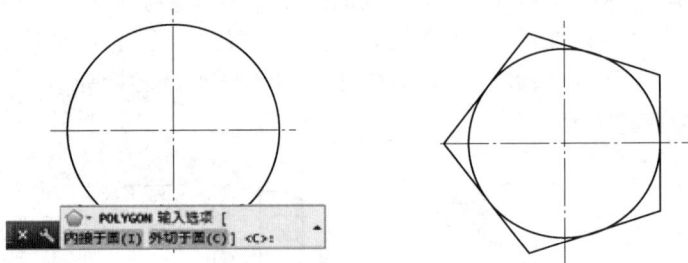

图 10-28　用外接圆绘制正五边形

3. 绘制区域覆盖

区域覆盖是在现有的对象上生成一个空白区域,用于覆盖指定区域或要在指定区域内添加注释。该区域与区域覆盖边框进行绑定,用户可以打开区域进行编辑,也可以关闭区域进行打印操作。边框的显示与隐藏效果如图 10-29 所示。

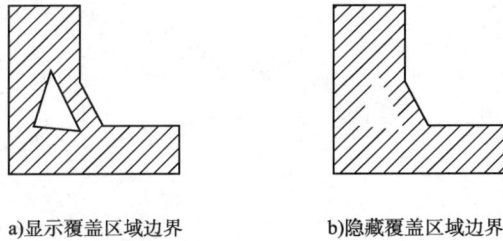

a)显示覆盖区域边界　　　　　　　　b)隐藏覆盖区域边界

图 10-29　边框的显示与隐藏效果

四、绘制圆和弧线

在实际绘图中,图形中不仅包含直线、多段线、矩形和多边形等线性对象,还包含圆、圆弧、椭圆以及椭圆弧等曲线对象,这些曲线对象同样是 AutoCAD 图形的主要组成部分。

1. 绘制圆

在 AutoCAD"绘图"选项板中单击"圆"按钮下方的黑色三角,在其下拉列表中主要提供有 6 种绘制圆的方法(图 10-30)。利用"两点"工具绘制圆如图 10-31 所示。

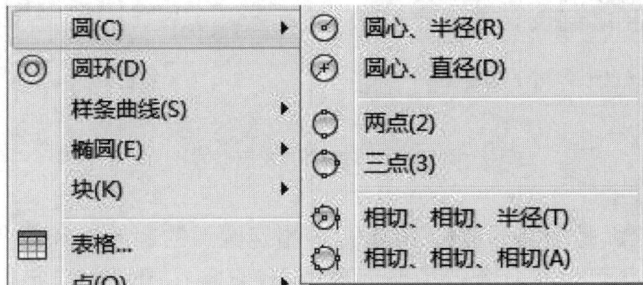

图 10-30　绘制圆的 6 种方法

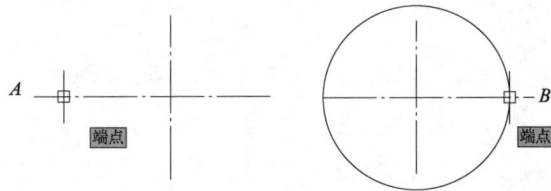

图 10-31　利用"两点"工具绘制圆

2. 绘制圆弧

在 AutoCAD 中,圆弧既可以用于建立圆弧曲线和扇形,也可以用于放样图形的放样界面。由于圆弧可以看作是圆的一部分,因此它会涉及起点和终点的问题。绘制圆弧的方法与绘制圆的方法类似,既要指定半径和起点,又要指出圆弧所跨的弧度大小(图 10-32)。

3. 绘制椭圆

椭圆是指平面上到定点距离与到定点直线间距离之比为常数的所有点的集合。零件上圆孔特征在某一角度上的投影轮廓线、圆管零件上相贯线的近似画法等均以椭圆显示。指定端点绘制椭圆如图 10-33 所示。

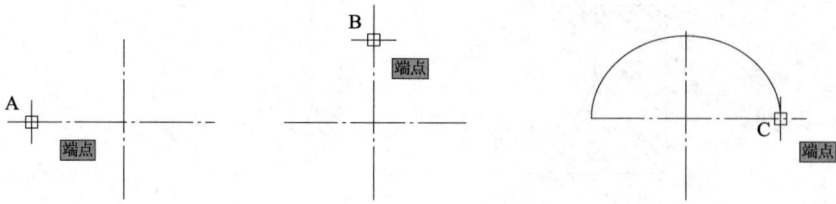

图 10-32　利用"三点"工具绘制圆弧

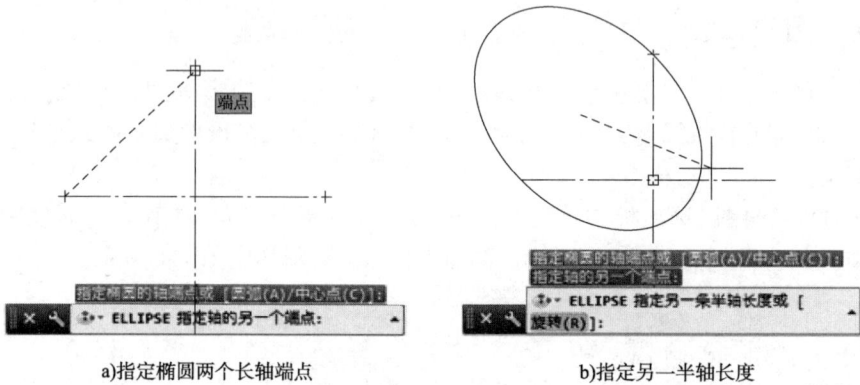

a)指定椭圆两个长轴端点　　　　　　b)指定另一半轴长度

图 10-33　指定端点绘制椭圆

4. 绘制椭圆弧

　　椭圆弧顾名思义就是椭圆的部分弧线,只需指定圆弧的起始角和终止角即可。此外,在指定椭圆弧终止角时,可以在命令行中输入数值,或直接在图形中指定位置点定义终止角。绘制椭圆弧如图 10-34 所示。

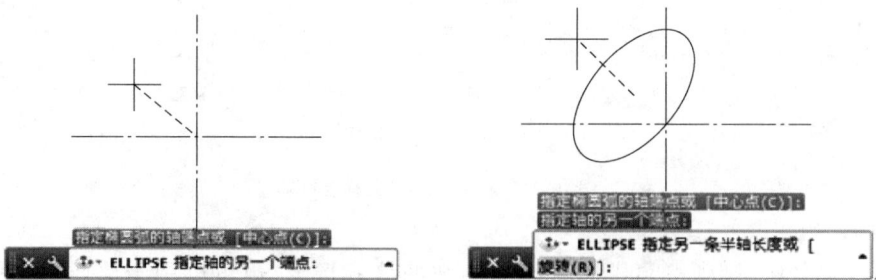

图 10-34　绘制椭圆弧

5. 绘制圆环

　　圆环是由两个同心圆组成的图形。在绘制圆环时,应首先指定圆环的内径、外径,然后再指定圆环的中心点(图 10-35)即可完成圆环图形的绘制。绘制一个圆环后可以继续指定中心点的位置来绘制相同大小的多个圆环,直到按下 Esc 键退出绘制为止(图 10-36)。

图 10-35　指定圆环中心点位置　　　　图 10-36　绘制圆环

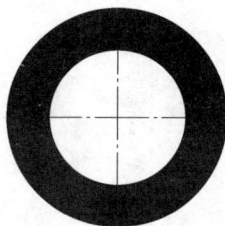

6. 绘制样条曲线

样条曲线是经过或接近一系列给定点的光滑曲线,可以控制曲线与点的拟合程度。在机械绘图中,该类曲线通常用于表示区分断面的部分,还可以在建筑图中表示地形、地貌等。它的形状是一条光滑的曲面,并且具有单一性,即整个样条曲线是一个单一的对象。绘制样条曲线如图 10-37 所示。

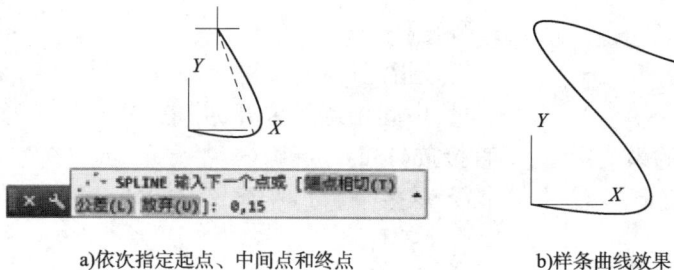

a)依次指定起点、中间点和终点　　　　　b)样条曲线效果

图 10-37　绘制样条曲线

单元四　图形编辑

一、编辑命令

编辑图形是指对已有的图形对象进行移动、旋转、缩放、复制、删除及其他修改操作。AutoCAD2017 提供的图形编辑命令可以帮助用户合理构造与组织图形,保证作图的准确度,可以简化作图过程,减少重复操作,显著提高绘图的效率。

用户应熟悉"修改"工具栏、"修改"下拉菜单(如图 10-38 所示)以及各编辑命令的英文及其缩写,这三种方式也是编辑命令的基本激活方式。

1. 复制对象

(1)复制

复制命令可以在指定方向上按指定距离复制单个或多个对象。

执行"复制"命令的方法如下:

①单击"修改"工具栏上的"⊙"图标按钮;

②选择"修改"下拉菜单中的"复制"选项;

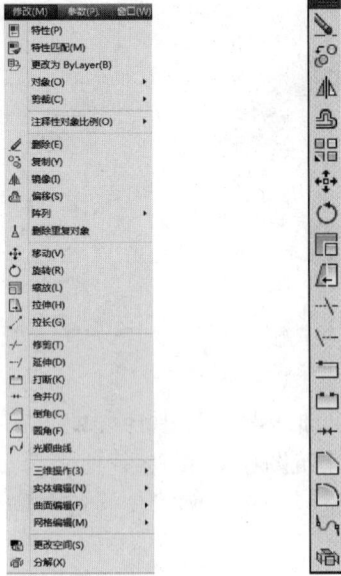

a)"修改"下拉菜单   b)"修改1"工具栏

图10-38 "修改"菜单和工具栏

③在命令行输入 COPY 或 CO,按〈Enter〉键。

命令执行情况如下:

命令:_copy

选择对象:(选择一个或多个要复制的对象)

……

当前设置: 复制模式 = 多个

选择对象:↙(选择完成后按〈Enter〉键确认)

指定基点或[位移(D)/模式(O)]〈位移〉:(用鼠标拖动复制到指定位置)

指定第二个点或[阵列(A)]〈使用第一个点作为位移〉:

指定第二个点或[阵列(A)/退出(E)/放弃(U)]〈退出〉:

此时若指定第二点,系统即以两点所确定的位移进行复制。

指定位移,即键入 X、Y(三维还有 Z)方向的位移分量,中间用逗号分开,并忽略"指定位移的第二点或〈用第一点作位移〉:"的系统提示,即直接按〈Enter〉键确认。

选项 O 表示复制模式,[单个(S)/多个(M)],输入 M,可以连续多次复制所选择的对象。

选项 A 表示按阵列进行复制。

(2)镜像

镜像命令创建选定对象的镜像副本,也称对称复制。

执行"镜像"命令的方法如下:

①单击"修改"工具栏上的"◭"图标按钮;

②选择"修改"下拉菜单中的"镜像"选项;

③在命令行输入 MIRROR 或 M,按〈Enter〉键。

命令执行情况如下:

命令:MIRROR↙

选择对象:(选择一个或多个要镜像的对象)

……

选择对象:↙(选择完成后按〈Enter〉键确认)

指定镜像线的第一点:

指定镜像线的第二点:

是否删除源对象?[是(Y)/否(N)]〈N〉:

(3)偏移

偏移命令可以创建同心圆、平行线和平行曲线,即偏移复制。

执行"偏移"命令的方法如下:

①单击"修改"工具栏上的"⚒"图标按钮；

②选择"修改"下拉菜单中的"偏移"选项；

③在命令行输入 OFFSET 或 O,按〈Enter〉键。

（4）阵列

阵列命令可以创建在二维或三维图案中排列的对象的副本,排列方式可以是矩形、环形或指定路径。

执行"阵列"命令的方法如下：

①单击"修改"工具栏上的"🔳"图标按钮。

②选择"修改"下拉菜单中的"阵列"子菜单,根据需要选择合适的阵列方式。

③在命令行输入 ARRAY 或 AR。

2. 移动对象

（1）移动

移动命令可以在指定方向上按指定距离移动对象。

执行"移动"命令的方法如下：

①单击"修改"工具栏上的"✥"图标按钮；

②选择"修改"下拉菜单中的"移动"选项；

③在命令行输入 MOVE 或 M,按〈Enter〉键。

（2）旋转

旋转命令可以绕指定基点旋转对象。

执行"旋转"命令的方法如下：

①单击"修改"工具栏上的"🔄"图标按钮；

②选择"修改"下拉菜单中的"旋转"选项；

③在命令行输入 ROTATE 或 RO,按〈Enter〉键。

3. 编辑对象

（1）缩放

缩放命令可以放大或缩小选定对象,跟 ZOOM 不同,缩放命令是在尺寸上调解对象的大小。

执行"缩放"命令的方法如下：

①单击"修改"工具栏上的"🔲"图标按钮；

②选择"修改"下拉菜单中的"缩放"选项；

③在命令行输入 SCALE 或 SC,按〈Enter〉键。

（2）拉伸

拉伸命令可以拉伸与选择窗口或多边形交叉的对象。

执行"拉伸"命令的方法如下：

①单击"修改"工具栏上的"🔲"图标按钮；

②选择"修改"下拉菜单中的"拉伸"选项；

③在命令行输入 STRETCH 或 S,按〈Enter〉键。

（3）打断

打断命令可以在两点之间打断选定对象或将对象在同一点打断。

执行"打断"命令的方法如下:

①单击"修改"工具栏上的"⬚"和"⬚"图标按钮;

②选择"修改"下拉菜单中的"打断"选项;

③在命令行输入 BREAK 或 BR,按〈Enter〉键。

（4）倒角

倒角命令可以给对象加倒角。

执行"倒角"命令的方法如下:

①单击"修改"工具栏上的"⬚"图标按钮 ;

②选择"修改"下拉菜单中的"倒角"选项;

③在命令行输入 CHAMFER 或 CHA,按〈Enter〉键。

（5）圆角

圆角命令可以给对象加圆角。

执行"圆角"命令的方法如下:

①单击"修改"工具栏上的"⬚"图标按钮;

②选择"修改"下拉菜单中的"圆角"选项;

③在命令行输入 FILLET 或 F,按〈Enter〉键。

（6）分解

分解命令可以将复合对象分解为其组件对象。

执行"分解"命令的方法如下:

①单击"修改"工具栏上的"⬚"图标按钮;

②选择"修改"下拉菜单中的"分解"选项;

③在命令行输入 EXPLODE,按〈Enter〉键。

4. 高级编辑命令

（1）特性窗口

AutoCAD 提供了用于编辑图形特性的通用工具——特性窗口。该窗口主要用于浏览、修改 AutoCAD 对象的特性。对象特性主要包括常规特性(如颜色、图层、线型等)、三维效果、打印样式、视图、其他等,还包括与具体对象相关的附加信息。

调用"特性"命令的方法如下:

①单击"标准"工具栏上的"⬚"图标按钮;

②选择"修改"下拉菜单中的"特性"选项,或者选择"工具"下拉菜单中的"选项板"选项下的"特性"选项;

③在命令行输入 PROPERTIES 或 PR、MO,按〈Enter〉键。

命令执行后,系统弹出"特性"窗口,如图 10-39 所示,通过"特性"窗口,用户可很方便地查看图形对象的所有特性,也可以轻松改变所选定图形对象的特性,直接在"特性"窗口中修改某些特性,修改后按〈Esc〉键退出即可。用户可以改变"特性"窗口的位置,调整它的大小。

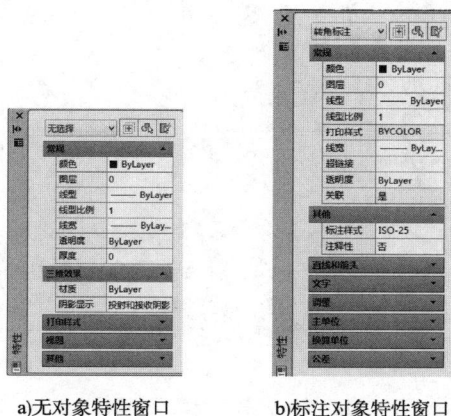

a)无对象特性窗口　　b)标注对象特性窗口

图 10-39　特性窗口

（2）特性匹配

"特性匹配"命令是将一个图形对象的特性传递给另一个或多个对象,类似 Word 中的格式刷。

执行"特性匹配"命令的方法如下:

①单击"标准"工具栏上的"📋"图标按钮;

②选择"修改"下拉菜单中的"特性匹配"选项;

③在命令行输入 MATCHPROP 或 MA,按〈Enter〉键。

命令执行情况如下:

命令:MATCHPROP↙

选择源对象:

当前活动设置:颜色、图层、线型、线型比例、线宽、厚度、打印样式、标注、文字、填充图案、多段线、视口、表格材质、阴影显示、多重引线。

选择目标对象或[设置(S)]:

先选择一个图形对象作为源对象,再选择需要修改的目标对象,这时,从属于源对象的所有可应用的特性都将被自动地复制到目标对象上。

如果只需要将源对象的部分特性复制到目标对象上,可使用"设置(S)"选项,打开"特性设置"对话框选择要复制的特性,如图 10-40 所示。

（3）编辑多段线

如果想改变已经绘制完毕的多段线的颜色、线宽等特征,可以利用"编辑多段线"命令来完成。如果是直线、多边形、圆弧等非多段线的图形对象,也可以利用该命令将其转化为多段线,再进行各类特征设置。

"编辑多段线"命令的激活方式如下:

①单击"修改Ⅱ"工具栏上的"✏"图标按钮;

②选择"修改"下拉菜单中的"对象"选项下的"多段线"选项；

③在命令行输入 PEDIT 或 PE,按〈Enter〉键。

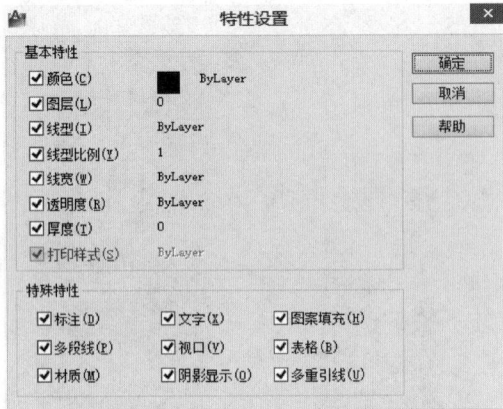

图 10-40　"特性设置"对话框

命令执行情况如下:

命令:PEDIT↙

选择多段线或[多条(M)]:(选择要编辑的多段线)

输入选项[闭合(C)/合并(J)/宽度(W)/编辑顶点(E)/拟合(F)/样条曲线(S)/非曲线化(D)/线型生成(L)/放弃(U)]:

执行 PEDIT 命令后,如果选择的对象不是多段线,AutoCAD 提示选定的对象不是多段线,如果是直线、多边形、圆弧等非多段线的图形对象,系统会询问是否将其转换为多段线。

其中各选项的说明如下:

①"闭合(C)"选项。选择该选项,可将多段线首尾相连,形成一条封闭的多段线。

②"合并(J)"选项。该选项用于合并线条,可以将选定的多条多段线合并成一条多段线,也可以将不相接的多段线进行合并。如果所选择的线段对象不是多段线图形,则应先对图形进行转化,然后进行合并。

③"宽度(W)"选项。该选项用于设置多段线的全程宽度。对于其中某一条线段的宽度,可以通过"编辑顶点(E)"选项来修改。

④"编辑顶点(E)"选项。该选项用于对多段线的各个顶点进行单独的编辑。

⑤"拟合(F)"选项。该选项用于产生通过多段线所有顶点、彼此相切的各圆弧段组成的光滑曲线。

编辑多段线举例如图 10-41 所示。

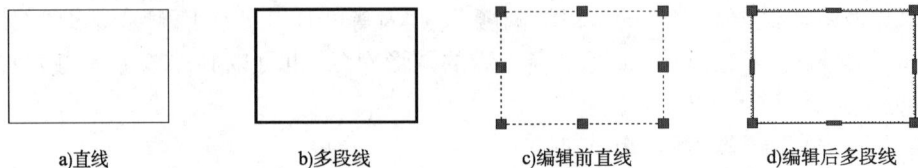

a)直线　　　　b)多段线　　　　c)编辑前直线　　　　d)编辑后多段线

图 10-41　编辑多段线举例

二、文字

AutoCAD 绘制的图形虽然已足够精确,但还无法完整地表达绘图者的思想和意图。因此,应根据需要在图形中添加一些必要的文字注释或者对施工及设计进行注释。文字标注在 AutoCAD 绘制的图形中是一个重要组成部分,使用文字可标明图形的各个部分或是给图形添加必要的注解。

1. 文字样式

在进行文字标注前,首先要定义使用文字的样式,包括文字的字体、字高、文字倾角等参数。默认 Standard 样式为当前文本样式,如果在创建文字之前未对文字样式进行定义,键入的所有文字将都使用当前文字样式。在一副图形中,可定义多种文字样式,以满足不同对象的需要。

执行文字样式命令的方法如下。

①单击"样式"工具栏上的"文字样式"图标按钮" A "；

②选择"格式"下拉菜单中的"文字样式"选项；

③命令行输入 STYLE 或 DDSTYLE,按〈Enter〉键。

执行文字样式命令后,弹出"文字样式"对话框,如图 10-42 所示。

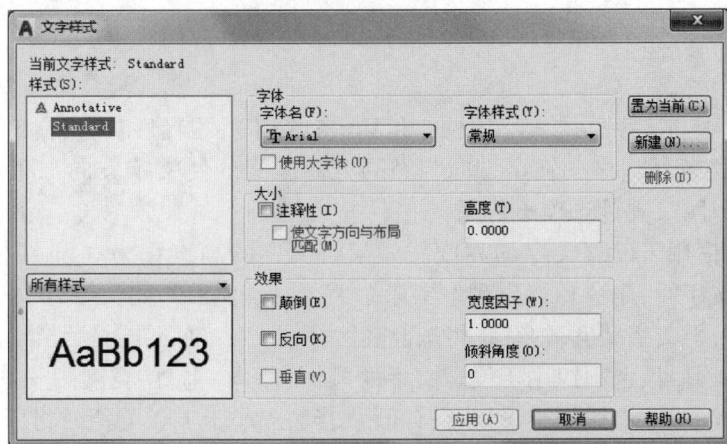

图 10-42 "文字样式"对话框

"文字样式"对话框中常用选项的含义如下。

①"样式"列表框。该列表框中列出了所有或当前正在使用的文字样式,默认文字样式为 Standard。单击选择"样式"框列表中要修改样式,右击弹出"重命名"按钮,单击选择,即可在出现的对话框中输入新名字,单击〈Enter〉键确定。需要注意的是缺省名 Standard,不可以对之改名。

②单击"新建(N)"按钮,弹出"新建文字样式"对话框,在样式名编辑框内输入新定义的样式名,单击"确定"按钮返回"文字样式"对话框。"样式"区域的下拉列表中将显示新定义的样式名。

③"置为当前(C)"按钮可改变当前样式。在"样式"栏下拉列表中,选择"所有样式"则

"样式"框中包含当前图形中已定义的样式名,当前样式则直接显示。从下拉列表中选择一个样式,点击"置为当前(C)"按钮,该样式即被选为当前样式。

④"删除"按钮。单击该按钮可删除某个已有的文字样式,Standard 字型和图中文字正使用的字型无法删除。

⑤"字体"选项。文字样式字体的操作包括:字体名(F)、字体样式(Y)及是否使用亚洲语种的大字体选项(U)。

"字体名"下拉列表框用于选择字体,"字体样式"下拉列表框用于选择字体格式,如斜体、粗体和常规字体等。若选中"使用大字体"复选框,则"字体样式"下拉列表框将变为"大字体"下拉列表框,用于选择大字体文件,如图10-43 所示。需要注意的是,该复选框只有在选择包含大字体的字体时才有效,其中 gbobig. shx 则用于标注中文。

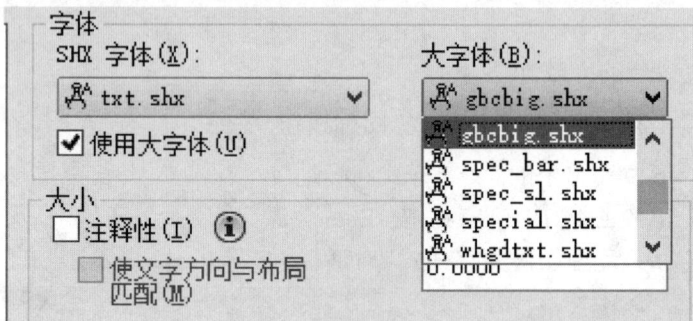

图 10-43 "大字体"下拉列表框

⑥"大小"选项。文字样式大小的操作包括:高度(T)、注释性(I)、指定文字为 Annotative,及指定图纸空间视口中的文字方向与布局方向匹配的使文字方向与布局匹配(M),如果清除选项"注释性",则该选项不可用。

"高度"文本框用于设置文字的高度。如果将文字的高度设为0,则在使用"单行文字(ex)"命令标注文字时,命令行将出现"指定高度"提示,要求指定文字的高度。如果在"高度"文本框中输入了文字高度,则系统将按此高度标注文字,而不再提示指定高度。

⑦"效果"选项。该选项组用于设置文字的颠倒、反向、垂直、宽度因子和倾斜角度等显示效果。"宽度因子"文本框用于设置字符间距,若输入小于1.0 的值时将压缩文字,输入大于1.0 的值时将扩大文字,"倾斜角度"文本框用于设置文字的倾斜角度,角为0°时不倾斜,角度为正值时向右倾斜,角度为负值时向左倾斜。设置完文字样式后,单击"应用"按钮即可应用该文字样式。

2. 单行文字

"单行文字"命令创建的每行文字都是一个独立的对象,可以对其重新定位、调整格式或进行其他修改等操作。

执行单行文字命令方法如下:

①选择下拉菜单的"绘图(D)/文字(X)/单行文字(S)"菜单项;

②点击"文字"工具条下的"**A**"图标按钮;

③在命令行输入 TEXT,按〈Enter〉键。

命令执行情况如下:

命令：　TEXT

当前文字样式："Standard"　文字高度：2.5000　注释性：否

指定文字的起点或［对正(J)/样式(S)］：

指定文字的起点或［对正(J)/样式(S)］：j

指定高度〈2.5000〉：

如果选择［对正(J)］选项，则系统会提示：［对齐(A)/布满(F)/居中(C)/中间(M)/右对齐(R)/左上(TL)/中上(TC)/右上(TR)/左中(ML)/正中(MC)/右中(MR)/左下(BL)/中下(BC)/右下(BR)］

各种对齐格式对应的文字插入点如下。

①对齐(A)：这种方法将根据当前字体的宽度因子、指定两点的距离及输入文字的字符个数，计算文字字符的高度，使所输入的文字正好嵌入在这两点之间。文字串越长，文字的高度就越小。文字的倾斜角度也由这两点决定。

②布满(F)：根据输入两点的距离、文字高度及文字串的长度决定文字的宽度因子，在指定的两点间写出文字，文字的倾斜角度也由这两点决定。

③居中(C)：用于指定文字行基线的中心点。

④中间(M)：用于指定文字行的中间点。

⑤右对齐(R)：用于在指定的文字基线的右端点上右对正文字。

⑥其他对齐方式：TL——文字行顶线左端点定位、TC——文字行顶线中心点定位、TR——文字行顶线右端点定位、ML——文字行中线左端点定位、MC——文字行中线中间点定位、MR——文字行中线右端点定位、BL——文字行底线左端点定位、BC——文字行底线中间点定位、BR——文字行底线右端点定位。

编辑单行文字，有以下方法：

①双击图样中的单行文字，即进入编辑状态，但此时只能编辑文字内容；

②也可以在"特性"对话框中对选中的单行文字的所有特性进行修改；

③在下拉菜单"修改"下选择"对象"选项，再选择"文字"选项，此时可以对单行文字的编辑内容、缩放比例、对正方式进行修改，如图10-44所示。

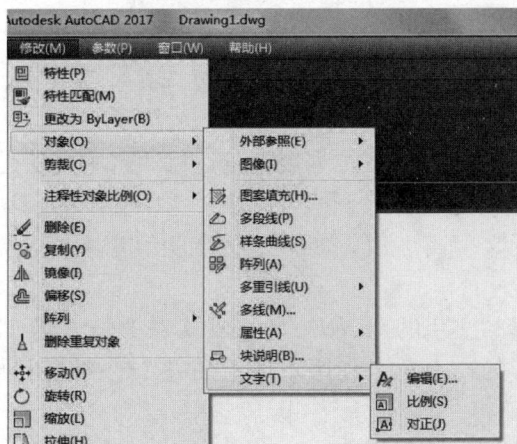

图10-44　"修改"菜单下编辑文字

3. 多行文字

"多行文字"命令可以创建多行文字对象,可以将若干文字段落创建为单个多行文字对象,并为设置多行文字实体的整体格式和选择文字的字符格式提供快捷方便的方法。图形中比较长或比较复杂的文字,可以使用"多行文字"命令进行标注。

执行多行文字命令方法如下:

①单击"绘图"工具条下的图标" **A** ";

②选择下拉菜单的"绘图"→"文字"→"多行文字"菜单项;

③在命令行输入 MTEXT 或 MT、T,按〈Enter〉键。

命令执行情况如下:

命令:MTEXT↙

MTEXT 当前文字样式: "Standard" 文字高度: 2.5 注释性: 否

指定第一角点:(输入第一角点)

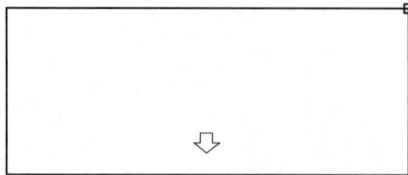

图 10-45 文字框

指定对角点或[高度(H)/对正(J)/行距(L)/旋转(R)/样式(S)/宽度(W)/栏(C)]:

可用两个对角点确定的文字框,左右拖拽文字框确定文字边界的宽度,上下拖拽文字框确定文字流的方向。文字框中的箭头指示在当前对齐方式下输入文字流的方向,如图 10-45 所示。

文字框确定后,系统弹出"文字格式"编辑器,在编辑器中输入所需文字,单击"确定"按钮即可完成文字输入,如图 10-46 所示。

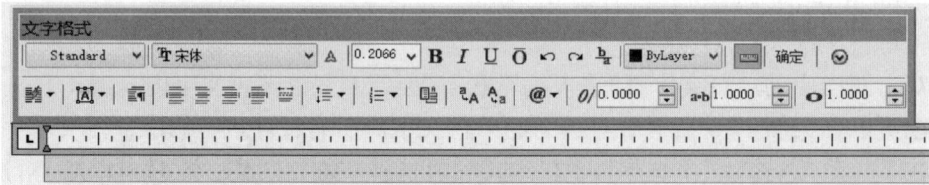

图 10-46 "文字格式"编辑器

各选项含义如下。

①"样式"下拉列表框。通过该下拉列表框可以选择文字样式,并只能将其应用到多行文字的全部文字上,而无法应用于部分文字。

②"字体"下拉列表框。通过该下拉列表框可以修改选中文字的字体。

③"文字高度"组合框。通过该组合框可以修改选中文字的字高。该组合框的下拉列表中只列出了已经设置过的文字高度值。如果这些高度值都不符合要求,则可以直接在组合框中输入所需的高度值。

在确定新文字或选择的文字的对齐方式时,默认对齐方式为 TL,即标注多行文字第一行的左上角对准边界矩形的左上角。利用矩形上的九个对齐点中的一个,在矩形内对齐文字,如图 10-47 所示。

在矩形的宽度方向,文字可以左齐(Left)、右齐(Right)或居中(Center)对齐。在"文字格式"对话框中,可以输入多行文字。在输入完文字后,AutoCAD 把在对话框中输入的文字,插入到段落宽度范围内。

除了可以从键盘向文本编辑区输入文字外,还可以直接将其他软件中录入的文字粘贴过来,或将文本文件直接输入。在"文字格式"编辑器中右击可弹出快捷菜单,选择"输入文字"选项,即弹出"选择文件"对话框,AutoCAD2017可以接受的文本格式有纯文本文件(.txt)和RTF格式文本文件(.rtf),如图10-48所示。

图10-47　"文字格式"编辑器中的文
　　　　　字对齐方式

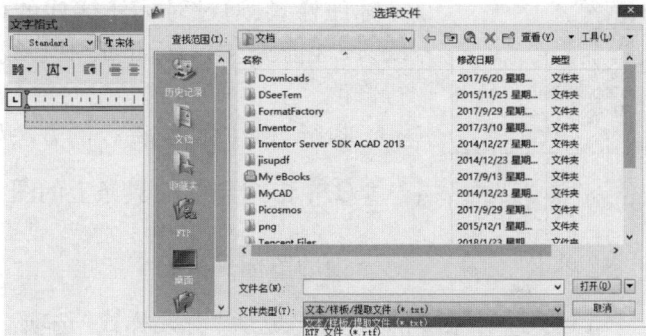

图10-48　"文字格式"编辑器中接受的文本格式类型

编辑多行文字,双击图样中的多行文字,在弹出的"文字格式"编辑器中编辑文字即可,或在"特性"对话框中对选中的多行文字进行编辑。

三、尺寸标注

一副完整的工程图除了包含必要的图形外,还应有相关的尺寸标注,尺寸标注可以使读者了解图中各部分的大小和它们之间的相对位置关系。使用 AutoCAD 提供的尺寸标注命令,可以方便快捷地通过测量被指定的两点或已绘制的目标,将测得的尺寸标注在指定的位置处。

1.尺寸标注的组成

尺寸标注的四项基本元素:尺寸线、尺寸界线、尺寸箭头、尺寸文字,如图10-49所示。

①尺寸线。尺寸线是指示尺寸的方向和范围的线条。尺寸线以尺寸界线为界,代表量度的范围。不同类型的标注尺寸线也不同,线性尺寸的尺寸线通常是两端带有箭头的直线;角度尺寸的尺寸线为带箭头的弧线。

②尺寸界线。尺寸界线表示尺寸线的开始和结束,通常从被标注对象延长至尺寸线,一般应与被注实体和尺寸线垂直。有些情况下也可用某些图形对象的轮廓线代替尺寸界限。

尺寸界线一般应该与被标注的实体离开一定的距离,以便于清楚地辨认图形的轮廓与尺寸界线。

③尺寸箭头。尺寸箭头位于尺寸线的两端部。AutoCAD2017 提供了多种形式的尺寸箭头,用户也可以根据绘图需要定义其他形式的尺寸箭头,如图10-50所示。

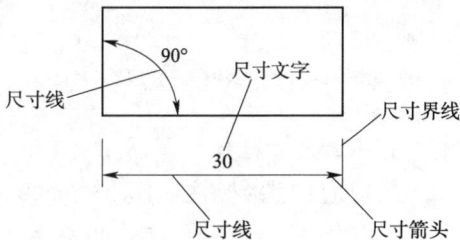

图10-49　尺寸标注的组成

④尺寸文字。尺寸文字通常是用来表示图形实际尺寸大小的测量值。尺寸文字也可以附带前缀(Prefixes)、后缀(Suffixes)和公差。可以使用 AutoCAD2017 自动计算出的测量值,也可以自定义尺寸文字或完全不用文字。

2. 尺寸标注样式

标注样式控制着标注的格式和外观。在标注尺寸前要创建好尺寸标注样式,通过对标注样式的设置,可以对标注的尺寸界线、尺寸线、尺寸箭头、中心标记或中心线,以及标注文字的内容和外观等进行修改。

执行"标注样式"命令的方法如下:

①单击"样式"工具条上的图标" ";

图 10-50　尺寸箭头的形式

②单击"标注"工具条上的图标" ";

③选择下拉菜单的"标注",选择"标注样式"选项;

④选择下拉菜单的"格式",选择"标注样式"选项;

⑤在命令行输入 DIMSTYLE 或 DDIM、DD,按〈Enter〉键。

启动"标注样式"命令后,弹出"标注样式管理器"对话框,如图 10-51 所示。利用此对话框,可以修改现有标注样式的尺寸变量,或创建新的标注样式。

单击"新建"按钮,即可打开"创建新标注样式"对话框,如图 10-52 所示。"新样式名"选项用于键入新样式的名字。"基础样式"选项用于设定作为新样式的基础的样式。对于新样式,仅更改那些与基础特性不同的特性。"用于"选项用于创建一种仅适用于特定标注类型的标注子样式。

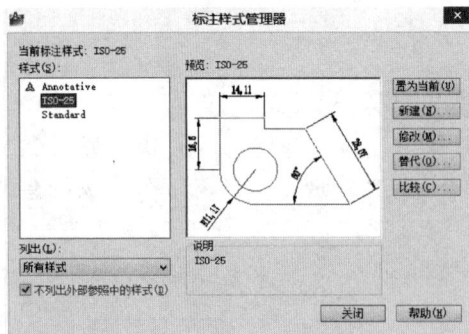

图 10-51　"标注样式管理器"对话框　　　　图 10-52　"创建新标注样式"对话框

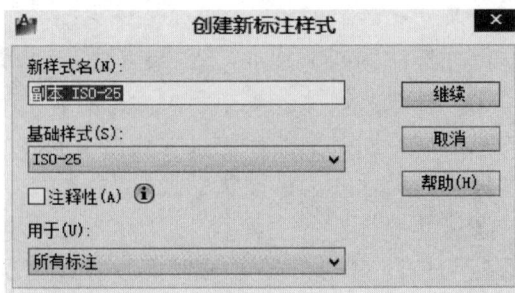

3. 基本尺寸标注

用户应熟悉"标注"工具栏、"多重引线"工具栏、"标注"下拉菜单及各标注命令的英文及其缩写,这三种方式也是尺寸标注命令的基本激活方式,如图 10-53、表 10-1 所示。

a)"标注"下拉菜单   b)"标注"工具栏

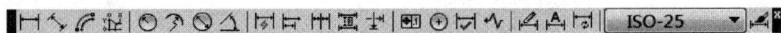

图 10-53 尺寸标注命令激活方式

标注命令及功能列表   表 10-1

标注类型	命令名称	基本功能
线性标注	DIMLINEAR	使用水平、竖直或旋转的尺寸线创建线性标注
对齐标注	DIMALIGNED	创建与尺寸界限的原点对齐的线性标注
弧长标注	DIMARC	创建用于测量圆弧或多段线圆弧上的距离的弧长标注
坐标标注	DIMORDINATE	创建坐标标注,用于测量从原点到要素的水平或垂直距离
半径标注	DIMRADIUS	创建圆或圆弧的半径标注
直径标注	DIMDIAMETER	创建圆或圆弧的直径标注
角度标注	DIMANGULAR	创建角度标注,测量选定的对象(圆弧、圆和直线)或 3 个点之间的角度
基线标注	DIMBASELINE	创建从上一个或选定标注的基线作连续的线性、角度或坐标标注
连续标注	DIMCONTINUE	创建从上一次所创建标注的延伸线处开始的标注
折弯标注	DIMJOGGED	创建圆和圆弧的折弯标注
圆心标记	DIMCENTER	创建圆或圆弧的圆心标记或中心线
多重引线	MLEADER	创建多重引线对象,包括箭头、水平基线、引线或曲线和多行文字对象或块

执行尺寸标注命令方法如下:

①选择下拉菜单"标注"中相应的菜单项;

②在"标注"工具栏中选择相应类型的尺寸标注按钮;

③在命令栏直接键入尺寸标注命令的英文或其缩写。

尺寸标注的操作步骤如下:

①选择尺寸格式。在标注尺寸之前,应该首先选择尺寸格式,否则默认使用当前尺寸格式。如果用户尚未创建任何尺寸格式,则使用 AutoCAD 的标准尺寸格式 Standard,可以对标准尺寸格式进行改名和修改设置等操作;

②启动尺寸标注命令并选择需要标注的尺寸类型;

③指点尺寸界线的原点。直线段、多段线线段和弧,尺寸界线的默认原点为它们的端点;对于圆,尺寸界线的默认原点为指定角度直径的两端点;

④确定尺寸线的位置;

⑤输入尺寸文字或系统自动测量值。

单元五　轨道交通图的绘制

本部分内容旨在练习综合运用 AutoCAD2017 绘制轨道工程图纸。请扫描以下二维码,下载相关专业图纸进行识读和抄绘。

某线地质
断面图

某正洞及附属设施
横断面图

复习思考题

1. 计算机绘图相比于传统手工绘图有哪些优势?

2. 利用 AutoCAD 完成某图形的绘制是否只有一种方法?

3. 利用 AutoCAD 完成一张完整的工程图需要进行哪几个步骤?

参 考 文 献

[1] 中华人民共和国行业标准. TB/T 10058—2015 铁路工程制图标准[S]. 北京:中国铁道出版社,2015.

[2] 中华人民共和国行业标准. TB/T 10059—2015 铁路工程图形符号标准[S]. 北京:中国铁道出版社,2015.

[3] 张丽萍,肖冰. 工程制图[M]. 北京:北京理工大学出版社,2010.

[4] 杨桂林. 工程制图及 CAD[M]. 北京:中国铁道出版社,2007.

[5] 张俊宾,陆广华. 城市轨道交通工程识图[M]. 北京:国防工业出版社,2017.

[6] 刘建国,张齐坤. 城市轨道交通概论[M]. 北京:中国铁道出版社,2013.

[7] 欧阳全裕. 地铁轻轨线路设计[M]. 2版. 北京:中国建筑工业出版社,2016.

[8] 周晓军,周佳媚. 城市地下铁道与轻轨交通[M]. 成都:西南交通大学出版社,2016.

[9] 占玉林,徐腾飞,姚昌荣. 城市轨道交通高架桥设计与施工[M]. 北京:科学出版社,2015.

[10] 张郃生. 公路 CAD[M]. 3版. 北京:机械工业出版社,2017.

[11] 张立文,褚彩萍. Auto CAD 基础教程[M]. 郑州:黄河水利出版社,2017.

[12] 沈凌,焦仲秋,郭景全. 工程制图及 CAD[M]. 北京:人民交通出版社,2014.